中央高校基本科研业务费项目华东师范大学引进人才启动费项目（2020ECNU-HLYT089）；华东师范大学中华优秀传统文化传承创新研究专项课题（ECNU-ICTC-202110）。

光明社科文库
GUANGMING DAILY PRESS:
A SOCIAL SCIENCE SERIES

·经济与管理书系·

理解中国品牌

——改革开放以来中国品牌成长的历史逻辑与动力机制研究

张 驰 | 著

光明日报出版社

图书在版编目（CIP）数据

理解中国品牌：改革开放以来中国品牌成长的历史逻辑与动力机制研究 / 张驰著． －－北京：光明日报出版社，2022.8
　ISBN 978 － 7 － 5194 － 6621 － 3

　Ⅰ．①理… Ⅱ．①张… Ⅲ．①企业管理—品牌战略—研究—中国 Ⅳ．①F279.23

中国版本图书馆 CIP 数据核字（2022）第 092558 号

理解中国品牌：改革开放以来中国品牌成长的历史逻辑与动力机制研究
LIJIE ZHONGGUO PINPAI：GAIGE KAIFANG YILAI ZHONGGUO PINPAI CHENGZHANG DE LISHI LUOJI YU DONGLI JIZHI YANJIU

著　　　者：张　驰	
责任编辑：李　倩	责任校对：刘浩平
封面设计：中联华文	责任印制：曹　净

出版发行：光明日报出版社
地　　　址：北京市西城区永安路 106 号，100050
电　　　话：010 － 63169890（咨询），010 － 63131930（邮购）
传　　　真：010 － 63131930
网　　　址：http：//book. gmw. cn
E － mail：gmrbcbs@ gmw. cn
法律顾问：北京市兰台律师事务所龚柳方律师
印　　刷：三河市华东印刷有限公司
装　　订：三河市华东印刷有限公司
本书如有破损、缺页、装订错误，请与本社联系调换，电话：010 － 63131930
开　　本：170mm×240mm
字　　数：322 千字　　　　　　　　印　张：18.5
版　　次：2022 年 8 月第 1 版　　　印　次：2022 年 8 月第 1 次印刷
书　　号：ISBN 978 － 7 － 5194 － 6621 － 3
定　　价：98.00 元

版权所有　　翻印必究

序
兴衰沉浮四十年[①]

　　中国品牌四十年大发展，令无数看客惊掉了下巴。20世纪80年代，日本经济学家小宫隆太郎有句名言：中国只有工厂，没有真正的企业。时至今日，舆论场流行新句：中国只有产品，没有品牌。在接受媒体采访谈及中国制造的时候，一向令人敬畏的董小姐也如此说过。总而言之，中国品牌的发展道路漫长且曲折，目前中国算是经济大国，却还不是品牌大国。

　　不尽然。中国广告四十年研究，品牌是重中之重。以品牌破冰开端，一往无前疯狂生长，此后经历种种磋磨试炼浴血重生，及至高歌猛进融入全球，如今进入四面承压、八方受敌、风云际会的新生态新时代。

　　本书的重要主题是对我国品牌发展史的梳理，也是对"十年浩劫"之后中国经济从崩溃边缘走到迄今稳定发展局面的回望。中国品牌四十年发展可谓是一部狂飙突进、起伏跌宕、气势磅礴的商业史诗，故事中有载誉而归的胜利者、有黯然离场的落败者；有踏准时代节拍昂首阔步的幸运儿，也有错失良机一败再败的失意者。本书作者不以胜败论英雄，只是旁观记录，给参与者一一着墨，构成本书所呈现的四十年中国品牌的长轴画卷。言及中国品牌迅猛发展的秘密，笔者曾在《改革开放四十年中国企业品牌的成长动力考察》[②]一文中有所言及：

　　其一，归因于强大的生产力。改革开放以来，社会生产力快速发展，持续扩张的规模、成百上千倍的增速和日新月异的技术迭代推动品牌迅速成长演变。生产者以血泪代价，通过输出廉价劳动力换取世界资源。由于缺乏核心竞争力，

[①] 该文是黄升民教授为《媒介》杂志2019年4月刊《狂飙突进——中国品牌40年》所撰"升民视点"，本书以此为序，有改动。
[②] 黄升民，张驰. 改革开放四十年中国企业品牌的成长动力考察 [J]. 现代传播，2018 (09)：1-12.

中国企业在市场竞争中常常以低价取胜，这种"伤敌一千自损八百"的价格战带有浓厚的中国特色。在不断地调整、试错过程中，我们从模仿追赶到自主创新，中国成为世界最大的制造国，个中艰辛不足为道。中国制造，是任何品牌得以生存发展的基石。

其二，归因于强悍的消费力。改革开放使得被压抑多年的消费欲望瞬间迸发，成为浩浩荡荡奔腾不息的原始动力，民众消费欲望的解放，带来强烈的消费品需求，同时形成了巨大的市场空间——庞大的人口基数、旺盛的消费需求、雄厚的储蓄数字，共同促成了"什么都能卖"的品牌发展源动力。

其三，归因于猛烈的传播力。营销传播是生产者和消费者之间的渡桥，而中国特殊的媒体环境造就了独特的品牌传播文化。一方面，对于众多本土企业来说，营销传播＝广告＝宣传，大投入＋大媒体＝大品牌，也许学界业界会将其诟病为简单粗放不科学，但这种操作模式确实在很长一段时间内是行之有效的，帮助了中国企业树立起自身的品牌形象。另一方面，中国品牌的传播力特色也体现在众多在华4A公司及外资企业于品牌塑造过程中，对中国官媒的迂回适应态度：从拒绝到认同再到融合运用，宝洁于2005年起蝉联三届央视标王就是很好的例证。至于全媒体融合的今天，中国品牌的营销与传播自然也不再是"宣传"二字可以囊括，但无论是华为、小米、海尔、联想，还是格力电器、海澜之家，品牌传播的打法仍可窥见最初的中国特色。

其四，归因于大胆的创新力。这个大胆创新，既有知识技术，也有行为举止，既有经济基础也有上层建筑。"十年浩劫"的极度压抑而又引爆了无比强烈的求存、求生欲望；壮阔深邃的市场空间和迭代不已的技术场景，营造了超越环境的求快求变心态；列强环伺及内忧外患逼迫出深入骨髓的求大、求强企图。

四种因素，就是中国品牌成长的独特因素？也不尽然。

四种因素，其实在中外企业经营史多少都可以见到，但是，如此集中又如此强烈，可谓历史罕见。这四个因素又在看不见的市场力量和看得见的行政力量左右较量、前后推动之下发生了强烈的化学作用。在四十年的历史当中，两股力量此消彼长，时而冲突时而和谐，时而矛盾时而共谋，作用于市场形成了品牌。这才是秘密中的秘密！

四十年品牌故事精彩绝伦，但在历史长河当中仿佛须臾一瞬。所言所记均为过去，已经成为历史的一章。屹立在东方大地的中国品牌，必然陆陆续续汇入大江大河，流向大洋大海。未来的环境，必然是更加变幻无穷，未来的竞争，必然是更加残酷激烈。四十年已经过去，又将面对新的四十年，四百年……，"VENI，VIDI，VICI"，"我来，我见，我征服"，野心勃勃的中国企业家们，是不是内心也在回荡着恺撒大帝的这个声音呢？

是的。我认为。

中国传媒大学资深教授　黄升民

前　言

改革开放之前的中国品牌发展陷入了低迷的状态，品牌在计划经济的环境中既不被需要又失去了生存发展的生产消费基础。改革开放后，中国品牌伴随着中国市场经济的逐步繁荣而走上了发展的快车道，历经从无到有，从小到大，由弱渐强，从国内到国际的磅礴发展之路。可以说，相较于西方自19世纪中期到21世纪超过百年的现代品牌发展历程，中国品牌在高度压缩的时间、空间内取得了举世瞩目的发展成绩。当下，中国品牌已经成为世界品牌阵营中一股不能忽视的力量，由西方品牌占据绝对主导地位的世界品牌格局正在被加速崛起的中国品牌所改变，中国品牌成为推动世界品牌格局演变的重要动力源之一，也成为百年未有之大变局的重要方面。

那么中国品牌为什么能够在改革开放之后获得如此超常规的发展呢？其依循的路径为何，未来如何才能够实现更高质量的发展？站在历史新时代、新起点的中国品牌机遇与挑战并存。在大国博弈日益激化的背景下，品牌也成为国与国之间竞争的一个焦点。在此背景下对于改革开放以来中国品牌何以发展至今等重大问题的回答不仅关乎当下的中国品牌和中国经济的发展，更是关于中国未来发展的前路和方向。从这层意义上说，品牌即国运。回顾工业革命后的近代历史，大国崛起与品牌崛起相辅相成。黑格尔说，历史是一堆灰烬，但灰烬深处有余温。中国品牌在狂飙突进的历史中不仅有"余温"，其中更蕴含着中国品牌成长的"秘密"。本书尝试突破主流品牌研究的微观视角，以宏观的社会——历史分析作为主要方法，结合实证数据的统计分析，围绕着"中国品牌如何在改革开放后实现成长"这一核心问题，通过爬梳改革开放四十多年来中国品牌发展的基本事实，在此基础上分析中国品牌成长的内在规律。

本书认为，改革开放以来的中国品牌发展经历了破冰与萌芽（1978—1984年）、野蛮生长（1984—1992年）、竞争与升级（1992—2001年）、繁荣发展（2001—2013年）、转型突破（2013年至今）这五个历史时期。改革开放后中国品牌发展的时空背景具有高度压缩和剧烈转型的特点。理解中国品牌的发展不能仅从单纯的商业或经济的因素出发，而是要意识到中国品牌发展与中国特殊政治和社会因素间的紧密联系。正是这种政治、经济、社会等多种因素的叠加影响下中国品牌的发展形成了"多元构造"特性。过去中国品牌在多元构造中成长，未来中国品牌也继续在多元构造中发展。多元构造发展的一个结果便是中国品牌在成长过程中"国企—本土私企"双角色轮替前行，共同推动着中国品牌的发展壮大。

研究发现，改革开放后中国品牌的成长离不开生产力、消费力、传播力和创新力这四种核心力量的支撑，这是中国品牌成长与世界他国品牌成长的共有因素。但在中国改革开放的剧烈变革与转型的环境中形成了鲜明的自身特点，这是造成中国品牌的成长不同于西方国家品牌的表层原因。转型中的中国品牌的发展既有其"延续"的一面，也有其"变异"的一面。中国品牌的成长不仅是市场因素影响的结果，也是政府强力影响下的产物，这是造成中国品牌的成长不同于西方国家品牌的深层次原因。具体来看，政府施加影响的主要方式包括以下四个方面：一是，在战略层面对于品牌问题的逐步重视；二是，形成了一整套的产业政策方略引导和影响着品牌生产力及创新力的发展；三是，政府通过各类消费政策形成对消费力的引导；四是，政府对于品牌形成过程中及其重要的传播力因素进行规制。政府对品牌的影响既有直接干预，也有间接引导。中国品牌是政府的"有形之手"和市场的"无形之手"相互博弈过程中形成的产物，这是改革开放后中国品牌成长的"秘密"所在，也是中国品牌有别于西方国家品牌发展的一个鲜明特点。

目 录
CONTENTS

第一章　绪　论 …………………………………………………………… 1
　　第一节　研究背景及问题的提出 ………………………………………… 1
　　第二节　研究的相关界定 ………………………………………………… 4
　　第三节　研究思路与研究方法 …………………………………………… 19
　　第四节　研究价值与研究创新 …………………………………………… 22

第二章　文献综述：脉络、议题与方向 …………………………………… 24
　　第一节　西方品牌理论研究的历史脉络及核心议题 …………………… 24
　　第二节　品牌理论引入中国的历程及研究的核心议题 ………………… 41
　　第三节　中国本土品牌理论研究的评价及本研究的突破方向 ………… 47

第三章　改革开放以来中国品牌成长：历史逻辑与分析 ………………… 53
　　第一节　中国品牌成长史的研究回顾及历史分期 ……………………… 54
　　第二节　改革开放以来中国品牌成长的五个阶段 ……………………… 59
　　第三节　关于改革开放以来中国品牌成长的六个基本结论 …………… 98

第四章　中国品牌成长的动力机制：历史分析与实证检验 …………… 106
　　第一节　生产力与中国品牌成长 ……………………………………… 108
　　第二节　消费力与中国品牌成长 ……………………………………… 130
　　第三节　传播力与中国品牌成长 ……………………………………… 147
　　第四节　创新力与中国品牌成长 ……………………………………… 168

第五节　中国品牌成长与四种动力的实证检验 ················ 188

第五章　有形之手与无形之手博弈过程中的中国品牌形塑 ········ 208
第一节　为什么会存在博弈的问题：有形之手VS无形之手 ········ 208
第二节　政府引导品牌成长的四种方式 ··············· 211
第三节　市场与政府力量博弈过程中的品牌形塑 ··········· 249

第六章　结论、不足与展望 ····················· 262
第一节　主要研究结论 ······················ 262
第二节　研究的不足与未来展望 ·················· 264

参考文献 ··························· 268
后　　记 ··························· 282

第一章

绪　论

第一节　研究背景及问题的提出

一、研究背景

本书的研究背景主要包括三点。

首先,中国品牌发展走过了改革开放40周年、新中国成立70周年和建党100周年的三个重要历史节点。站在历史新起点上回顾总结中国品牌的发展历程,探究其成长规律具有重要意义。新时期以来中国品牌的发展取得了世界所罕见的成就,成为世界品牌阵营中一股不可忽视的中国力量。回顾过往,中国品牌经历了一个从无到有、从小到大、由弱渐强的历史过程。中国品牌的发展与中国经济的发展密不可分、共荣共生。大国经济催生大国企业,大国企业催动大国品牌。1978年以来的中国品牌的发展历程是中国大国崛起的鲜明体现,也是中国共产党史、新中国史和改革开放史的重要组成部分。

其次,中国品牌实现了长足的发展。从最直接的品牌价值上看,中国品牌实现了巨大的突破。据品牌价值评估机构品牌金融(Brand Finance)的《全球品牌价值500强》榜单数据显示,2021年中国品牌价值总额占比达20.82%,仅次于美国,入选的品牌数量达84个,13个品牌进入排行榜前三十,2个品牌进入世界前十。[①] 另据世界最大传播集团WPP旗下品牌Z(BrandZ)发布的2021年最具价值全球品牌排行榜100强数据显示,中国上榜品牌达到18个,仅次于美国。中国品牌进一步拉大了与欧洲品牌的差距。在2011年时,中国品牌合计

[①] FINANCE B. Global 500 2021The annual report on the most valuable and strongest global brands [EB/OL]. Brand Finance 官网, 2021 - 01 - 26.

贡献了全球100强品牌价值的11%，而今天这一比例已经上升到了14%。与此相反，欧洲品牌在2011年时的份额为20%，而现在只有8%。[①] 在世界品牌实验室的世界品牌500强榜单中，2004年中国只有海尔1家入选世界品牌百强榜单，到了2020年已经有43家中国品牌入选该榜单。[②] 从企业规模上看，中国品牌在四十余年内迅速形成了巨大的规模。在1989年的财富排行榜单中，中国只有中国银行1家企业入选；1996年中国有2家企业入选；2021年，中国大陆（包括香港，不含台湾地区）入选企业的数量已经达到135家，超过了美国的122家。[③] 虽然这些榜单仅是一家之言，不尽客观，但也可作为衡量中国品牌成长的重要参考。放眼世界，中国品牌在这四十余年里所取得的发展成绩也是极为少见的。当下在中国转型升级、提质增效的新时代，中国品牌也迎来了以自身数字化转型升级、品牌结构调整、全球化布局等为核心的历史发展新阶段。

最后，政府决策层对于品牌发展日益重视，品牌战略上升为国家战略，国家对于品牌问题的关注上升到了前所未有的历史高度。2014年，习近平同志提出"三个转变"，指出要"推动中国产品向中国品牌转变"，同年在上海考察时提出"让民族品牌大放光彩"；2016年，国务院发布首个以"品牌"为关键词的正式文件《国务院办公厅关于发挥品牌引领作用推动供需结构升级的意见》，明确强调"品牌是企业乃至国家竞争力的综合体现，代表着供给结构和需求结构的升级方向"，这在我国品牌发展中具有里程碑式的意义；随后2017年国务院批复同意设立"中国品牌日"，标志着发挥品牌引领作用上升到从未有过的战略高度。从"三个转变"到"中国品牌日"的设立，标志着我国政府品牌发展逻辑的正式形成和成熟，也意味着品牌成为我国的顶层战略。面对百年变局，高层更加重视品牌强国建设和品牌的高质量发展，并对品牌发展提出了新的要求。《中华人民共和国国民经济和社会发展第十四个五年规划和2035年远景目标纲要》特别指出要"开展中国品牌创建行动""培育高端品牌""推动品牌走出去"和"打造文化品牌"等。

随着大国间博弈的不断持续和深入，站在新起点上的中国品牌面临着前所

[①] 田博群. 18个中国品牌上榜2021年凯度BrandZ最具价值全球品牌100强 [EB/OL]. 中国新闻网，2021-06-21.
[②] 世界品牌实验室. 2020年《世界品牌500强》排行榜中的43个中国品牌 [EB/OL]. 世界品牌实验室官网，2020-12-22.
[③] 财富杂志. 2021年《财富》世界500强榜单上的143家中国公司 [EB/OL]. 财富杂志官网，2020-08-02.

未有的机遇和挑战①。在中国品牌发展的十字路口上，系统回答"中国品牌为什么行"对促进中国品牌强国建设既具有理论价值，也具有重要的实践意义。

二、问题的提出

当我们重新审视中国品牌具体实践和理论研究时就会发现一些亟待梳理的事实及问题。由于中国特殊的政治、经济和社会环境，改革开放以前的中国品牌发展脉络一直是断断续续的。直到改革开放以后中国品牌才迎来了自身的大发展时期：无论是改革开放前存在的国营品牌和老字号品牌，还是1978年后创立的品牌均是在改革开放以后获得了迅速发展。中国品牌用四十余年的时间走过了西方品牌超过百年的品牌发展之路，其最大的特点之一就是时空高度的扭曲和浓缩。在时空极度压缩的环境中，中国品牌走出了自身独有的、内容丰富的、特色鲜明的品牌成长之路。那么中国品牌成长图景形成的内在逻辑是什么？中国品牌成长是否有自己的特色？如果有，这种品牌成长特色形成的原因是什么？对于这些问题的回答，微观琐碎的西方主流品牌理论显得捉襟见肘。如西方品牌理论如何解释中国品牌在这四十余年的突飞猛进？如何解释存在的诸多看似悖论的现象？如何理解中国品牌短时间内走向世界前列？如何理解所谓"低效"的国企如何实现品牌的超常规发展？如何理解大规模的国企品牌的存在？中国品牌发展过程中诸如此类的问题并不只是单纯地从消费者角度感知或认可，抑或是企业品牌经营的成功能够解释的。

国家当前对于品牌战略层面的重视以及社会各界对于品牌发展的追捧，既反映了上下对于品牌发展的重要性和热情，也反映了上下对于品牌发展的某种焦虑、迷茫和不自信。联系到国内国际舆论对于中国品牌的负面印象（中国的来源国效应常常是消极的②），尤其是对央企品牌的一些负面论断，如在国内，央企常常陷入垄断、低效、腐败、反市场、与民争利等负面舆论中。在海外，央企作为中国企业走出去和品牌全球化的先锋队主力军，也经常被海外市场认为是暴发户、意识形态危险的家伙、海外资源攫取者、邪恶的八爪鱼、环境破坏者等。③焦虑等情绪存在的重要原因是因为社会各界缺乏对于中国品牌成长的

---

① 张驰. 新起点上的中国品牌——历史、机遇与走向 [J]. 现代广告，2021（08）：6-9.
② AR A, KARA A. Country of production biases on consumer perceptions of global brands: Evidence from an emerging market [J]. Journal of Global Marketing, 2012（3）：161.
③ 根据中国人民大学新闻学院黄河教授2018年6月10日在第二届中国品牌传播青年学者论坛上的发言整理。

理解，具体来说是缺乏对于中国品牌成长的历史梳理、缺乏宏观角度上对中国品牌成长的理论性研究，以至于无法很好地认清中国品牌成长的历史脉络、发展逻辑与现实情况。这就需要研究者关注中国品牌的发展历史，认真梳理其发展历程，从历史实际出发总结其发展的内在规律，而不仅仅是追随、模仿西方品牌研究的理论和范式。

纵观改革开放后的中国品牌波澜壮阔的发展历程，可以发现中国企业品牌的成长有着不同于国外的、立足于市场实践的自我逻辑，研究这种逻辑是十分重要且必要的。立足本土企业品牌实践，探寻中国品牌成长的内在规律，理解中国品牌如何实现快速发展的原因要素是本书的研究焦点所在。研究中国品牌发展的内在规律必然要洞察中国品牌特殊的发展历程，品牌发展内在规律的研究与品牌成长历程的分析互为基础。因此本书最终要研究的问题可以分解为三个紧密关联、环环相扣的子问题：第一，改革开放以来中国企业品牌成长的主要历史逻辑；第二，改革开放以来中国企业品牌成长的驱动力量；第三，改革开放以来中国企业品牌的成长机制。

第二节 研究的相关界定

一、研究时空的界定

中国品牌实践一定是发生在特定的时空范围之内的，本书研究的时间范围主要是1978年改革开放以来四十余年的时间段。选择这一时间段是由改革开放本身在中国品牌发展历史进程中具有的独特地位所决定的。在新中国成立之前，中国本土市场上就已经诞生了一批诸如百雀羚、上海家化、全聚德等品牌。然而由于国内局势动荡、战争频发，夹缝中的中国品牌艰难求生。新中国成立以后，中国品牌实现了一定的发展。随着高度集中的计划经济体制的逐步实行，企业公私合营，商业品牌走向消失。计划经济时期，企业广告活动基本停止，商标变成了清一色的"工农""东风""人民"等高度同质化的商标名称，没有最为基本的差异化识别功能。改革之初的统计数据表明，80%以上的注册企业没有商标。① 可以说，现代市场意义上的中国品牌，在计划经济时期的中国近乎消失了。或者如某些学者所言的那时的中国"无国产现代品牌"。②

改革开放的转型被认为是开启了自公元 1600 年以来中国经济的首次历史性复兴，③ 对于中国品牌的发展而言，这同样是一个具有历史性意义的时间节点。改革开放转型的核心在于市场化，在引入市场要素之后，中国经济逐渐焕发了活力，企业也因此在这个过程中重新萌发了市场意识、竞争意识和品牌意识，品牌因而重新出现在中国市场上。此外，在改革开放至今的历史时期内，中国品牌获得了相对稳定的、连续性的发展。因此，本书将研究的起点界定为 1978 年，研究的时间范围是 1978 年至今的四十余年。

从研究的空间上看，本书研究的地理空间限定在中国大陆市场。之所以未将香港、澳门、台湾等地区收录在本研究范围之内，主要是由于这几个地区不同的环境差异导致其企业品牌的发展也呈现出不同的特点和轨迹，不宜放在一起研究，这也是大多数研究的惯例性做法。

二、关键概念的界定

（一）企业的界定

企业是一个和商品生产相联系的历史概念，世界上第一个工厂企业是 1771 年在英国建立的。④ 在美国，1785 年，奥利弗·埃文斯开办了美国第一家自动面粉厂；1793 年，塞缪尔·施莱特开办了美国第一家纺织厂。1820—1830 年，美国人在采用机械化、标准化和大规模生产方面走在世界前列，被人称为美国的生产体系（American system of production）。⑤ 现代企业在规模化工业生产发展的背景下成长为现代社会的一种较为成熟和常见的组织形式。长期以来，企业被认为是一种具有一定的行为特征，即谋求产出量最大化、

---

① 侯隽. 品牌 60 年——专家讲述新中国 60 年企业品牌史 [J]. 中国经济周刊, 2009（40）: 8.
② 卢泰宏, 谢飙, 罗淑玲, 等. 我国自创品牌的进展与展望 [J]. 中山大学学报（社会科学版）, 1996（03）: 1.
③ 金星晔, 管汉晖, 李稻葵, Broadberry Stephen. 中国在世界经济中相对地位的演变（公元 1000—2017 年）——对麦迪逊估算的修正 [J]. 经济研究, 2019（07）: 14.
④ 王关义, 刘益, 刘彤, 等. 现代企业管理 [M]. 北京: 清华大学出版社, 2004: 3.
⑤ 詹姆斯·柯比·马丁, 兰迪·罗伯茨, 史蒂文·明茨, 等. 美国史 [M]. 范道丰, 柏克, 曹大鹏, 等译. 北京: 商务印书馆, 2012: 349、359.

利润最大化的经济单元。① 实际上企业是一种经济体,即执行技术转化的工作并产出附加价值。② "产出附加价值"这一点从某种程度上解释了企业经营品牌的一种内在的必然性,品牌之所以受到企业重视,就在于品牌能够增加企业产品/服务的附加价值。综上,本书将企业理解为市场经济环境下具有独立法人地位的、以获取利润为目的的市场竞争主体。本书所言的品牌是依附于企业而生的企业品牌。

(二)品牌的界定

早在品牌这一概念诞生之前,人类社会就已经开始了品牌的实践。人类的品牌活动始于人们对于牲畜的归属权的确定,目的是为了防止盗窃,这一点在公元前 2700 年左右的古埃及墓葬中就有发现。③ 随着时间的推移,购买者意识到品牌可以提供关于原产地和所有权的信息,并作为产品质量的信号。随后,在中国、古希腊、古罗马均出现了与以差异化为目的的品牌原型,如印章、圆形的密封固件、陶器上制作者的刻字等。④ 可见品牌最初的意义或者逻辑起点是作为一种差异化的识别。

进入大工业时代后,商业繁荣促进了品牌实践的发展和品牌概念的明确化与现代化。工业革命后建立的工厂开始大规模地生产商品,并要销售到更广阔的市场。为了让非本地市场的消费者识别并信任产品,制造商开始大规模地在产品的销售和推广中使用商标、徽标等。进入 20 世纪前后,大众媒介和广告业的产生和发展,推动了企业品牌运用的进一步扩张。1922 年,"品牌"这一概念正式进入了营销领域,出现在词组"品牌名称"中,被定义为"商号或专有名称"。⑤ 多数文献表明,大卫·奥格威在 1950 年首次明确提出了"品牌"这一概念。⑥ 加德纳 (Gardner) 和利维 (Levy) 1955 年首次明确区分了产品和品

---

① 吕殿平,李晓静,余元冠. 现代企业管理学 [M]. 北京:中国社会科学出版社,2005:29.
② 伊丹敬之,加护野忠男. 经营学入门(第三版)[M]. 黄赛芳,张叶秋晓,黄雪琴,等译. 北京:华夏出版社,2019:1.
③ KHAN S, MUFTI O. The hot history & cold future of brands [J]. Journal of Managerial Sciences, 2007 (1):75-76.
④ STARCEVIC S. The Origin and Historical Development of Branding and Advertising in the Old Civilizations of Africa, Asia and Europe [J]. Marketing, 2015 (3):181-188.
⑤ STERN B. What does brand mean? Historical-analysis method and construct definition [J]. Journal of the academy of marketing science, 2006 (2):217.
⑥ 卢泰宏,吴水龙,朱辉煌,等. 品牌理论里程碑探析 [J]. 外国经济与管理,2009 (01):33.

牌，标志着学术界正式开始研究品牌。① 国内外的相关机构和研究者从不同角度给"品牌"一词下了多种定义，经过笔者的整理，比较有代表性的品牌定义主要可以归为标识论、认知论、关系论、价值论四大类（如表1.1）②。

表1.1 国内外学者关于品牌的代表性定义一览

	提出者	定义
品牌标识论	美国市场营销协会（AMA）	品牌是一个名称、名词、标记、符号或设计，或是它们的组合，其目的是识别某个销售者或某群销售者的产品或劳务，并使之同竞争对手的产品和劳务区别开来。③
	菲利普·科特勒	品牌在本质上代表着卖者对交付给买者的产品特征、利益和服务的一贯性的承诺。品牌是一个复杂的符号，包括属性、利益、价值、文化、个性和用户六个层次的含义。④
	小威廉·D. 佩罗特，尤金尼·E. 麦卡锡	建立品牌意味着某一名字、术语、标识或者设计的使用，或上述内容的组合，用以识别某一产品。它包括品牌名、商标，以及事实上所有用来识别产品的东西的使用。⑤

---

① GARDNER B, LEVY S. The Product and the Brand [J]. Harvard Business Review, 1955 (3-4): 33-39.
② 这里需要说明的是，品牌定义的四种分类并不是绝对的，只是一种粗略的分类，有些定义也会同时包含其他分类的思想，归入某一类主要由定义的主要偏向决定的，同一学者也会站在不同角度对品牌进行阐释。
③ 卢泰宏，吴水龙，朱辉煌，等. 品牌理论里程碑探析 [J]. 外国经济与管理，2009 (01): 33.
④ 菲利普·科特勒. 市场营销管理 [M]. 郭国庆，等译. 北京: 中国人民大学出版社，1997: 78.
⑤ 小威廉·D. 佩罗特，尤金尼·E. 麦卡锡. 基础营销学（第15版）[M]. 胡修浩，等译. 上海: 上海人民出版社，2006: 250.

续表

提出者	定义
威廉·阿伦斯	品牌指标明产品及其产地，并使之与同类产品有所区别的文字、名称、符号等的结合体。①
凯文·莱恩·凯勒	品牌远比产品的含义广泛，因为品牌具有不同维度，这些维度使之能区别于产品，并能满足客户需求。②
科利焦，乌里斯克劳福特	品牌是符号化的营销系统（Semiotic Marketing Systems）。③
舒咏平	品牌是包括组织与个人在内的品牌主以可以进行传播流通的表层符号以及符号所指代的内在事物（人、产品、服务等）通过传播扩散，而在消费者或接受者那里产生的以信誉为核心的、良好的倾向性印象与认可，是品牌主与以消费者为核心的受众一种聚焦性约定符号。④ 品牌本质即信誉主体与信任主体的关系符号达成。⑤
张树庭	品牌是由识别符号系统、实体产品或服务和附加价值组成的消费交流的符号。⑥

（品牌标识论）

---

① 威廉·阿伦斯，戴维·谢弗，迈克尔·魏戈尔德. 广告学 [M]. 丁俊杰，钟静，康瑾，等译. 北京：中国人民大学出版社，2014：99．
② 凯文·莱恩·凯勒. 战略品牌管理（第4版）[M]. 吴水龙，何云，译. 北京：中国人民大学出版社，2014：5．
③ CONEJO F, WOOLISCROFT B. Brands defined as semiotic marketing systems [J]. Journal of Macromarketing, 2015（3）：287.
④ 舒咏平. 品牌传播教程 [M]. 北京：北京师范大学出版社，2013：4．
⑤ 舒咏平. 品牌即信誉主体与信任主体的关系符号 [J]. 品牌研究，2016（01）：20．
⑥ 张树庭. 论品牌作为消费交流的符号 [J]. 现代传播，2005（03）：79．

续表

	提出者	定义
品牌认知论	大卫·奥格威	品牌是一种错综复杂的象征，它是品牌属性、名称、包装、价格、历史、声誉、广告方式的无形总和。品牌同时也因消费者对其使用者的印象，以及自身的经验而有所界定。①
	菲利普·科特勒，加里·阿姆斯特朗	品牌不仅仅是一个名称或者一个象征。它是企业与顾客关系中一个关键的要素。品牌表达了消费者对某种产品及性能的认知和感受——该产品或服务在消费者心中的意义。归根结底，品牌存在于消费者的头脑中。②
	艾·里斯，劳拉·里斯	什么是品牌？是你在潜在顾客心智中占据的独特概念或认知。③
	卡菲勒	品牌的价值在于它在消费者心目中独特的、良好的、令人瞩目的形象……这些印象可以是有形的，也可以是无形的，包括社会或心理效应。④
	汤姆·邓肯	真正的品牌其实是存在于关系利益人的内心和想法中。换言之，即使公司拥有品牌名称和商标的所有权，品牌的真正拥有者却是关系利益人。⑤

① 大卫·奥格威. 大卫·奥格威自传［M］. 麦慧芬，译. 海口：海南出版社，2004：24。
② 菲利普·科特勒，加里·阿姆斯特朗. 市场营销：原理与实践（第16版）［M］. 楼尊，译. 北京：中国人民大学出版社，2016：247。
③ 艾·里斯，劳拉·里斯. 品牌22律［M］. 寿雯，译. 北京：机械工业出版社，2017：174。
④ 让·诺尔·卡菲勒. 战略性品牌管理［M］. 王建平，曾华，译. 北京：商务印书馆，2000：9。
⑤ 汤姆·邓肯等. 品牌至尊［M］. 廖宜怡，译. 北京：华夏出版社，2000：11。

续表

	提出者	定义
品牌认知论	林恩·阿普	品牌是消费者眼中的产品或服务的全部，是人们看到的各种因素集合起来所生成的产品表现，包括销售策略、人性化的品牌个性以及两者的结合等，或是全部有形或无形的自然参与，如品牌名称、图案等要素。①
	余明阳，朱纪达，肖俊崧	品牌就是公众对于组织及其产品认知的总和。②
品牌关系论	唐·舒尔茨	品牌不仅仅是一个名称或一个符号、一个图形，它体现为与消费者之间的关系。③
	大卫·阿克	品牌就是产品、符号、人、企业与消费者之间的联结和沟通。也就是说，品牌是一个全方位的架构，牵涉消费者与品牌沟通的方方面面，并且品牌更多地被视为一种"体验"，一种消费者能亲身参与的更深层次的关系，一种与消费者进行理性和感性互动的总和，若不能与消费者结成亲密关系，产品从根本上就丧失被称为品牌的资格。④
	艾丽丝·泰伯特	品牌是一种合同，是一种关系，是一种保证。⑤

---

① 胡晓云. "品牌"定义新论 [J]. 品牌研究, 2016 (02)：30.
② 余明阳，朱纪达，肖俊崧. 品牌传播学 [M]. 上海：上海交通大学出版社, 2005：6.
③ SCHULTZ D, BARNES B. Strategic Brand Communication Campaigns [M]. Lincolnwood：NTC Business Books, 1999：35.
④ 大卫·阿克，爱里克·乔基姆塞勒. 品牌领导 [M]. 耿帅，译. 北京：机械工业出版社, 2017.
⑤ 艾丽丝·M. 泰伯特等. 凯洛格品牌论 [M]. 刘凤瑜，译. 北京：人民邮电出版社, 2006：48.

续表

	提出者	定义
品牌价值论	唐·舒尔茨	品牌是被买卖双方所识别并能够为双方都带来价值的东西。①
	大卫·阿克	对于大多数企业而言，品牌名称以及其所代表的含义是企业最重要的无形资产——企业竞争优势的基础、未来利润的源泉。②
	约翰·菲利普·琼斯	品牌，指能为顾客提供其认为值得购买的功能性利益及附加价值的产品。③
	大卫·阿诺	品牌是一种类似成见的偏见，成功的品牌是长期、持续地建立产品定位及个性的成果，消费者对它有较高的认同，一旦成为成功的品牌，市场领导地位及高利润自然会随之而来。④
	卢泰宏	品牌不仅仅是一个用作区分的名称，更是一种综合的象征；品牌不仅仅掌握在品牌主手中，更取决于消费者的认同和接受；品牌不仅仅是符号，更要赋予形象、个性和生命；品牌不仅仅是短期营销工具，更是长远的竞争优势和最有潜在价值的无形资产。现代品牌的内涵是综合的，它包含许多要素，它的目标是整体的、战略的。⑤
	何佳讯	品牌是一个以消费者为中心的概念，没有消费者就没有品牌……品牌之所以能够存在，是因为它可以为消费者创造价值，带来利益。⑥
	罗子明	品牌是商品价值或服务价值的综合体现，品牌以特定的形象符号作为标记。⑦

---

① 唐·舒尔茨，海蒂·舒尔茨．唐·舒尔茨论品牌 [M]．高增安，赵红，译．北京：人民邮电出版社，2005：7-8．
② 大卫·阿克．管理品牌资产 [M]．奚卫华，译．北京：机械工业出版社，2006（13-14）：59-91．
③ 约翰·菲利普·琼斯．广告与品牌策划 [M]．孙连勇，李树荣，译．北京：机械工业出版社，1999：35．
④ 万后芬，周建设．品牌管理 [M]．北京：清华大学出版社，2006（05）：334．
⑤ 卢泰宏．"名牌"一词使用中的缺陷与问题 [J]．品牌研究，2016（01）：5．
⑥ 何佳讯．品牌形象策划：透视品牌经营 [M]．上海：复旦大学出版社，2000：4．
⑦ 罗子明．品牌传播研究 [M]．北京：企业管理出版社，2015：5．

续表

	提出者	定义
品牌价值论	胡晓云	品牌是基于物质产品（或服务）、消费者的体验感知、符号体系及象征意义等要素的系统生产、互动沟通、利益消费而形成的独特的利益载体、价值系统与信用体系。①
	张锐，张燚，周敏	品牌是社会组织或个人对事物设计的人物特征及体验，不仅能满足或创造利益相关者的价值需求，而且能够被利益相关者感知和长期认同。②

（本书整理）

有学者从输入、输出和时间三种角度来解释品牌，共包括 14 种类型。当经理们强调运用资源来获取顾客的回应时，他们可以从输入视角（包括标识、法律工具、公司、速记法、风险减弱器、定位、个性、价值链、展望、附加价值、本体）被解释；当以顾客使用品牌来提高他们的个人生活这种方式来解释时，它们可以从输出视角（包括印象、关系）被解释；第三种解释品牌的方法是把品牌视为动态实体，品牌不断演进以符合不断变化的环境条件。③ 也有学者归纳后认为众多学者的不同品牌定义可以进一步归纳为 12 种类型，即 logo（标识）、法律工具、公司、速记法、风险减弱器、身份识别系统、消费者脑海中的形象、价值系统、个性、关系、附加价值、不断进化的实体。④

从以上诸多的定义和分类中可以发现，品牌的概念具有多样性。实际上，以上的多种定义是不同研究者站在不同的侧面对于品牌的理解。如有的从消费者心理角度出发，将品牌理解为一种消费者的心理感知。有的从包装、名称或设计的角度出发将品牌理解为一种标志或者标识系统。也有人从对于企业的价值的角度出发，将品牌理解为一种获得超额利润和附加价值的工具/手段。有的将品牌视为产品/服务之外的附加价值，有的则强调品牌与产品/服务与品牌之间的不可分割性，认为品牌是产品/服务与附加价值的集合。

---

① 胡晓云. "品牌"定义新论 [J]. 品牌研究, 2016（02）: 32.
② 张锐，张燚，周敏. 论品牌的内涵与外延 [J]. 管理学报, 2010（01）: 155.
③ 莱斯利·德·彻纳东尼. 品牌制胜——从品牌展望到品牌评估 [M]. 蔡晓煦，等译. 北京：中信出版社，2002（24）: 64 – 65.
④ MAURYA U, MISHRA P. What is a brand? A Perspective on Brand Meaning [J]. European Journal of Business and Management, 2012（03）: 122 – 133.

不同时期，人们对于品牌的理解也是不同的。梅茨（Merz）等人①回顾了品牌逻辑的演变（如表1.2），认为品牌的概念经历了以个体商品为中心的品牌时代（20世纪初至20世纪30年代），以价值为中心的品牌时代（20世纪30年代至20世纪末），以关系为中心的品牌时代（20世纪末至21世纪初），以利益相关者为中心的品牌时代（21世纪初至今）等几个演变阶段。从以上的几个阶段的变化可以发现，品牌正在与更为广阔的、多样的社会主体联系起来。有学者指出，在互联网带来商业模式大变革的背景下，品牌成为"资源链接器"（hub），即品牌是一个通过整合所有相关资源所做的平台。② 品牌越来越被视为与整个社会结构和所有利益相关者相关联的产物，而不仅仅是企业、消费者的行动产物；品牌也不仅仅是物质层面的，而是物质—心理双重属性的。

表1.2 不同时代的品牌概念的演变

时间	子维度	品牌概念
20世纪初至20世纪30年代：以个体商品为中心的品牌时代	——	作为标识的品牌：品牌是消费者从视觉上区别商品的手段。品牌价值内包于实体产品，并且在商品售卖成功的时候被创造出来。
20世纪30年代至20世纪末：以价值为中心的品牌时代	以功能价值为中心的	作为功能形象的品牌：在竞争日益激烈的市场环境中，创造独特的品牌形象变得至关重要。消费者通过选择品牌来满足外部产生的消费需求。品牌是市场提供物的一部分。品牌是一种可以利用的资源，并且具有交换价值。消费者在品牌价值创造中是消极的。品牌为任何市场上的产品在交换的时候增加了功能上的价值。
	以象征价值为中心	作为象征形象的品牌：商品在使用属性上日趋同质化，因此品牌被用来满足内在产生的消费需求。品牌独立于市场提供物，并日益被视为可利用的资源。商品被售出的同时创造了品牌价值。因此，品牌具有交换价值。消费者在品牌价值创造中依然是消极（被动）的。

---

① MERZ M, HE Y, VARGO S. The evolving brand logic: a service-dominant logic perspective [J]. Journal of the Academy of Marketing Science, 2009 (03): 331.
② 何佳讯. 战略品牌管理——企业与顾客协同战略 [M]. 北京：中国人民大学出版社, 2021: 7.

续表

时间	子维度	品牌概念
20世纪末至21世纪初：以关系为中心的品牌时代	以消费者—企业关系为中心	作为知识的品牌：消费者作为可利用的资源是品牌价值的共创者，品牌价值是消费者对使用价值的感知。
	以消费者—品牌关系为中心	作为关系伙伴的品牌：依靠品牌拥有的个性，品牌能够与消费者形成二元关系，价值共创在这种二元关系中被实现。
	以企业—品牌关系为中心	作为承诺的品牌：内部消费者，也就是雇员，是品牌价值共创的可以运用的资源。
21世纪初至今：以利益相关者为中心的品牌时代	——	品牌作为一种动态的社会过程：除了个体消费者之外，品牌社区和其他利益相关者构成了操作性品牌的源头。品牌价值共创过程是在企业、品牌、所有利益相关者之间的一种连续的、社会的、高度动态的和互动的过程。

（本书整理）

综上可知，品牌是一个随着历史发展而不断演进的，具有复合性和动态性特点的概念，从不同角度和历史时期可以得到不同的关于"品牌是什么"的认识。从上文整理的数十种分别从标识、认知、关系、价值角度的定义中也能看出品牌内涵的多样性。从历史的发生学角度而言，现代意义上的品牌作为市场经济的产物，产生和发展于工业革命之后。工业革命催生了规模化的生产与消费，生产力的大大提高带来了异地市场扩张的压力以及生产者与消费者之间相分离的问题，同时带来了同质化产品，随之而来的是日益激烈的市场竞争。企业仅仅依靠产品的基本功能和外观无法有效应对竞争，为了重新建立企业和消费者的连接和应对竞争，以差异化为基本功能的品牌就产生了，差异化的具体表现就是品牌的商标、名称等。可见，品牌产生于品牌所有者和品牌消费者两端的互动过程中，品牌的逻辑起点在于实现差异化的识别功能。商业品牌的本质是其所有者为了实现商业目的而营造的一种差异化。在市场竞争中，品牌所有者可以依靠这种差异化获得附加价值和竞争优势。

品牌具有逐步递进和深入的三重功能：第一重功能是构建差异化的标识功

能；在标识功能的基础上，品牌可以以此作为差异化竞争的屏障，进一步形成第二重的溢价功能，这就是品牌资产，这是当下企业孜孜以求的；为了让品牌资产可持续，品牌还必须维系好与消费者之间的关系，因此品牌的第三重功能就是关系建构。① 总之，品牌是一种建立在生产者和消费者双边关系基础上的营销结果，品牌具有差异呈现、价值创造和关系建构这三种基本功能。综上，本书所言的品牌是品牌所有者为了实现商业目的而通过各种营销或传播手段在市场中塑造的差异化，这种差异化需附着于特定的产品和服务，其功能在于差异呈现、价值创造以及关系建构。

（三）企业品牌的界定

从当下的市场竞争中可以发现，存在品牌化可能的对象已经覆盖了从产品、服务、典故个人（如政治家、影视歌明星、体育明星、科学家等社会名流）、社会小群体、船只、产业、地点（如金字塔、长城等旅游景点）、地区、城市（如纽约、上海等城市）、政府、国家（如日本、美国、新加坡等）以及各种非营利组织（如绿色和平组织、中国科学院、清华、北大等组织）等品牌类别。② 因此有学者认为，凡是需要沟通并且可以沟通的事物都可以品牌化。③ 品牌有狭义和广义之分。狭义品牌指商业品牌；而种种社会品牌，包括城市品牌、院校品牌等则可以称为广义品牌。④ 本书的研究对象属于狭义的商业品牌范畴中的、依附于作为商业主体的企业的品牌。企业既是市场经济的竞争主体，也是品牌所有者的主体构成。为了更好地界定企业品牌这一概念，本书还需要对公司品牌、产品品牌、雇主品牌这三个相关或相似的概念进行讨论。

公司品牌（corporate brand）⑤ 具体是指消费者对公司的整体性认知。西方文献中关于消费者对公司的认知，先后出现过公司识别（corporate identity）、公司形象（corporate image）、公司联想（corporate association）等概念，不同的文献，因研究视角不同（如股东、员工、消费者等视角），对这些概念的定义也不

---

① 黄升民，王水. 2017年广告之变黑天鹅频发背景下的机遇和挑战［J］. 中国广告，2017（02）：52.
② 张锐，张燚. 品牌学——品牌理论基础与学科发展［M］. 北京：中国经济出版社，2007：372.
③ 张锐，张燚，周敏. 论品牌的内涵与外延［J］. 管理学报，2010（01）：153.
④ 余明阳，舒咏平. 论"品牌传播"［J］. 国际新闻界，2002（03）：64.
⑤ 也有人将 corporate brand 翻译为"企业品牌"，但是因为企业与公司在法律规定中所指代的意义有所区别，因此本书为了论述方便，采用"公司品牌"的译法，以便与本书所说的"企业品牌"区分开来。

尽相同。公司品牌概念可以涵盖公司识别、公司形象及公司联想等概念的全部内涵。① 与公司品牌紧密相关的一个概念是产品品牌（product brand），所谓产品品牌是指"产品上的一个名称、属于、标志、符号或设计，或他们的集合"，目的在于把其产品与竞争者的同类产品区别开来②，该概念侧重的是产品与品牌的密切关系。具体来看，公司品牌和产品品牌的主要差别如下（如表1.3）。

表1.3　产品品牌和公司品牌的比较③

	公司品牌	产品品牌
品牌层级	最顶层	中下层
关注焦点	整个组织	具体的产品（服务）
管理职责	CEO	品牌经理
职能部门	绝大多数或全部部门	营销部门
责任员工	全体人员	营销人员
生命周期	公司生命周期	产品生命周期
品牌时效	中、长期	短期
面向群体	全体利益相关者	消费者
品牌联想的范围	包括人（公司和利益相关者）、各类关系、公司愿景、价值观和社会责任等	仅与产品的质量、属性等相关
品牌个性	体现公司是什么，反映公司的价值理念和愿景	主要与消费者印象有关

---

① 吴水龙. 公司品牌对产品评价影响研究的新进展 [J]. 外国经济与管理, 2009 (12): 45.
② 易牧农. 论产品品牌与企业品牌交互发展战略 [J]. 江苏商论, 2000 (01): 18.
③ 参见：吴水龙, 卢泰宏, 蒋廉雄. 公司品牌研究述评 [J]. 外国经济与管理, 2009 (03): 30-37; 黄静, 姚琦. 公司品牌个性塑造研究 [J]. 武汉大学学报（哲学社会科学版）, 2008 (06): 857-861; 杨一翁, 孙国辉. 公司品牌的相关概念辨析 [J]. 商业时代, 2014 (35): 69-70.

续表

	公司品牌	产品品牌
传播渠道	公司整体传播 1. 主要的产品和服务绩效、组织政策、CEO 和高层管理者的行为、人员经验、职员的语言 2. 营销或其他形式的控制的形式 3. 口头传播	营销传播组合
需要一致的维度	品牌价值（契约） 识别（公司属性、亚文化） 公司战略意图（由 CEO 和高层管理人员认同的） 经验、形象和信誉 利益相关者承诺（内部和外部） 环境（政治、经济、道德、社会、技术）	品牌价值（契约） 产品绩效 沟通 经验、形象和信誉 消费者承诺 环境（政治、经济、道德、社会、技术）

（本书整理）

  雇主品牌与公司品牌和产品品牌也有差异。1996 年，有学者最早提出了雇主品牌这一概念，即由雇主提供并与雇主相联系的一系列功能利益、经济利益和心理利益的组合。[①] 雇主品牌是品牌理论在人力资源管理领域的运用，强调的是企业作为雇主的概念。

  在了解公司品牌、产品品牌和雇主品牌的概念之后，就可以更好地界定企业品牌。第一，公司品牌是企业品牌的一个子集。因为企业从概念范畴上来讲包括公司，因此企业品牌包含公司品牌；第二，公司品牌又包括雇主品牌，雇主品牌是公司品牌的一个侧面，强调企业作为一个雇用员工的组织形象等；第三，雇主品牌和产品品牌存在交集，因为雇主品牌的对象员工与产品品牌的使用对象有交集（员工可能也是品牌的传播对象），目标员工对于公司雇主品牌的

---

① 王文新，杜晨朵，孙健敏. 雇主品牌：概念、结构、影响因素和实施效果 [J]. 中国人力资源开发，2017（02）：73.

好恶判断也包含了他对于公司产品的好恶判断①；第四，公司品牌的概念包含产品品牌及其以外的公众印象。为了更好地概括本书的研究对象，本书采用企业品牌这一更具包容性的概念，它包含公司品牌、雇主品牌和产品品牌（如图1.1）。企业品牌既是一个结果性的概念（是企业通过经营努力而形成的客体对于企业的认识、印象等的总和），也是一个过程性的概念（企业品牌的形成需要一个过程）。本书中企业品牌的概念是为了明确品牌的所有者，指的是企业为了实现商业目的而建构的差异化。商业的势力已经渗透到生活的方方面面，一般而言，日常所指的品牌大多指的是商业性的企业品牌。

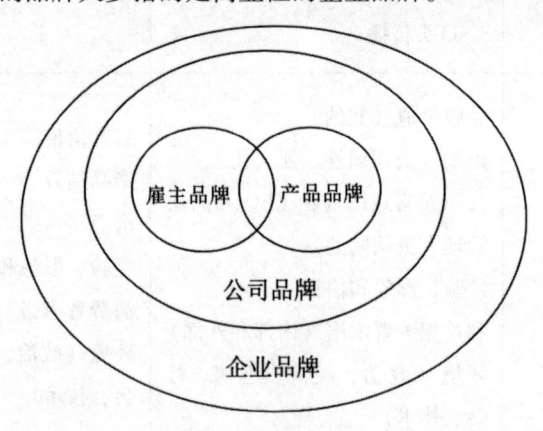

图1.1 企业品牌的构成

综上，本书研究的对象是"中国企业品牌"，即在中国大陆市场上生长并发展的中国本土企业品牌。在本书中，中国企业品牌是一个整体意义上的概念，并非特指某一个中国企业的品牌，它是包含所有个体意义上的中国企业品牌。为了方便叙述，本书将"中国企业品牌"通常简化为"中国品牌"。就企业与品牌而言，当企业开始为了商业目的而有意识或者无意识地开始通过包装、传播、营销等手段构建某种差异化时，如，选择一个好的名称、设计logo、注册商标、开展广告活动等，我们就说企业开始具备品牌意识，并逐步构建品牌。相对于企业这一实体而言，品牌则相对是虚拟的，如果说企业是物质的，那么品牌就是精神的。对企业实体、产品这一内在的"骨肉血脉"而言，品牌更多的是外在的名称、符号等。有专家甚至直接将品牌定义为具有影响力的名称，并

---

① 方卫平，李元旭. 论雇主品牌与雇主品牌管理 [J]. 经济管理，2006（09）：49.

认为这个定义抓住了品牌的本质。① 但品牌总是附着于企业实体，以某种市场提供物（一般包括产品及服务）为依托，难以单独存在。品牌更强调的是企业的一种传播和营销的结果。

（四）品牌成长的界定

借用生物学中有机体成长的概念，品牌成长是指一个组织（或产品）诞生后，从非名牌到准名牌，经过发展上升为名牌，以致逐步扩大延伸成为市场领袖的过程。② 本书认为，所谓品牌成长就是企业品牌经营中调动所能调动的内外部所有资源实现品牌发展的过程，是品牌在市场上从相对弱势到相对强势的表征。企业品牌成长的结果集中反映在企业规模、品牌资产/价值、市场份额等方面的提升。

中国企业品牌成长描述的就是中国企业品牌从无到有、从小到大、从大到强的这样一种历史过程和结果呈现。企业和品牌是两个紧密相连但又存在差异的概念，伴随着企业的发展，所属某一企业的一个或多个品牌就会出现，品牌是企业获得市场成功的象征。当企业品牌获得影响市场的能力时，就可以说企业品牌事实上已经存在了。从发展脉络上而言，品牌的成长脉络与企业的发展脉络往往是一致的，因此本书在之后讨论中也会涉及大量的企业发展史。实际上，中国品牌的成长史是中国企业发展史中一个非常重要的组成部分与侧面体现。

第三节 研究思路与研究方法

一、研究思路

中国品牌在四十余年里快速成长发展，取得了举世瞩目的成就。那么中国品牌为何能够实现这种成长，它背后的秘密是什么？本书的研究焦点是"中国企业品牌成长的内在逻辑"，核心在于如何解释中国品牌四十余年来的成长。关

---

① 让·诺尔·卡普费雷尔. 战略品牌管理（第5版）[M]. 何佳讯，等译. 北京：中国人民大学出版社，2020：5.
② 张燚，刘进平，张锐，等. 企业文化、价值承诺与品牌成长的路径和机制研究 [J]. 管理学报，2013（04）：503.

键性的问题包括三个：一是中国品牌成长的历程问题，即中国品牌成长经历了一个什么样的历史发展过程；二是中国品牌成长的动力问题，即中国品牌是由何种力量驱动发展至今的；三是这种驱动要素下的中国品牌的成长形塑机制。围绕着这三个问题，本书依循宏观和历史的研究视角，对各章内容做出如下安排。

第一章，绪论。主要介绍了本书的研究背景、研究问题、基本概念的界定、研究方法、研究思路以及研究的创新性等。通过这一章导出研究问题，明确基本概念，为全文的分析进行基本的铺垫。

第二章，文献综述。这一章主要介绍了与本研究相关的一些研究基础。首先，对西方品牌研究的历史、主要理论做了简要的梳理。其次，对中国导入西方品牌理论的过程、研究的重点以及研究阶段的演变进行深入分析。在梳理的过程中，得出当下中国品牌研究的主要特点以及相对本书研究问题存在的不足。最后，在此基础上，指明了本研究可以站在前人研究基础上能够突破的方向。

第三章，本章着重梳理改革开放以来中国品牌成长的基本事实，在此基础上展现其发展的历史逻辑。本部分首先对于前人相关研究进行梳理，之后提出本书的历史分期观点，并按照时间顺序梳理中国品牌成长的基本历史。最后在宏观历史分析的基础上总结中国品牌成长的特点，包括成长的四大动力以及成长过程中市场与政府力量博弈过程中的品牌形塑等。

第四章，在第三章分析结论的基础上开展四种力量的历史分析以揭示这四种动力是如何在过去四十余年支撑中国品牌成长，又是如何造就中国品牌成长的特点的。后以实证数据、实证检验等方法检验四种动力与中国品牌成长的关系。对中国品牌成长的四大动力进行概念化和操作化，在明确四大动力的基本概念和基本测量维度的基础上，收集数据进行相关性分析和回归模型的建构。

第五章，沿着前文的思路，继续深入分析中国品牌成长的内在机制。这一机制的核心在于中国政府和市场之间由于国家制度的独特性所导致的必然存在的、事实上也存在的博弈形塑机制。本章的思路是分析为什么中国会存在市场和政府之间相互博弈的问题，为什么政府和市场的博弈会影响到品牌成长，是如何影响的，以及如何在博弈中形塑的。

第六章，本书的收尾部分。主要内容包括本研究的主要结论、不足和展望。

二、研究方法

针对本书的研究问题，本书将着重运用以下研究方法。

第一，历史分析法。社会学家米尔斯曾指出历史视野在社会科学研究中具有不可或缺的作用，强调社科研究不能脱离历史维度①。经济学家熊彼特曾经说过，"人们可以通过三种方式去研究经济——通过历史、通过理论或者通过统计数字"②。品牌作为一种社会和经济现象，同样不能忽视历史的价值，要具备历史的眼光。本书的一个重要出发点就是回归中国品牌成长历史的基本面，就是力图通过对改革开放后中国品牌成长历史的研究发现其内在规律，并力求"成一家之言"。营销学领域学者指出历史现象是丰富而复杂的，但可以通过对其发展的时空和背景进行考察从而达到理解的目的。③ 本书为了研究中国品牌成长的规律，将品牌成长放置于中国特定的政治、经济、文化、媒介、消费因素等社会—历史背景下，结合当时特定的历史时空和社会结构来分析和讨论中国品牌成长的问题。在历史分析中，本书将中国品牌置于一个较长的时间段——聚焦于改革开放以来四十余年但也关照近代百年的历史长河中来考察其本质，而不是局限于一时一事。本书将运用整体的观点和发展的眼光来把握中国品牌成长的内在规律和变迁本质。

第二，文献资料法。本书将尽可能通过图书馆、在线数据库等方式检索与课题相关的国内外文献资料，并做整理分析。文献资料主要涉及改革开放四十余年中国品牌成长历程、经济体制改革、国有企业改革、广告产业发展、媒体行业发展、消费增长和消费结构变迁等方面。在文献资料的梳理中，本书将侧重统计数据的整理与分析。本书除了从历史和理论研究层面提出和分析动力因素之外，还会通过对统计数据进行分析和检验的方式来辅助验证各因素的解释力和科学性。本书使用的统计数据主要涉及国民经济、广告产业等。

第三，多学科理论的交叉运用。由于品牌内涵和外延的丰富性，品牌本身的研究决不能仅从品牌学科本身出发，只有采用多学科交叉的视角才能够更好地把握中国品牌成长问题的研究。本书将借鉴社会学、经济学、政治学、营销学、管理学、广告学、传播学等多学科理论知识，以期对本研究获得更加全面、理性、科学的认知。

---

① C. 赖特·米尔斯. 社会学的想象力 [M]. 李康, 译. 北京：北京师范大学出版社, 2017：199-229.
② 徐则荣. 创新理论大师熊彼特经济思想研究 [M]. 北京：首都经济贸易大学出版社, 2006：42.
③ LOW G, FULLERTON R. Brands, brand management, and the brand manager system: A critical-historical evaluation [J]. Journal of marketing research, 1994 (2)：174.

第四节 研究价值与研究创新

一、研究价值

学术研究应具有现场和在地意识。研究品牌问题应当立足本土企业的品牌经营实践，只有这样才有可能实现对于本土问题的有效回应，才有可能发现有价值的研究议题。当下中国企业品牌经营环境日益多变，不确定性日益增强。无论是国家层面，还是企业层面都表现出一种前所未有的焦虑感和浮躁感。如何才能实现品牌长久有效的发展，这个问题不仅是企业所关注的，也成为政府日益关心的课题。要回答这个问题，一是必须对中国品牌发展的过往历史有一个很好地把握，二是必须基于历史纵深来厘清中国品牌成长至今的内在规律。本研究聚焦于中国品牌成长问题的研究，力求从历史逻辑和动力机制这两个重要层面来回答中国品牌为什么能够成长至今这一问题。从研究价值上看，本研究的价值主要包括以下三点。

第一，梳理改革开放以来中国品牌成长的基本事实。四十余年来，中国品牌的发展急速推进，但是对于中国品牌发展的轨迹进行系统梳理的研究较少。本书的一个重要价值在于用历史的方法对改革开放以来的中国品牌发展史做了一个系统性的回顾。对于当下中国品牌史、广告史等研究将形成有益的补充。

第二，明晰改革开放以来中国品牌成长的内在规律。改革开放以来虽然品牌研究取得了长足的进步，但是受到西方的微观定量研究范式影响较深，缺乏对于中国品牌成长问题全局性的把握。本书则站在大图景的层面加以解析得出相关理论和模型以便更好地理解中国品牌成长问题。这是本研究的一个重要理论价值。

第三，在当下中国经济高质量发展的转型中，品牌无疑扮演着越来越重要的角色。品牌既是衡量一国经济发展成就的重要指标，反过来也能够推动中国经济的进一步转型发展。厘清中国品牌成长的历史逻辑，探究中国品牌成长的内在规律有助于政府和企业加深在中国语境下品牌成长规律的理解，为其正确决策提供参考性建议，并在此基础上推动现实中品牌的发展。这是本研究的一个现实价值。

二、研究创新

本研究的创新点和贡献主要包括以下几点。

第一，研究视角与方法的创新。从研究视角上看，当下无论是西方还是中国，品牌研究的主流趋势是定量微观的，但本书没有遵循就企业谈品牌、就消费者谈品牌、就传播谈品牌、就品牌本身谈品牌的微观视角。而是跳脱这一研究视角，采用宏观的历史视角，以便更好地把握中国品牌成长的全貌。本研究还充分意识到中国品牌成长的逻辑起点和制度环境与西方品牌成长的不同，尤其是意识到政府在我国品牌成长中的重要影响。从研究方法上看，本书没有遵从以定量为主导方法的传统主流研究路线，在方法的选用上没有以定量分析为主，而是更加注重使用社会—历史分析的思路开展本研究。总体来看，本书是一个偏向阐释和分析类的论文，不是典型的以实证量化为基础的论文。

第二，研究内容的创新。在当下主流的品牌研究中，大多数的研究关注的是当下基于企业和消费者的品牌发展问题，大多涉及消费者感知、意识或者企业的品牌战略战术等，对于中国品牌成长历史的关注研究较为稀缺，对于改革开放以来的中国品牌成长史的关注较少，基于较长尺度的历史事实探究品牌成长规律的研究则更少。本书期望在学者普遍关注不足的领域做出一些学术上的贡献。

第三，研究路线的创新。本研究在突破传统研究路线的基础上，基于本土品牌成长的基本事实，大胆提出"中国品牌体系"这一概念来解释中国品牌改革以来的发展规律，这个体系主要包括中国品牌成长的多元构造、双核与动力、双重角色、延续与变异四个方面。本书还建立了一个思考中国品牌发展的可能性框架。这些内容不仅深化了对于中国品牌成长的理解，在理论研究上实现了一些可能的突破，还在一定程度上为全球范围内品牌研究提供了新鲜的中国样本。

第二章

文献综述：脉络、议题与方向

  品牌的萌芽和雏形已经有超过千年的历史，现代意义上的品牌实践自第一次工业革命以后迅速发展了起来，实践的发展催生了品牌理论的诞生，品牌被纳入学术研究的范畴（1955）已经有近七十年的历史。针对品牌现象的理论化研究到底是如何发展至今的呢？中国品牌理论研究又是如何解释中国品牌实践的呢？存在什么问题？本研究的空间和突破口在哪？由于中国的品牌理论是西方舶来品，因此要理解当下中国的品牌理论研究则必须首先从国外品牌理论进行切入。本节文献综述主要讨论以下三个问题：第一，西方品牌理论研究的历史脉络及核心议题；第二，西方品牌理论导入中国的历程及中国品牌研究的历史脉络及核心议题；第三，当下品牌研究的不足及本研究的创新空间。

第一节　西方品牌理论研究的历史脉络及核心议题

一、西方品牌理论研究的历史脉络

  1955 年品牌正式进入学术研究的视野。随着品牌实践的发展，品牌理论不断突破创新，品牌形象、品牌个性、品牌定位、品牌延伸、品牌资产、品牌关系、品牌社群等代表性的理论不断被提出，同时品牌的范畴也从企业产品的范畴走向扩大化。这些核心理论及其相关研究共同构成了品牌理论的大厦。关于西方品牌理论研究和学术思想的历史脉络也有很多学者进行了一般性的梳理，如卢泰宏[①]、张燚[②]、聂晓梅[③]等人的研究。虽然因为研究视角等方面的差异导致阶段的划分也存在区别,但研究者大多认为品牌理论研究经历了一个不断深化和逐步丰富的过程;品牌理论从企业中心逐渐转向以市场和消费者为中心,并逐步走向互动化的关系建构;品牌化的范畴也从产品和企业扩张到了如城市、区域、国家等更为广泛的对象。

品牌理论的产生和发展与品牌实践密切相关。美国的品牌历史大致可以划分为这样几个时期,即国家制造商品牌的出现(1860—1914),大量上市品牌的统治地位(1915—1929),生产商品牌受到挑战(1930—1935),品牌管理标准的建立(1946—1985)。[④]也有学者认为1930—1945年是美国品牌管理系统的诞生阶段,1950年之后是品牌管理的时代。[⑤] 从中可以看出,美国现代品牌管理的真正成熟其实是在1950年之后。品牌是市场逻辑的自然延伸,是市场经济的必然。品牌理论是关于品牌实践的概括性的经验总结以及提炼,是回答企业实践所面临的问题的产物,会受到一定的社会和商业环境的影响。综合西方品牌发展的历史以及前人的研究,本书认为以美国为代表的西方品牌理论研究大致经历了以下四个阶段(如表2.1)。

[①] 卢泰宏,周志民.基于品牌关系的品牌理论——研究模型及展望[J].商业经济与管理,2003(02):4-9;卢泰宏,吴水龙,朱辉煌,等.品牌理论里程碑探析[J].外国经济与管理,2009(01):32-42;卢泰宏.品牌思想简史[M].北京:机械工业出版社,2020.

[②] 张燚,张锐,刘进平.品牌生态理论与管理方法研究[M].北京:中国经济出版社,2013:7.

[③] 聂晓梅.品牌帝国——跨学科视角下美国品牌形象理论演进[M].北京:清华大学出版社,2015.

[④] 凯文·莱恩·凯勒.战略品牌管理(第3版)[M].卢泰宏,吴水龙,译.北京:中国人民大学出版社,2009:39-42.

[⑤] LOW G, FULLERTON R. Brands, brand management, and the brand manager system: A critical-historical evaluation [J]. Journal of marketing research, 1994 (2): 179-181.

表2.1 西方重要品牌思想及理论发展演变

阶段	年代	代表人物/机构（提出时间）	代表性成果
品牌思想的萌芽时期	品牌思想（标示、商标、商号等）萌芽的20世纪40年代及以前①	法国政府（1803）	颁布了全球最早的商标法《关于工厂、制造场和作坊的法律》
		法国政府（1857）	制定了世界上第一部具有现代意义的商标法《关于以使用原则和不审查原则为内容的制造标记和商标的法律》
		鲍威尔（1870）	《成功的广告主报告》强调商标借用媒体宣传的重要性
		美国国会（1870，1905）	制定第一部联邦商标法，1905年对商标法进行修改以更好地保护品牌
		福勒（1897）	《福勒宣传百科全书》中一章专门解释公司标志设计
		盖尔、斯科特等（1895，1900年以后）	用心理学的方法开展广告研究，出版《广告心理》等著作，是广告学术研究的开端②
		埃德加（1907）	《如何为零售店做广告》专门一章阐述商标和商号的价值
		彼得·贝伦斯（1907）	CI（企业识别）在欧洲起源③
		智威汤逊（1911）	《关于商标的知识——一本商标信息手册》是广告界最早全面阐述商标知识的书籍

① 该时期内容主要整理自：聂晓梅. 品牌帝国——跨学科视角下美国品牌形象理论演进[M]. 北京：清华大学出版社，2015：16-41. 还有一些内容根据多本广告、品牌的教科书整理，在此不再列出。

② 参见：EIGHMEY J, SAR S. Harlow Gale and the origins of the psychology of advertising [J]. Journal of Advertising, 2007（4）：147-158；ROSS B, RICHARDS J, FLETCHER A, et al. A century of advertising education [C]. New York: American Academy of Advertising, 2008.

③ 1907年，德国电器公司（AEG）由设计顾问彼得·贝伦斯设计的公司建筑、员工宿舍、展示陈列厅、产品包装、报纸广告、海报、信笺等开始具有统一的风格、形象。

续表

阶段	年代	代表人物/机构（提出时间）	代表性成果
品牌思想的萌芽时期	品牌思想（标示、商标、商号等）萌芽的20世纪40年代及以前①	麦克罗伊尔（1931）	宝洁公司的品牌经理制
		莱蒙特·诺维，保罗·朗多（1930年左右）	首次提出"CI（corporate identity）"这一名词
品牌基础理论的诞生期	奠基的以差异化为核心的20世纪50至60年代	大卫·奥格威（1950）	"品牌"概念的诞生②
		罗瑟·瑞夫斯（50年代初）	独特销售说辞理论③
		布朗（1953）	品牌忠诚④
		加德纳，利维（1955）	品牌学术研究的序幕、品牌个性思想、情感性品牌思想的提出⑤

---

① 该时期内容主要整理自：聂晓梅．品牌帝国——跨学科视角下美国品牌形象理论演进［M］．北京：清华大学出版社，2015：16-41．还有一些内容根据多本广告、品牌的教科书整理，在此不再列出。

② 卢泰宏，吴水龙，朱辉煌，等．品牌理论里程碑探析［J］．外国经济与管理，2009（01）：33．该文提出大卫·奥格威首次在1950年明确提出品牌的概念，但是并未给出英文原文参考文献。

③ 丁俊杰，康瑾．现代广告通论［M］．北京：中国传媒大学出版社，2013：263-264．20世纪50年罗瑟·瑞夫斯在广告实操中开始使用USP理论，但直到1961年罗瑟·瑞夫斯在他的著作《实效的广告——达彼思广告公司经营哲学：USP》一书才系统地提出和阐释了USP理论。参见：李东，邢振超．四种营销传播理论的比较——从USP论、品牌形象论、定位论到IMC理论［J］．学术交流，2006（11）：91-94．

④ Copeland 在1923年提出了与品牌忠诚相关的"品牌坚持（brand insistence）"，参见，COPELAND M. Relation of consumers´ buying habits to marketing methods［J］. Harvard business review, 1923（2）：282-289. Brown 总结并提出了品牌忠诚这一概念，参见，BROWN G. Brand loyalty-fact of fiction［J］. Trademark Rep., 1953（43）：251.

⑤ GARDNER B, LEVY S. The product and the brand［J］. Harvard business review, 1955（3-4）：33-39.

续表

阶段	年代	代表人物/机构（提出时间）	代表性成果
品牌基础理论的诞生期	奠基的以差异化为核心的20世纪50至60年代	大卫·奥格威（1961）	品牌形象理论①
		美国营销协会（AMA,1960）	提出了通用的品牌定义
		赖特，金（1960）	对品牌的内涵和外延进行规范性研究②
		斯格勒（1965）	原产地效应③
		维茨，等（1965）	指出品牌个性对消费行为的影响④
		李维特，科特勒（1965）	品牌生命周期概念⑤
		特劳特，里斯（1969）	品牌定位理论⑥

---

① 1955年大卫·奥格威在美国广告协会的演说《形象和品牌》中大力推荐 The product and the brand 一文，使得"品牌形象"的概念进入广告业。1957年，李奥贝纳副总裁威廉·泰勒发表关于品牌形象的研究论文，参见，TYLER W. The image, the brand, and the consumer [J]. Journal of Marketing, 1957（2）：162 – 165. 引自：聂晓梅. 品牌帝国——跨学科视角下美国品牌形象理论演进 [M]. 北京：清华大学出版社, 2015：51.

② 卢泰宏，吴水龙，朱辉煌，等. 品牌理论里程碑探析 [J]. 外国经济与管理, 2009（01）：33.

③ SCHOOLER R. Product bias in the Central American common market [J]. Journal of marketing research, 1965（4）：394 – 397.

④ VITZ P, JOHNSTON D. Masculinity of smokers and the masculinity of cigarette images [J]. Journal of Applied Psychology, 1965（3）：155 – 159.

⑤ 参见：LEVITT T. Exploit the product life cycle [J]. Harvard business review, 1965（43）：81 – 94；KOTLER P. Competitive strategies for new product marketing over the life cycle [J]. Management Science, 1965（4）：B – 104 – B – 119

⑥ 定位理论最早的想法出现在1969年。参见：TROUT J. Positioning is a game people play in today's me – too market place, Industrial Marketing, [J]. 1969（6）：51 – 55；1971年，特劳特再次发表定位相关的文章，参见，TROUT J, RIES A. Positioning revisited：Why didn't GE and RCA listen [J]. Industrial Marketing, 1971, 56（11）：116 – 118. 里斯和特劳特1972年在 advertising age 上发表了一系列名为 The Positiong Era Cometh 的文章，1981年《定位》一书出版，随后定位理论开始风行营销界和企业界。

续表

阶段	年代	代表人物/机构（提出时间）	代表性成果
品牌理论范式拓展期	战略与管理的20世纪七八十年代	中西元男等人（20世纪七八十年代）	企业识别（CI）及品牌形象的相互整合与完善①
		泰伯（1979）	品牌延伸思想的提出②
		苏简（1985）	品牌原型理论③
		帕克（1986）	品牌概念管理模型④
		伯瑞（1988）	品牌激活理论⑤

① 聂晓梅. 品牌帝国——跨学科视角下美国品牌形象理论演进［M］. 北京：清华大学出版社，2015：76 - 79。CI基本上是围绕着企业设计（Corporate Design）发展而来，其间又经历了产业设计（Industrial Design）、企业面貌（Corporate Look）、特殊规划（Specific Design）和企业形象（Corporate Image）等阶段，逐渐演变为现在的CI（Corporate Identity）或CIS（Corporate Identity System）。CI起源于欧洲，成长于美国，深化于日本。1956年IBM成功地导入CI，被认为是CI策划的真正开始。品牌理论兴起之后，CI与品牌形象理论具有内在关联，进入品牌研究者的视野。七十年代，美国的大企业基本上完成CI改造。由于七八十年代企业面临的市场环境发生变化，企业的战略和管理理论深入发展，并影响到品牌和CI，间接促进了二者的整合，也让人们站在企业管理和企业战略的角度上统合CI和品牌形象。

② TAUBER E. Brand franchise extension：new product profits from existing brand names［C］// Presentation at the New product Marketing Workshop. 1979：1 - 17. 据Laforet（1995）对1969—1994年间的品牌研究文献统计，涉及品牌延伸的研究占比超过三分之二，参见：LAFORET S. Determinants of corporate hierarchical branding strategies with reference to the fast - moving consumer goods［D］. Loughborough：Loughborough University，1995：7。

③ 品牌原型的概念来源于原型概念在营销领域的运用，较早明确提出品牌原型概念的文献是：SUJA M. Consumer knowledge：Effects on evaluation strategies mediating consumer judgments［J］. Journal of Consumer Research，1985（1）：31 - 46. 品牌原型的研究开始于20世纪80年代，当时的研究主要集中于品牌原型对于消费者认知、偏好和态度等的基本影响。参见：蒋廉雄，何云，朱辉煌，等. 品牌原型的理论基础、研究回顾与展望［J］. 外国经济与管理，2010，32（01）：41 - 49.

④ PARK C，JAWORSKI B，MACINNIS D. Strategic brand concept - image management［J］. Journal of marketing，1986（4）：135 - 145.

⑤ 20世纪80年代，西方关于品牌激活的研究逐步升温，Berry在1988年首次提出了品牌激活理论，参见：BERRY N. Revitalizing brands［J］. Journal of consumer marketing，1988（3）：15 - 20.

续表

阶段	年代	代表人物/机构（提出时间）	代表性成果
品牌理论范式拓展期	战略与管理的20世纪七八十年代	汉（1988）	品牌原产地效应模式（原产地形象—产品信念—品牌购买倾向）①
		阿克等人（1988及以后）	品牌资产理论的初步提出②
		法夸尔（1989）	较早提出"管理品牌资产"
		阿克（1991，1995，1998）	品牌资产五星模型、品牌资产十要素模型、品牌识别结构、品牌识别计划模型、品牌组合理论③
		卡普费雷尔（1991，1992）	战略品牌管理④，品牌六棱柱识别模型⑤

---

① HAN C. The role of consumer patriotism in the choice of domestic versus foreign products [J]. 1988: 25-31.

② 1980年代早期，美国广告业界最早大规模使用品牌资产这一概念。参见：BARWISE P. Brand equity: snark or boojum? [J]. International Journal of Research in Marketing, 1993 (1): 94. 1988年，美国MSI召开关于品牌资产主题的会议，并把品牌资产列为优先研究课题。在此后的十多年间，"品牌资产"成为影响营销界最有震撼力的概念之一。代表性的学者有大卫·阿克、凯文·莱恩·凯勒等人。引自：何佳讯. 品牌与品牌化研究的取向、格局及趋势 [J]. 品牌研究，2016（02）：8.

③ 大卫·艾克的品牌资产思想基于此的品牌模型主要体现在被称为"品牌三部曲"的三本代表作中，最早分别出版于1991、1996和1998年。中文版为《管理品牌资产》《创建强势品牌》《品牌领导》，由机械工业出版社出版。

④ 何佳讯认为是Kapferer在1991年首次提出了"战略品牌管理"这个学术概念。见2020年中国人民大学出版社的《战略品牌管理（第5版）》一书译者序，何佳讯：《读懂卡普费雷尔的品牌理论思想》。

⑤ 包括：（1）发讯者图景（体验、个性、文化）；（2）接受者图景（自我形象、反映、关系）。引自：聂晓梅. 品牌帝国——跨学科视角下美国品牌形象理论演进 [M]. 清华大学出版社，2015：173. Kapferer是法国品牌研究专家，著有《战略性品牌管理》（1991年法文版第一版出版，1992年英文版第一版出版）一书，2000年由商务印书馆出版首本中文版。何佳讯等人翻译了2012年出版的英文版第五版，命名为《战略品牌管理（第5版）》，2020年由中国人民大学出版社出版。

续表

阶段	年代	代表人物/机构（提出时间）	代表性成果
品牌理论范式拓展期	资产价值与整合传播的20世纪90年代	布莱克斯顿（1992，1995）	构建品牌关系的概念和模型①
		舒尔茨（1993）	整合营销传播理论（IMC）②
		凯勒（1993）	CBBE基于消费者感知的品牌资产模型、品牌知识结构③
		卢肯特，饶（1994）	定义了品牌联盟的概念④
		阿克（1997）	品牌个性"五大因子"，开创实证测量的先河⑤
		萨蒙森，施密特（1997）	品牌即体验，五感体验⑥
		佛尼尔（1998）	品牌关系的15种模式与6个维度⑦
		邓肯（1998）	品牌资产方程式，即品牌资产＝品牌支持度＋品牌关系＋传播⑧

---

① BLACKSTON M. Observations: Building brand equity by managing the brand's relationships [J]. Journal of advertising research, 1992 (3): 79-83; BLACKSTON M. The qualitative dimension of brand equity [J]. Journal of Advertising Research, 1995, (4): RC2-RC7.

② SCHULTZ D, TANNENBAUM S, LAUTERBORN R. Integrated Marketing Communications: Putting it together and making it work [M]. Lincolnwood: NTC Business Books, 1993. 中国已经出版多本舒尔茨的整合营销传播相关的著作。

③ KELLER K. Conceptualizing, measuring, and managing customer-based brand equity [J]. Journal of marketing, 1993 (1): 1-22. Keller以CBBE模型为基础撰写的教科书《战略品牌管理》（中文版）在中国已经由中国人民大学出版社出版至第五版，被称为"品牌圣经"。Keller于1993年提出的基于顾客的品牌资产研究后来成为主流研究取向。

④ RUEKERT R, RAO A. Brand alliances as signals of product quality [J]. Sloan management review, 1994 (1): 87-97.

⑤ AAKER J. Dimensions of brand personality [J]. Journal of marketing research, 1997 (3): 347-356.

⑥ SIMONSON A, SCHMITT B. Marketing aesthetics: The strategic management of brands, identity, and image [M]. Simon and Schuster, 1997.

⑦ FOURNIER S. Customer and their brand: developing relationship theory in customers research [J]. Journal of Consumer Research, 1998 (4): 343-373.

⑧ 聂晓梅. 品牌帝国——跨学科视角下美国品牌形象理论演进 [M]. 北京：清华大学出版社，2015：130.

续表

阶段	年代	代表人物/机构（提出时间）	代表性成果
品牌理论范式拓展期	资产价值与整合传播的20世纪90年代	温克勒（1999）	提出品牌生态环境的概念①
		克莱恩（1999）	无品牌的思想②
品牌理论的深化期	社群、互动与关系的21世纪	戈曼斯等（2001）	基于互联网的品牌e忠诚模型③
		莫尼斯，奥奎因（2001）	品牌社区（或称品牌社群，brand community）理论④
		戈比（2002）	公民品牌理论⑤
		凯勒，雷汉姆（2003，2006）	品牌价值链模型⑥
		席（2004）	较早提出全球品牌资产概念⑦

① WINKLER A. Warp-speed branding: The impact of technology on marketing [M]. New York: John Wiley & Sons, 1999. 中文版为: 温克勒. 快速建立品牌——新经济时代的品牌策略 [M]. 赵怡, 等译. 机械工业出版社, 2000.

② 参见 Klein 在 1999 年的著作《No Logo: Taking Aim at the Brand Bullies》, 中文版见: 娜奥米·克莱恩. NO LOGO——颠覆品牌全球统治 [M]. 徐诗思, 译. 桂林: 广西师范大学出版社, 2009.

③ GOMMANS M, KRISHMAN K, SCHEFFOLD K. From brand loyalty to e-loyalty: A conceptual framework [J]. Journal of Economic & Social Research, 2001 (1): 43-58.

④ MUNIZ A, O'GUINN T. Brand community [J]. Journal of consumer research, 2001 (4): 412-432.

⑤ GOBE M. Citizen brand: 10 commandments for transforming brands in a consumer democracy [M]. New York: Simon and Schuster, 2006.

⑥ KELLER K, LEHMANN D. How do brands create value? [J]. Marketing management, 2003 (5-6): 26-26.

⑦ HSIEH M. Measuring global brand equity using cross-national survey data [J]. Journal of International Marketing, 2004 (2): 28-57.

续表

阶段	年代	代表人物/机构（提出时间）	代表性成果
品牌理论的深化期	社群、互动与关系的21世纪	霍尔特（2004，2010）	文化品牌战略①
		托马森等（2005）	明确提出品牌依恋（brand attachment）这一概念并开发了量表②
		凯文·罗伯茨（2005）	至爱品牌（lovemarks）③
		卡罗尔等（2006）	品牌至爱（brand love）④
		伯勒（2007）	品牌共创⑤
		雷汉姆等（2008）	基于调查的品牌指标（SBBM）模型⑥

---

① 参见 Holt 分别于 2004 年及 2010 年出版的两本著作 *How Brands Become Icons*: *The Principles of Cultural Branding*, *Cultural Strategy*: *Using Innovative Ideologies to Build Breakthrough Brands*。中文版见，道格拉斯·霍尔特. 品牌如何成为偶像——文化式品牌塑造的原理 [M]. 胡雍丰，孔辛，译. 北京：商务印书馆，2010；道格拉斯·霍尔特，道格拉斯·卡. 文化战略——以创新的意识形态构建独特的文化品牌 [M]. 汪凯，译. 北京：商务印书馆，2013.

② THOMSON M, MACINNIS D, PARK C. The ties that bind: Measuring the strength of consumers' emotional attachments to brands [J]. Journal of consumer psychology, 2005, 15 (1): 77-91.

③ 参见 Kevin Roberts 在 2005 年出版的 *Lovemarks*: *The future beyond brands*，中文版见，凯文·罗伯茨. 至爱品牌——超越品牌走向未来 [M]. 丁俊杰，译. 北京：中国人民大学出版社，2005。随后有学者试图测量情感因素在品牌决策中的作用，结论认为情感因素对品牌决策的实际贡献显著大于功能因素，取决于产品类别，其影响范围为63%至85%。参见，PAWLE J, COOPER P. Measuring emotion—lovemarks, the future beyond brands [J]. Journal of advertising research, 2006 (1): 38-48.

④ CARROLL B, AHUVIA A. Some antecedents and outcomes of brand love [J]. Marketing letters, 2006 (2): 79-89.

⑤ BOYLE E. A process model of brand cocreation: brand management and research implications [J]. Journal of Product & Brand Management, 2007 (2): 122-131.

⑥ LEHMANN D, KELLER K, FARLEY J. The structure of survey-based brand metrics [J]. Journal of International Marketing, 2008 (4): 29-56.

续表

阶段	年代	代表人物/机构（提出时间）	代表性成果
品牌理论的深化期	社群、互动与关系的21世纪	马克（2008）	品牌意义体系①
		舒尔茨（2009）	重塑消费者—品牌关系②
		艾科斯塔等（2010）	品牌崇拜（brand cult）③
		爱德曼（2010）	数字化品牌建设（digital branding）④
		霍勒比克（2011，2014）	品牌契合、融入、浸合⑤
		帕克（2016）	BAM（brand admiration management）品牌崇拜管理⑥
		舒尔茨等（2019）	协商品牌（negotiated brand）理念⑦

（本书整理）

具体来看，第一阶段是品牌思想（标示、商标、商号等）萌芽期（20世纪40年代及之前），这一时期工业经济初步繁荣，产品的生产是企业面临的首要问题，此时品牌理论还停留在比较初步的萌芽阶段。此时，标识、企业识别、商标、商号、广告等与品牌密切相关的概念和实践出现并进一步深化发展，为

---

① 参见 Mark Batey 于 2008 年出版的 *Brand Meaning*，中文版见，马克·贝特．品牌的本质[M]．李桂华，译．北京：经济管理出版社，2015．
② SCHULTZ D, BARNES B, SCHULTZ H, et al. Building Customer-Brand Relationships [M]. Armonk: ME Sharpe, 2009.
③ ACOSTA P, DEVASAGAYAM R. Brand cult: extending the notion of brand communities [J]. Marketing Management Journal, 2010 (1): 165–176.
④ EDELAMN D. Branding in the digital age [J]. Harvard business review, 2010 (12): 62–69.
⑤ 参见：HOLLEBEEK L. Demystifying customer brand engagement: Exploring the loyalty nexus [J]. Journal of marketing management, 2011 (7–8): 785–807; HOLLEBEEK L, GLYNN M, BRODIE R. Consumer brand engagement in social media: Conceptualization, scale development and validation [J]. Journal of interactive marketing, 2014 (2): 149–165.
⑥ 参见 Park 在 2016 年出版的 *Brand admiration*: *Building a business people love*，中文版见，帕克，黛博拉·麦金尼斯，安德列亚斯·艾森格里奇．品牌崇拜——打造受人爱戴的商业帝国[M]．周志民，张宁，译．北京：华夏出版社，2019．
⑦ VOLLER A, SCHULTZ D, SIANO A. IMC in digitally-empowering contexts: the emerging role of negotiated brands [J]. International Journal of Advertising, 2019 (3): 428–449.

品牌理论的诞生奠定了基础。这一时期由于一战、"大萧条"和二战的影响，美英法等国的品牌发展经历了一个起起伏伏的阶段。

第二阶段是品牌基础理论的诞生和研究范式的基本确立期，这一阶段也是可以称作古典品牌学时期（20世纪50年代—60年代）。这一时期，美国的经济在二次世界大战结束之后迎来了20年的繁荣发展时期，美国也一跃成为超级大国。商业的繁荣带来的竞争加剧，刺激了企业从生产第一走向产品为先和消费者为先。消费者前所未有的被重视起来，品牌的概念在这一背景下首次被明确提出。这一时期品牌的概念首次被提出并正式进入了学术研究范畴，其基本的内涵和外延不断被深入研究，品牌生命周期理论、品牌形象理论、品牌定位理论等代表性的研究成果开始出现，确立了品牌研究微观的、围绕企业和消费者的基本研究范式。这一时期的品牌研究的范畴主要还是以产品品牌为中心的。

第三阶段是品牌理论范式的拓展期（20世纪70年代—90年代末），这一时期的品牌研究走向成熟，基于消费者为中心的品牌研究逐渐成为主流。从60年代末期开始，美国经济进入"滞涨"时期。美国战后持续二十多年的繁荣由于石油危机、德日等国的崛起与竞争、自身经济的低迷等逐渐消逝，此时企业面临的最大问题是如何在产品高度同质化和激烈竞争的环境中存活和发展，如何提高经营的效率，这也对品牌理论在应对竞争、提供价值、提供战略价值和效率等方面提出了新的要求。在此背景下，CIS、品牌延伸、品牌激活、品牌概念管理等相关的理论和模型开始提出并走向成熟，具有重大意义的品牌资产思想首次出现。80年代美国经济开始走出困境，进入90年代之后虽有波动但依旧保持了繁荣发展。商业的繁荣刺激了品牌理论的进一步发展并确立了品牌理论"美国正统"的地位，随后开始辐射全球品牌研究。此后，品牌资产理论大放异彩，品牌关系理论、CBBE品牌模型、品牌体验理论、整合营销传播理论等经典理论被相继提出并广为传播，以"基于消费者的品牌资产"为主流的品牌研究范式被正式确立。从70年代开始，随着品牌实践的发展和品牌理论研究的深入，品牌被市场运用到各个方面，品牌研究的对象也开始超出产品范畴，进入服务、组织、个人、区域、媒体等多个方面。

第四阶段是品牌理论研究的深化期（21世纪以来）。这一时期，互联网快速发展、信息革命、全球化、社会责任、服务与文化（精神）消费等成为品牌发展的重要背景。品牌社群理论、品牌价值链模型、品牌至爱理论、品牌魅力管理模型等理论被提出，品牌研究进一步深化和精细化，从注重产品与物质，走向注重服务与文化或精神层面。品牌研究的范畴也进一步扩张并深化到国家

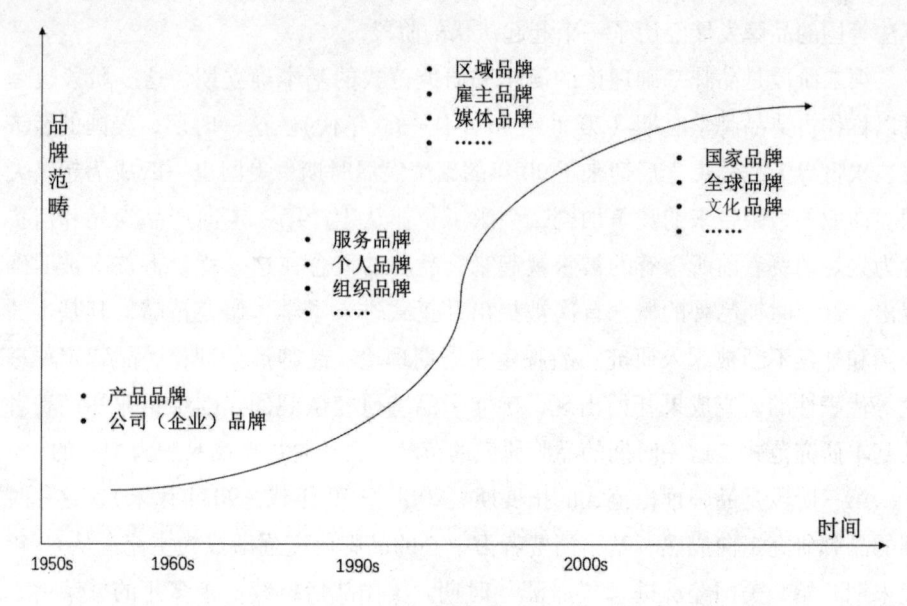

品牌、全球品牌、文化品牌等层面（如图 2.1）。

图 2.1　品牌范畴的扩展

（本书整理）

二、西方品牌理论研究的核心议题

西方品牌研究的核心议题包括哪些呢？在一些西方学者撰写的品牌研究的综述或者回顾的文章中可以看到西方品牌研究核心议题的大致轮廓。

凯勒等[①]在 2006 年详细回顾了与品牌管理紧密相关的五个领域的已有研究成果，包括发展品牌定位、整合品牌营销、评估品牌绩效、作为增长平台的品牌以及战略性品牌管理（如表 2.2）。这些领域及子领域也是 2006 年此前品牌研究的主要关注点。这篇文献回顾直接聚焦于企业的品牌管理，因此主要从企业和消费者角度出发。在美国消费者研究协会 2010 年的会议上，巴斯通（Bastos）和利维（Levy）[②] 从 JCR、JM 和 JMR 三大期刊中抽样总结出品牌研究的 8 个核心主题，包括：(1) 学习和消费者先前知识；(2) 品牌化（branding）及人类感知；(3) 文化和国家认同；(4) 思维模式；(5) 目标；(6) 承诺（commit-

---

① KELLER K, LEHMANN D. Brands and branding: Research findings and future priorities [J]. Marketing science, 2006 (6): 740 – 759.

② BASTOS W, LEVY S. A history of the concept of branding: practice and theory [J]. Journal of Historical Research in Marketing, 2012 (3): 347 – 368.

ment)、忠诚和品牌关系;(7)自我看法、社会看法、个性;(8)公司和品牌。

表2.2 品牌研究的五大主领域及其子领域

主领域	子领域
发展品牌定位	品牌无形资产、品牌个性、品牌关系、品牌体验、公司形象和声誉
整合品牌营销	整合品牌元素、整合营销渠道和传播、公司可控的事件和外部事件的结合
评估品牌绩效	测量品牌资产、营销组合和品牌资产、品牌资产与消费者资产的关系
作为增长平台的品牌	新产品和品牌延伸
战略性品牌管理	品牌架构、联合品牌与品牌联盟、跨文化与全球品牌、品牌化与社会福祉

(本书整理)

有学者[1]以"品牌(brand)"为关键词在四个在线期刊数据(分别是Science Direct, Emerald, Wiley and Taylor & Francis)库进行检索,起始年份是1990年,检索时间是2012年1月14日。然后筛选得到品牌研究的文章共1714篇。随后作者以这1714篇文献为基础分析得出1990年以来的品牌研究五个阶段的关键词和领域分布(如表2.3)。从表中可以发现,品牌形象、品牌资产、品牌忠诚度和消费者行为是1990—2012年这二十余年西方品牌研究的主要领域。品牌管理的研究越来越重要,并且品牌管理与营销战略、广告的关系十分密切。此外,作者还对排名前一百的关键词进行分类,发现主要分布在9个领域:绩效(performance)、品牌化、品牌资产、认知、态度、购后意向(post—purchasing intention)、营销、竞争和资产。

---

[1] CHANG W, CHUNG Y. A review of brand research (1990—2010): classification, application and development trajectory [J]. International Journal of Services Technology and Management, 2016 (1-2): 74-105.

表 2.3　五个阶段的品牌研究文章的关键词分布 Top10

	1. —1995	2. 1996—2000	3. 2001—2005	4. 2006—2010	5. 2011—
1	品牌名称	消费者行为	品牌资产	品牌管理	品牌管理
2	品牌忠诚	品牌形象	品牌形象	品牌形象	品牌资产
3	消费者行为	品牌忠诚	消费者行为	品牌资产	消费者行为
4	营销战略	品牌资产	品牌管理	消费者行为	品牌形象
5	品牌形象	品牌延伸	品牌意识	品牌忠诚	品牌忠诚
6	品牌资产	品牌名称	品牌忠诚	品牌识别	品牌个性
7	营销	产品管理	营销	品牌延伸	品牌意识
8	广告	品牌选择	品牌识别	品牌意识	品牌化
9	消费者态度	品牌意识	品牌名称	广告	品牌识别
10	产品管理	品牌管理	品牌延伸	零售商	原产国

（本书整理）

　　国内学者何佳讯等人认为西方品牌理论研究主要有五大领域。即品牌资产与品牌延伸、消费者—品牌关系、品牌社群与消费文化、品牌选择模型、营销要素与品牌态度。其中"品牌资产与品牌延伸"研究起点早，是品牌研究最为普遍的领域；"品牌选择模型"和"营销要素与品牌态度"被引时间早，处于稳定增长的状态，是品牌研究的常规和经典领域；而"品牌社群与消费文化"以及"消费者—品牌关系"则属于品牌研究的新兴成长领域。随后何佳讯对2009—2015年间最高被引 100 篇的论文进行分析，发现该五大核心具有稳定性。[1] 综上，品牌资产、品牌延伸、品牌关系、品牌态度、品牌实操模型等涉及消费者认知、关系等方面和企业品牌具体操作的研究一直是西方品牌研究的重点。在凯勒回顾近几年基于消费者的品牌研究主题[2]以及整体品牌研究的俯瞰式

---

[1] 何佳讯. 品牌与品牌化研究的取向、格局及趋势 [J]. 品牌研究, 2016 (02)：4 – 25. 他选取研究的五本期刊是，JMR（Journal of Marketing Research）、JM（Journal of Marketing）、JCR（Journalof Consumer Research）、MS（Marketing Science）、IJRM（International Journal of Research in Marketing）

[2] KELLER K. Consumer research insights on brands and branding：a JCR curation [J]. Journal of Consumer Research, 2020 (5)：995 – 1001.

回顾和展望①中同样支持这一结论。

三、西方品牌理论研究的特点

从西方品牌理论的历史脉络和研究的核心议题的粗略整理中我们可以发现西方品牌理论研究具有以下特点。

第一，研究视角的微观性和研究内容的琐碎性。品牌理论源于品牌实践。在西方以自由放任为核心的市场经济体制和企业制度决定了品牌问题天然是作为市场主体的企业层面所关心的问题，因此品牌理论研究也多从解决企业品牌实际操作层面的问题出发，品牌问题很少被纳入政府关注的视野中，政府也缺乏干预企业品牌发展的制度条件。西方品牌研究的逻辑起点决定了西方品牌研究的主流就企业谈品牌（如企业如何建设品牌）、就消费者，尤其是站在个体消费者的角度上谈品牌②（如消费者如何感知品牌）、就品牌本身谈品牌（如品牌多个维度的内在结构）的微观性研究的特点。目前西方品牌理论的研究关注微观问题和实用问题，往往是对细微问题进行深入的挖掘和实证研究。不断深化的微观研究取向导致西方品牌理论研究内容显得更加琐碎，对于相对中观和宏观的品牌发展史和发展逻辑的关注反而不足。如被视为西方品牌论的代表凯文·凯勒的基于消费者的品牌资产理论虽然在微观层面上较为细致，但是凯勒没有说明的理论预设至少有三：其一，存在一定乃至大量的商品生产者生产商品；其二，存在一定乃至大量的消费者消费商品；其三，存在生产者和消费者得以实现某种程度自由交换的市场（商品）经济制度。这三个因素与品牌的产生及发展密切相关，但都属于更加宏观层面的与历史现实相关的因素。西方品牌学者往往不会明确指出其理论预设，但是在不同市场和制度环境中这些因素却又十分重要，单纯片面地运用西方聚焦于微观问题的品牌理论对于更大更关键层面的品牌问题的解决或回应并不太有价值③，作为研究者这是需要注意的。

---

① OH T, KELLER K, NESLIN S, et al. The past, present, and future of brand research [J]. Marketing Letters, 2020 (31): 151 – 162.

② Keller 在 1993 年发表的 *Conceptualizing, measuring, and managing customer – based brand equity* 一文被认为是当下品牌研究中影响力最大的一篇文献，该文献开篇就指出该文的研究视角是基于个体消费者（individual consumer）的。

③ 其实这也不仅仅是品牌研究的问题，有学者曾批评商学院研究（涵盖品牌研究）失去了对人类"重大的、挑战性"问题的关注。参见：HARLEY B, FLEMING P. Not Even Trying to Change the World: Why Do Elite Management Journals Ignore the Major Problems Facing Humanity? [J]. The Journal of Applied Behavioral Science, 2021 (2): 133 – 152.

第二，研究方法的实证性与定量取向，这与以美国为代表的西方主流学界的研究传统有关。美国社会科学的实证主义传统和量化、统计等研究技术的发展并逐步占据社科研究的主流[①]对源于美国的品牌研究也产生了很大的影响。黄合水曾经对心理学文献资料库（PsycINFO 光盘）中近一个世纪关于品牌研究论文的研究方法进行分析，发现其中定量研究占到总体样本的 74.5%，定性研究仅占 25.5%。[②] 纵观西方心理学、管理学、营销学、广告学等学科顶级期刊发表的与品牌相关的研究论文，无不以定量实证研究为主流。这也从一个层面证明了品牌研究主流学者对于实证定量方法的偏爱。

第三，研究范畴的不断拓展与泛化。西方品牌研究从最初的产品品牌逐步扩张到服务品牌、组织品牌、旅游品牌、城市品牌、国家品牌等，从中可以看到西方品牌研究范围的扩大和泛化，反映了品牌这一概念在市场实践中的扩张程度。可以说，自 20 世纪 70 年代起，西方品牌研究经历了一次大规模的研究范式的扩展。但是西方品牌研究依旧以企业品牌或商业性的品牌研究为主流。

第四，研究的关注重心聚焦于消费者。无论是来自美国的凯文·凯勒的基于消费者的品牌资产模型、品牌价值链模型以及戴维·艾克的品牌资产理论，或是欧洲的卡普费雷尔的品牌理论等在西方具有代表性的品牌理论，从本质上而言其实均是从微观个体消费者视角（如消费者对于品牌的感知、认知、识别等）出发的[③]。这种特点是由品牌的市场经济属性（品牌天然需要满足消费者的需要，需要考虑消费者的需求）所决定的，这无可厚非。但如果仅仅以此为主流，不断内卷，而忽视了其他重要议题，这是有问题的。西方主流品牌理论往往具有浓厚的心理学传统，深受实验心理学及行为主义心理学的影响。代表性的品牌理论虽然也强调服务于企业的品牌经营实践，但是实际上从消费者视角出发讨论居多，并且由于研究的日益精致化和琐碎化，存在脱离实际情况的倾向。

[①] 米尔斯在其《社会学的想象力》一书中曾详细谈论过该问题，并对与之密切相关的科层制学术体制的形成和抽象的经验主义做出了辛辣的分析和批判。关于美国社会科学的起源与发展，也可参见：多萝西·罗斯. 美国社会科学的起源 [M]. 北京：生活·读书·新知三联书店，2019.

[②] 黄合水，雷莉. 品牌与广告的实证研究 [M]. 北京：北京大学出版社，2006：104.

[③] 也有学者持不同观点，有学者认为凯勒的品牌理论是消费者视角取向的，卡普菲勒的品牌理论是基于企业（战略）取向的，阿克的品牌理论则是兼顾消费者与企业取向的。参见，何佳讯. 品牌与品牌化研究的取向、格局及趋势 [J]. 品牌研究，2016（02）：4－25.

第二节 品牌理论引入中国的历程及研究的核心议题

一、品牌理论导入中国的历程

西方品牌理论在五六十年代开始兴起，然而我国由于特殊的历史环境导致相关研究中断，同时也失去了与外国学界的联系。改革开放以后，品牌理论才伴随着营销学、广告学等引入中国大陆。1989年，《人民日报》首次在中国市场上明确地提出了品牌的概念，指出"品牌就是每一种商品的名称、包装、价格、质地、色彩、广告形式等组成的商品个性"。[①] 1990年在国内正式翻译出版的《营销管理——分析、计划和控制》，从学术角度对"品牌"概念做出了明确的界定，并提出了产品品牌决策理论。1991年唐忠朴出版的"现代广告学著名丛书"中出版了《一个广告人的自白》和《广告攻心战——品牌定位》两本重磅广告和品牌书籍。正是这些经典著作成为我国学界、业界品牌知识的启蒙。

从20世纪80年代品牌话题被引入营销领域以来，品牌逐渐取代产品、价格等营销要素，成为企业营销关注的重心；90年代品牌资产概念的提出，更加使得品牌问题受到关注，也把品牌理论研究推到了一个更高的阶段；21世纪品牌营销依然扮演着企业营销的主角[②]。可见，品牌是营销的精髓所在。据郑锐洪对主要营销研究论文的研究发现，有关"品牌管理"的论文占期间论文总量的13.8%，位居第一；[③] 在所列两大基金（国家自然科学基金和国家社会科学基金）资助的184项科研课题中，有关"品牌管理"的课题占期间课题总量的21.7%，位居第一。[④] 近几年来，品牌也依然是营销学研究的一个重点。

品牌在80年代进入广告研究者的视野之后，也迅速成为一个热点和重点。80年代中期，"品牌"这一术语出现在广告相关的杂志中。"品牌"在中国广告界最早于1986年出现在邵隆图、唐仁承的《强化品牌印象是商品广告活动的主

[①] 黄宇翔. 广告的"品牌形象法"[N]. 人民日报, 1989-07-29 (007).
[②] 郑锐洪. 中国营销理论与学派[M]. 北京：首都经济贸易大学出版社, 2010：111.
[③] 郑锐洪. 我国营销学界理论研究主题重心的形成——基于学术论文的内容分析[J]. 中国流通经济, 2010 (10)：66.
[④] 郑锐洪, 郭国庆. 我国营销学主题研究的发展趋势——来自两大基金资助项目的证据[J]. 企业经济, 2010 (08)：83.

题——露美化妆品营销决策》① 一文中②。"品牌"一词的暴露指数在80年代中期至90年代初期一直处于平缓上升的阶段。90年代中期至21世纪初期开始激增，2003—2005年暴露指数高达2.0以上，平均每一期要出现两次，表明广告研究者对于品牌的高关注热度。③ 直到现在，广告学界对于品牌问题的关注依然有增无减。有学者对9本新闻传播类期刊中2018年刊登的339篇以广告为关键词的学术论文进行统计发现，"品牌"稳居高频词第一。④

那么，我国品牌研究经历了一个什么样的过程呢？余明阳、孔清溪、张锐、李桂华、顾雷雷等分别对1978—2008年、1995—2009年、1998—2012年、2000—2015年的中国品牌理论研究的历程进行划分，并总结了各个阶段的发展特点（如表2.4）。虽然分析的时间段有长有短，有前有后，并不一样。但学者基本上认可中国品牌理论研究经历了一个相对较长时间的引进、模仿、学习阶段和相对较短时间的反思及创新阶段。这其实是中国社会科学在改革后的重建过程中亟待补课而选择的一种便捷的方式——向西方学习。

表2.4　相关研究中对于中国品牌理论研究历程的阶段划分

学者	阶段划分的观点
余明阳、韩红星	第一阶段是输入和依附阶段（20世纪80年代）；第二阶段是理论探索阶段（20世纪90年代）；第三阶段是结合实践、综合学科优势的创新阶段（20世纪90年代末至今）。⑤

---

① 邵隆图，唐仁承. 强化品牌印象是商品广告活动的主题——露美化妆品营销决策［J］. 中国广告，1986（04）：14－16.
② 参见，黄合水，雷莉. 品牌与广告的实证研究［M］. 北京：北京大学出版社，2006：193. 该书中对于文章的描述有两个小错误：（1）将邵、唐二人作者的顺序弄反；（2）将二者的名字写错。"邵龙图"为"邵隆图"之误，"唐承仁"为"唐仁承"之误。
③ 杨婷. 1981—2005，中国广告关键词解析［D］. 上海：上海师范大学，2006. 另见类似结论的研究：何佳讯，王智颖. 中国广告学研究20年主题分布与阶段演进［J］. 中国广告，2001（04）：36－39.
④ 李雪枫，姚洁. 广告学研究的学术面向与学理反思［J］. 编辑之友，2019（10）：66.
⑤ 余明阳，韩红星. 品牌学概论［M］. 广州：华南理工大学出版社，2008：9－11.

42

续表

学者	阶段划分的观点
孔清溪	1995—1999 年是中国品牌研究的起步阶段，主要是将品牌概念引入中国；1999—2002 年是中国品牌研究的延伸阶段，主要是品牌概念的延展；2002—2007 年是中国品牌研究的飞速发展阶段，主要是多种品牌视角的运用；2007—2009 年是中国品牌研究的稳步发展阶段，主要是品牌研究的反思与求新。[1]
张锐	2001 年以前是学习引进期；2002—2006 年是消化吸收西方品牌理论的时期；2007 年以后我国品牌理论研究进入了模仿创新期。[2]
李桂华、李晨曦、李楠	2000—2015 年我国品牌研究可以划分为三个阶段。2000—2004 年是探索期；2005—2008 年是成长期；2009—2015 年是成熟期[3]
顾雷雷	1978 年至今，中国品牌管理理论经历了起步阶段（1979—1993 年）、成长阶段（1994—2003 年）和成熟阶段（2004 年以来）[4]

（本书整理）

为了更好地探究改革开放至今的中国品牌研究情况，笔者以中国知网数据库为基础，分别按照"篇关摘"="品牌或含名牌"来检索"核心期刊"以及"CSSCI 期刊"的发文情况，进而得到中国品牌理论研究中高质量研究的发展历程及趋势的基本判断（如图 2.2）。[5]

---

[1] 丁俊杰，初广志. 中国广告传播研究轨迹 [M]. 北京：中国传媒大学出版社，2010：139.
[2] 张锐. 基于知识图谱的中国品牌理论演进研究 [D]. 徐州：中国矿业大学，2013.
[3] 李桂华，李晨曦，李楠. 中国大陆品牌管理研究现状及发展趋势——基于国内主要期刊论文的内容分析 [J]. 品牌研究，2016（03）：4-21.
[4] 顾雷雷. 中国品牌管理理论研究 [M]. 北京：经济科学出版社，2018：73.
[5] 北大"核心期刊"1992 年发布第一版。南大核心 CSSCI 1998 年版第一次发布。此二者基本囊括了较高质量的中文期刊，因此本书选取研究。由于创立时间限制，所以从 1992 年开始。此次研究的检索日期是 2021 年 8 月 2 日。

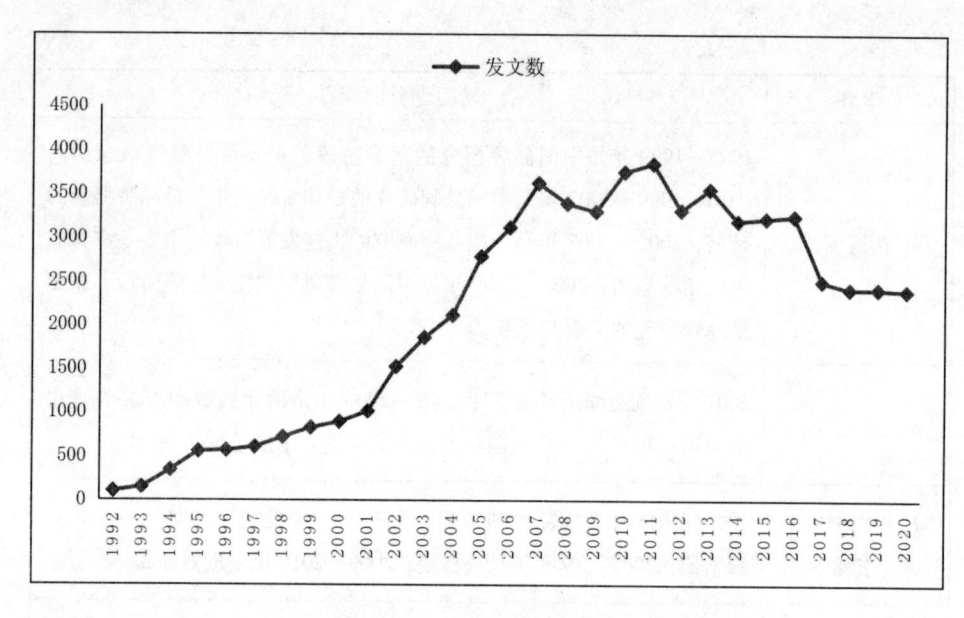

图2.2　1992—2018年CSSCI期刊和核心期刊品牌研究的发文数量的变化趋势（单位：篇）

（数据来源：中国知网）

为了更好地分析中国品牌研究的历程，本书引入三个重要概念或理论：一是学科成长的"S"形曲线。成长曲线也被称为Logistic曲线，Logistic曲线呈现出略微拉长的S型。该S形曲线包括缓慢增长、成长期（高速增长的成长前期和后相对慢速增长的成长后期）。[1] 随后被引入社会学、经济学、科学学等领域，用来描述产业、学科等的成长；二是库恩提出的科学发展的动态模式。库恩提出了"前科学时期—常规科学时期—反常与危机—科学革命—新的常规科学时期"这四种交替进行的科学发展动态模式[2]；三是理论发展阶段论。该理论认为某种理论的发展需经历下面几个阶段，阶段一是概念的引进和详尽解释（introduction and elaboration），阶段二是评论的出现和理论框架的丰厚（evalua-

---

[1] PEARL R, REED L. On the rate of growth of the population of the United States since 1790 and its mathematical representation [J]. Proceedings of the National Academy of Sciences of the United States of America, 1920（6）：275. 转引自：俞立平，武夷山. 基于成长曲线分析的学科发展差距研究 [J]. 科学学与科学技术管理，2011（07）：65.

[2] 品牌学作为一门科学是否真的进入了常规科学时期？这个问题值得进一步讨论。此处运用库恩的理论来解释可能显得有点牵强，分析上也有套用之嫌。但库恩的理论仍不失为一个很好的借鉴和启发。参见：托马斯·库恩. 科学革命的结构 [M]. 金吾伦，胡新和，译. 北京：北京大学出版社，2003.

tion and augmentation），阶段三是磨合、包容和整合（consolidation and accommodation）。①

综合前人研究以及重要期刊发文数量的变化，本书认为中国品牌理论自改革开放以来的研究历程主要可以划分为四个阶段（如图 2.3）：1978—1992 年的第一阶段，1992—2008 年的第二阶段，2008—2012 年的第三阶段，2012 年至今的第四阶段。每个阶段又分别可以按照三个理论归属于不同的阶段。从学科成长的"S"形曲线来看，其中第一个阶段属于品牌研究的初始阶段，后三个阶段属于品牌研究的成长期；第二阶段属于成长前期（1992—2008），第三和四阶段（2008 至今）属于成长后期。从库恩的科学发展的动态模式来看第一阶段属于品牌研究的前科学时期，第二和第三阶段属于品牌研究的常规学科时期，第四阶段开始步入品牌研究的反常和危机时期。西方的品牌学经历了七十多年的时间才进入常规学科时期，但由于中国的品牌学直接从西方引入，因此中国的品牌研究缩短了这一进程；从理论发展的阶段论来看，第一阶段到第二阶段的前半期（1978—1995 年左右）是概念的引进和详尽解释时期，第二阶段的后半期到第三阶段后期（1995—2010 年左右）是评论的出现和理论框架的丰厚时期，第三阶段末期和第四阶段是磨合、包容与整合时期。

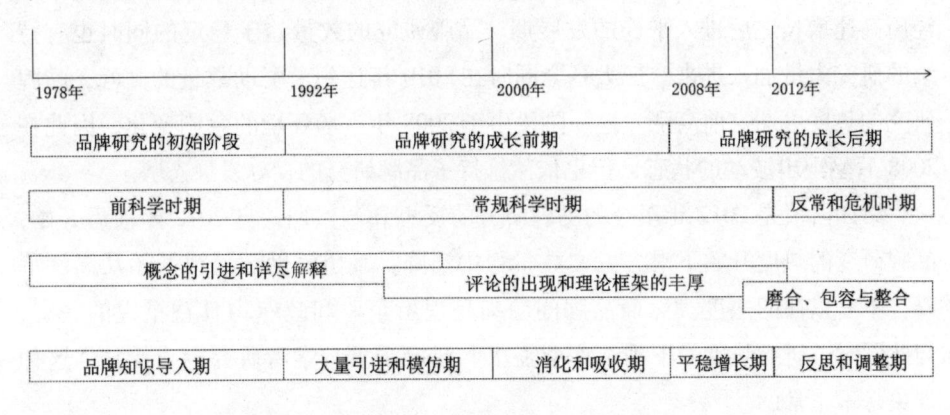

图 2.3 1978 年以来中国品牌研究的各个时期
（本书整理）

具体来看，第一个阶段是 1978—1992 年的品牌知识导入期和缓慢增长期。

---

① 杜国清. 广告即战略——品牌竞合时代的战略广告观 [M]. 北京：中国传媒大学出版社，2004：19.

这一时期品牌知识随着营销学、广告学的传入进入中国市场，品牌的概念开始出现并被官方认可，这一阶段品牌理论的研究还处在萌芽发展期。

第二阶段是1992—2008年的品牌研究的快速增长期。这一时期又可以大致分为两个阶段，1992年到2000年左右的时期，品牌理论大幅度被引入中国，一部分学者开始关注并研究品牌，发文量逐渐上升。也正是在这一时期，国家自然科学基金1995年第一次开始资助品牌相关的研究，2000年中国高校第一个品牌传播研究所——华中科技大学品牌传播研究所成立；2000—2008年是引进之后的消化和吸收时期。这一时期国内学者加快消化和吸收西方品牌知识并开始进行本土化创新，在引进方面由于国内外交流的进行基本上达到同步，即国外有新的品牌研究成果很快就可以传入国内。国家社科基金和教育部人文社科基金分别于2004年和2005年开始资助品牌相关课题的研究。自此，三大基金项目均开始资助品牌研究相关课题。高校的品牌研究机构也开始多了起来，如北京大学品牌战略研究所（2004）、上海交通大学品牌研究中心（2005）、中山大学中国品牌研究中心（2007）等纷纷成立。品牌学的教材和品牌相关专业在这一时期大量出现。

第三个阶段是2008—2012年品牌研究的平稳增长期。这一时期品牌研究在经历高速增长之后进入平稳的发展期，品牌研究的数量趋于稳定的同时也有持续的研究力量加入进来。三大基金同时在2010年达到了资助数量的高峰，品牌研究的热度可谓空前高涨。这一阶段由于2008年市场环境的急剧变化，因此在2008后呈现出波动的状态，但也依然维持了品牌研究的良好发展态势。

第四阶段是2012年至今的品牌研究的反思和调整期。自2012年前后开始，品牌研究的热度开始下滑，发文数量稳中渐降，基金资助数量也开始从高峰下降，不复以往的热度。然而品牌问题却呈现出企业和政府均日益重视的状态，与此同时，研究热度的下滑，产业需求和政府需求与学者研究投入倒挂，这种现象是不正常的。

可以说，在2008年之前，中国品牌研究更多的是学习、模仿和跟随西方品牌研究。2008年后，西方品牌理论遇到了中国品牌实践的解释性危机，原有的品牌研究路线开始出现艰难前行的状态，甚至出现了"研究早衰"的倾向，主要表现在品牌研究的本土化创新乏力。在这一背景下，立足于中国本土品牌实践的中国原创性的品牌理论应当逐步引起研究者的重视。如果按照库恩的科学发展的动态模型理论，当下的品牌研究显然到了"反常与危机"阶段，表现为旧有的研究范式（笔者在此笼统地称之为'以美国为主的西方品牌研究范式'，其特点是微观的、定量的、实证的。）已经表现出不能适应新情况的要求，而新的研究范式还在不断摸索中。新范式至少应当是立足本土品牌实践经验的、具有鲜明中国特色的本土化品牌研究及理论创新。

二、中国品牌理论研究的核心议题

那么，中国在引进西方品牌研究理论之后，研究的主题有哪些呢？通过对仪丽君[1]、张锐[2]、韩红星[3]、李桂华[4]等人对我国品牌研究的核心期刊论文、国家三大基金支持的品牌相关研究项目等的分析可以大致发现中国品牌理论研究的特点及其主题分布。限于篇幅，本书不再将其一一列出。总的来看，中国品牌研究的主题主要聚焦于品牌资产、品牌关系、品牌延伸、品牌感知等传统研究领域。如果将中国品牌理论研究的主题与西方品牌理论研究的主题进行对比，可以发现无论是研究主题还是研究思路均呈现出一脉相承的特点。这既反映出品牌作为一个研究范畴在中国的日渐成熟，也反映出西方品牌研究对于中国品牌研究的深刻影响。

第三节 中国本土品牌理论研究的评价及本研究的突破方向

一、中国品牌理论研究的评价

就企业品牌研究而言，参考韦伯的"理想类型"方法可以根据研究视角（微观——宏观）和研究取向（消费者——企业）两个坐标划分出研究的四个象限，从四个象限中可以大致看出中国品牌研究的内容分布情况（如图2.4）。[5]
（1）象限一：相对宏观的、基于消费者的品牌研究。如消费市场和品牌发展等

---

[1] 仪丽君．1997—2006中国品牌理论发展实证研究报告［D］．武汉：华中科技大学，2007．
[2] 张锐．基于知识图谱的中国品牌理论演进研究［D］．徐州：中国矿业大学，2013．
[3] 韩红星，覃玲．我国品牌学术研究的布局与态势——基于三大基金立项项目的考察［J］．品牌研究，2016（06）：39-47．
[4] 李桂华，李晨曦，李楠．中国大陆品牌管理研究现状及发展趋势——基于国内主要期刊论文的内容分析［J］．品牌研究，2016（03）：4-21．
[5] 这个分类只是一个非常理想化的韦伯式的分类，有些概念、理论及研究往往会跨象限交叉。

议题属于此类研究的范畴，该范畴的品牌研究在中国品牌研究中不占主流，相对较少；（2）象限二：微观的、基于消费者的品牌研究。如消费者感知与品牌资产、消费者与品牌关系建构此类的研究，该范畴的研究属于当下中国品牌研究的绝对主流和"正统"，呈现出不断深化和逐步细致的特点，研究方法上偏重于定量实证研究；（3）象限三：微观的、基于企业的品牌研究。如品牌资产建构、企业品牌战略等研究，该范畴的研究也是当下中国品牌研究的主流之一，研究往往是围绕着消费者站在企业角度探究品牌。研究方法上同样偏向于实证定量研究；（4）象限四：相对宏观的、基于企业的品牌研究。如中国企业品牌发展史研究、企业品牌发展与国家经济、中国企业品牌成长的内在规律研究等可以归入到此范畴。目前该问题不占中国品牌研究的主流，研究成果较少。综上可知，基于消费者或企业视角的、微观的、偏向于定量实证方法的品牌研究在中国品牌研究中占据了主流，而相对宏观的基于企业的品牌研究还比较稀缺。围绕着"如何让消费者接受、认同、购买品牌"这一核心命题，主流的品牌研究日渐深化、精细，但却也有脱离中国语境、忽视中国品牌发展脉络和日益琐碎的问题。

宏观

如：
- 消费市场的演变与品牌成长；
- 一国消费与一国品牌成长；
- 行业的消费者特点与品牌结构；
- ……

此类研究相对较少

如：
- 中国品牌发展史的研究；
- 中国品牌成长的理论化分析；
- 品牌与国家经济发展、社会变革；
- ……

此类研究相对较少

消费者 ←————————————————→ 企业

如：
- 消费者的品牌感知；
- 基于消费者的品牌资产；
- 消费者—品牌关系；
- 消费者品牌价值共创；
- ……

基于消费者的品牌研究在目前的品牌研究中占据主流，实证与定量方法主导的研究占据主要位置

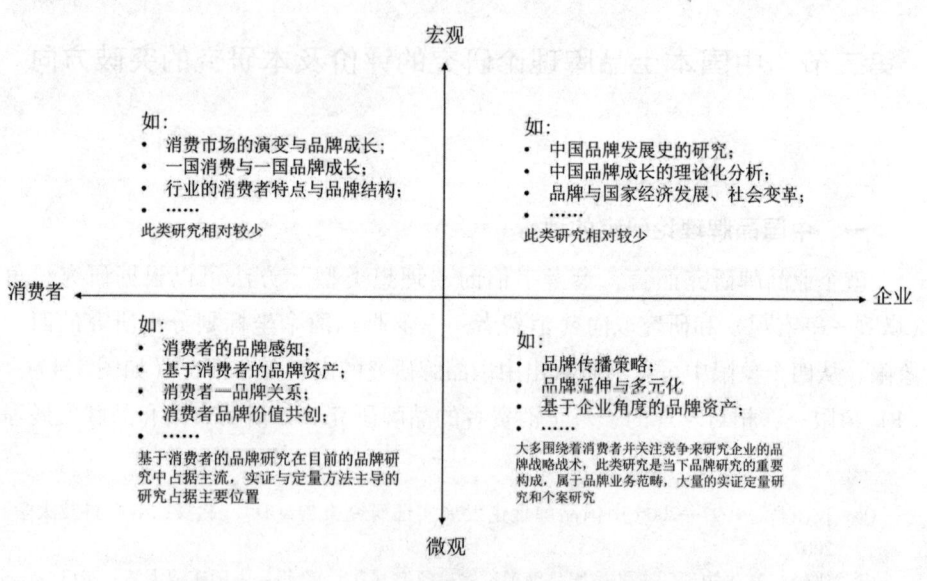

如：
- 品牌传播策略；
- 品牌延伸与多元化；
- 基于企业角度的品牌资产；
- ……

大多围绕着消费者并关注竞争来研究企业的品牌战略战术，此类研究是当下品牌研究的重要构成，属于品牌业务范畴，大量的实证定量研究和个案研究

微观

图 2.4　基于研究视角与研究取向的品牌研究的四个象限

（本书整理）

总的来看，我国品牌理论研究的模式主要分为以下三种类型。第一种，西方品牌理论的介绍性文献研究，主要方法是通过文献回顾或翻译引进的方式来

总结西方品牌研究的最新进展及成果,以此为国内相关研究提供借鉴;第二种,对西方品牌理论中国经验的检验。这一类的研究多借用西方品牌理论来论证、检验中国的品牌实践,然后修正、补充该理论;第三种,基于中国市场和文化等方面特点的品牌理论的创新性研究。总体来看,第一类和第二类的品牌研究较多,第三类的品牌研究虽然逐渐增加但远远不够。我国的品牌学界比较重视西方品牌理论的解释性和验证性研究,甚至在研究中存在着"言必称西方""西方=先进"的思维倾向,习惯于从西方理论中寻找依据和解释,但是却在某种程度上忽视了理论的本土适用性和原创性,忽视了中国企业品牌发展的实际情况。

综上可知,第一,品牌理论进入中国的时间并不长,直到20世纪90年代才真正引起研究者的关注。粗略计算,品牌理论进入中国的历史仅仅三十余年。第二,在这三十余年的引进过程中,中国品牌理论研究者在绝大部分的时间内都是在引介、学习和模仿西方品牌理论研究的内容、方法,近几年中国品牌理论研究的规范性、科学性和国际化程度均有了很大的提升。在三十多年的引介、学习和摸索的过程中也涌现出了一批品牌研究专家,产生了一系列具有重要价值的品牌研究成果。[①] 第三,与西方品牌理论研究一脉相承导致中国品牌理论研究受制于西方的理论、框架和技术路线。中国本土品牌理论研究沿袭了西方品牌理论研究具有的微观性、重视消费者的特点,在研究方法上与逐渐向微观的定量的实证方法靠拢。相关研究显示,2000—2015年定量研究法日益受到学者们的青睐,处于稳健上升的态势,在2010年之后论文数量超过定性研究法,成为品牌管理研究的主要方法。[②]

二、中国本土品牌研究的不足及本研究的突破方向及定位

本书研究的核心问题是"改革开放以来中国企业品牌成长的内在逻辑",该课题要研究的具体问题包括改革开放以来中国企业品牌成长的历史逻辑和动力机制两个相互联系、互为基础的子问题。对于该问题无法通过当下简单的微观的、消费者视角的定量实证的研究方法来很好地回答或解决。

第一,当下中国主流的品牌研究往往遵从西方主流品牌研究范式,依循微

---

① 张驰,黄升民. 中国品牌发展的反思[J]. 新闻与传播评论,2019(01):62.
② 李桂华,李晨曦,李楠. 中国大陆品牌管理研究现状及发展趋势——基于国内主要期刊论文的内容分析[J]. 品牌研究,2016(03):14.

观视角，运用定量实证的方法不断对某一问题进行细致深挖。这一研究取向和趋势可能会导致中国品牌学研究出现"内卷化"[①]现象，继而阻碍中国品牌理论研究的进一步发展，2012年以来中国品牌研究的热度下滑以及立足于本土的创新性品牌研究成果的相对匮乏已经从某种程度上证明了这一点。正如此前李金铨教授指出传播学理论贫乏的一个重要原因就在于传播学研究的内卷化现象，他指出，"学者们抱住一个小题目，在技术上愈求精细，眼光愈向内看，问题愈分愈细，仿佛躲进自筑的一道墙围，得到心理安全，拒绝与外界来往的压力，其结果是不但忘记更大的关怀，更阻碍思想的创新"，"'内卷化'是学术创造力的退化"。[②] 中国品牌学研究或许同样存在这一问题。对于本书的研究问题而言，传统的微观视角无法很好地把握相对宏观的中国企业品牌成长的历史、动力、机制问题以及作为集合体意义上的"中国企业品牌"这一宏观的研究对象。宏观问题只能以宏观视角入手，单纯直接的从微观视角来研究该问题难以切入也难以解决，此为当下品牌研究存在的不足之一。

第二，微观研究与定量实证研究往往如孪生兄弟一样存在于品牌研究中。定量实证研究有赖于相对稳定和成熟的社会环境、市场环境以及连续性的企业品牌数据的积累，这也是品牌理论的发源地——美国开展定量的品牌实证研究的重要前提。然而与美国等西方国家不同，中国企业品牌成长是在一个急剧变化、不断调整和重构的市场环境中产生的，企业品牌微观的连续性的数据积累也是不充分的。也就是说，中国可能并不具备进行很好的微观定量实证研究基础。西方微观定量实证的品牌研究有其合理性所在，但是到中国之后由于研究方法运用不当或研究数据基础较弱等原因使得研究的说服力让人怀疑。也正是由于中国急剧变化的品牌生长环境才更要求企业从更为宏观和战略的高度把握品牌发展而不是从局部的、微观的角度把握品牌发展。定量实证方面同样如此，也不能简单地只从某一企业或品牌的某一方面的、非连续性数据来进行定量实证研究，而应该从宏观的、连续性的社会—历史视角进行把握。此为当下中国品牌研究存在的不足之二。

第三，如果说品牌是"生产—消费"两端互动的产物，那么当下的品牌研究往往聚焦于消费和市场端，将消费者视角的品牌研究视为圭臬并无限放大其

[①] 关于内卷化的概念详见，刘世定，邱泽奇. "内卷化"概念辨析[J]. 社会学研究，2004（05）：96-110.

[②] 李金铨. 传播研究的典范与认同[J]. 书城，2014（02）：51-63.

重要性，一些企业取向的品牌研究的结论最终也往往是落脚到消费者身上的，这一特点与市场经济作为需求导向型的经济有关，品牌作为地地道道市场经济的产物天然遵从这个规律，品牌理论研究也同样如此——天然从消费者出发、高度关注消费者。然而从本质上来说，品牌实践并不仅仅是消费端或市场端的问题，也包含作为品牌生产者和所有者的企业的愿景、意志和策略，而不仅仅取决于消费者或消费市场的需求及变化趋势。换言之，一个品牌呈现出来的状态，除了是消费者的理想和期望之外，更是品牌所有者对于品牌的理想和期待。当下品牌研究对于企业的主体性和能动性都有意或无意地忽视了，造成了研究缺位和研究空白。正如黄升民在此前反思中国广告研究所谈到的，"中国的广告自 1979 年恢复以来……从媒体考察的有之，从公司的立场议论的有之，然而，唯独缺乏的是什么呢？是企业的角度，广告主的立场。广告界没有人会轻视广告主的意向，但是，他们想什么，他们希望什么，他们的喜悦和困惑又是什么呢……真是缺乏深入的研究"[①]，从某种程度上而言，当下中国品牌研究也存在同样的问题。关于中国企业品牌成长的内在逻辑这一问题也不能仅仅从消费端或市场端入手，也应该注意到品牌生产端——企业的重要性，恰好这一块的研究是当下品牌研究所缺乏的，这也是当下品牌研究存在的不足之三。

第四，考察改革开放以来中国企业品牌成长的内在逻辑这一命题必须具备历史的维度和眼光，要照顾到中国品牌成长特定的历史环境，尤其要注意到政府不可忽视的影响。中国品牌成长有其特定的历史脉络，中国品牌的产生与中国经济的发展、消费市场的演变以及介于生产和消费之间的文化背景是密切相关的。虽然与西方品牌成长有共性的一面，但却不能将中国品牌成长的特殊性抹杀，简单化、抽象化地寻求变量之间的关系。如果中国品牌理论研究忽视了这些相关因素，则很有可能会陷入不切实际、不着重点的误区。因此，研究本课题必须要立足于中国本土市场的实际情况，注意到中国品牌发展的特殊性。在改革开放的过程中，中国引入市场经济，走出了一条独具特色的社会主义市场经济的道路。中国特色社会主义市场经济既不是西方市场经济也不是过去中国所走的计划经济之路。中国品牌孕育和成长的母体是不同于西方品牌的。这样，中国品牌成长的特殊性问题就产生了，这个特殊性的核心就在于中国特色社会主义市场经济体制下的市场和政府长期博弈关系的存在，这种博弈关系对

---

① 黄升民：成长的战略，摘自：杜国清. 广告即战略——竞合时代的战略广告观 [M]. 北京：中国传媒大学出版社，2004：2.

于中国品牌的成长形成了巨大的影响。这是当下品牌研究所没有触及并进行系统研究的领域。当下的中国品牌研究往往忽视了对中国品牌成长历史的关注，更多的是对当下问题的关注，并且偏向于不加区别地套用西方理论来解释中国问题。这是当下品牌研究的不足之四。

综上，与西方品牌研究一脉相承的、关注消费者端而忽视企业端的、微观的、实证的定量的中国品牌研究对于本课题的研究是不相适应的，如果沿袭过去的研究范式来研究本课题，则会显得琐碎和脱离中国实际，当然也就无法更加接近中国品牌成长的事实，无法很好地解释中国品牌的成长问题。正是以上问题的存在，为本研究提供了研究的立足点和突破的方向：（1）本研究将依循宏观和历史的视角来研究中国企业品牌的成长规律。本书将在历史梳理的基础上研究中国企业品牌的成长逻辑，在研究方法上注重对宏观数据和连续性数据的把握以提升实证的有效性；（2）本研究将立足中国本土实际，注重从中国品牌发展的特殊背景和母体中来进行研究，这个母体就是中国的转型经济、改革开放背景和中国特色社会主义市场经济，本研究尤其会关注政府在中国品牌成长中扮演的角色和发挥的影响；（3）本研究将注意突破过往片面强调消费者端和市场作用的桎梏，更加关注作为品牌另一端即品牌生产者和所有者的企业的品牌主观能动性，在分析中会更凸显企业在品牌成长中的能动性，关注企业自身在生产、传播、创新等方面的变化及其对于品牌发展的影响。本书期望通过宏观视角以便更好地看清楚品牌成长的全貌，通过历史的纵深分析来揭示中国品牌成长的内在规律。

第三章

改革开放以来中国品牌成长：历史逻辑与分析

狂飙突进的品牌：1978年改革开放，中国经济从崩溃边缘走出，企业作为国民经济的细胞，于混沌之中率先破冰，成为中国市场探索的先行者。从完全的计划经济转向市场经济，企业活跃于最激烈的市场变革中，疯狂生长，奋力求生，其间历经千难万险，付出巨大代价，有落后挨打也有领先突破，于短短四十余年间，完成了发达工业国上百年的历史积淀，发展之快令世人瞠目结舌。进入风云际会的新时期，转型升级成为当下中国企业发展的关键词，作为广告活动的发起者、需求者与规则制定者，企业通过广告营销塑造出享誉世界的中国品牌，在与国际品牌的较量中，不断创新求索，于奔跑中适应全球化步调，于兴衰沉浮中谱写中国广告的品牌历程。[①]

本章将会对改革开放以来的中国品牌成长历程进行回顾。首先本部分将考察已有的关于中国品牌成长的文献，在前人分析的基础上获得关于中国品牌成长历史的基本认识；其次，本部分将用历史分期的方法对改革开放以来的中国品牌的成长历程进行分期，而后分阶段阐述各个历史时期的发展脉络，分析其历史演进的过程；最后本章将在历史梳理的基础上获得关于中国品牌成长的几点重要的结论性认识，并以此作为后续分析的起点。

---

① 黄升民. 中国广告兴衰浮沉40年 [EB/OL]. 澎湃新闻, 2019-07-26.

第一节 中国品牌成长史的研究回顾及历史分期

一、改革开放以来中国品牌史的研究回顾

关于中国企业品牌成长的历史回顾，许多研究者开展了很多有价值的研究。其中一类是专门针对中国品牌发展历程的研究。这一类的研究中主要包括两种类型，一种是包含较长一段时间的中国品牌历史的回顾和总结。另一种是年度性的品牌研究报告或研究论文，其中有的是针对中国品牌的整体性研究，有的是针对品牌个案的回顾[①]。此外还有大量关于行业品牌、个案品牌的研究论文以及著作，由于数量庞大，在此不再列举。也有一些国外学者如 Eckhardt[②]关注中国品牌成长历史问题，但是并未详细考察改革开放之后的中国品牌成长史。

由于品牌实践与广告、公关、营销、消费、媒介、企业本身的发展密切相关，因此另一类品牌史相关的重要文献是散见于中国营销史、广告史、公关史、

[①] 部分代表性的研究有：杜国清等人编著的《广告主蓝皮书》（社会科学文献出版社），余阳明等人编著的《中国品牌发展报告》（上海交通大学出版社），张树庭等人编著的《品牌蓝皮书》（中国市场出版社），钱明辉等人编著的《中国品牌发展报告》（天津科学技术出版社），何海明等人编著的《中国市场品牌成长攻略》（机械工业出版社），汪同三等人编著的《中国品牌战略发展报告》（社会科学文献出版社）。不少著作属于连续出版，由于目次较多，本书不一一列出。

[②] ECKHARDT G, BENGTSSON A. A brief history of branding in China [J]. Journal of Macromarketing, 2010 (3): 210-221.

企业史、消费史等方面的研究中①。此外，中国传媒大学广告学院在企业品牌传播史资料的搜集和整理上做了大量工作，如中国广告专题纪录片的拍摄、品牌传播历史类书籍的撰写、文献资料的收藏。这些资料或直接或间接地反映了中国品牌的发展历程。以上所有的文献资料均为本书撰写提供了非常有价值的思路借鉴和史实资料、线索参考。

二、改革开放以来中国品牌成长的历史分期

回顾中国品牌成长历程，历史分期是一个重要的工具。通过历史分期，可以对中国品牌发展的不同阶段的特点进行科学的归纳和总结，从而发现品牌成长过程中不同时期和阶段之间的差异，发现其发展的特点及规律。要进行历史分期，首先需要确定历史分期的依据。就中国品牌而言，由于品牌的发展在我国是政治经济的改革、社会文化、消费的变迁、广告和媒体发展、技术及知识的累积等因素的综合结果，因此在考查中国品牌成长的历史时需要综合考虑这些要素，这也是对中国品牌成长历程进行历史分期的依据所在。由于研究视角、研究目的、研究时间等方面的差异，不同学者对中国品牌成长的历史阶段作了不同的划分（如表3.1）。在结合前人已有分期研究的基础上，本书认为改革开放以来中国品牌成长的历史可以划分为五个紧密联系但又相互区别的历史阶段，即破冰与萌芽阶段（1978—1984）、野蛮生长阶段（1984—1992）、竞争与升级

---

① 部分代表性的研究有：孔繁任，熊明华. 中国营销报告：1978—2001 [M]. 北京：光明日报出版社，2001；何佳讯，卢泰宏. 中国营销25年（1979—2003）[M]. 北京：华夏出版社，2004；晁钢令. 中国市场营销发展报告 [M]. 上海：上海财经大学出版社，2005；李晨宇. 中国企业营销传播的发展轨迹研究 [M]. 北京：光明日报出版社，2016；余明阳. 中国公共关系史：1978—2007 [M]. 上海：上海交通大学出版社，2007；胡百精. 中国公共关系史 [M]. 北京：中国传媒大学出版社，2014；黄升民，丁俊杰，刘英华. 中国广告图史 [M]. 广州：南方日报出版社，2006；吴晓波. 激荡四十年：中国企业1978—2018 [M]. 北京：中信出版社，2017；中国企业史编辑委员会. 中国企业史现代卷 [M]. 北京：企业管理出版社，2002；陈素白. 转型期中国城市居民消费变迁（1978—今）[M]. 厦门：厦门大学出版社，2016；孙骁骥. 购物凶猛：20世纪中国消费史 [M]. 北京：东方出版社，2019；董俊祺. 中国消费四十年 [M]. 北京：社会科学文献出版社，2021；刘佳佳，王昕. 中国广告公司四十年 [M]. 北京：社会科学文献出版社，2020.

阶段（1992—2001）、繁荣发展阶段（2001—2013）、转型突破阶段（2013 至今）①。由于本书的研究重心不在于对历史进行全面、丰富的描述和整理，因此本书在对中国品牌成长的历史交代中采用相对粗线条的形式来描述中国品牌成长四十余年的发展历程，以历史脉络清晰的标准来统摄四十余年品牌历史的回顾。同时又由于中国品牌成长的脉络与其附着的企业的成长脉络是一致的，更与企业的营销和传播情况紧密相关，因此在叙述中不可避免地与中国企业发展史、营销史、传播史等存在重合的部分。当然，本书对于中国品牌史的历史分期受制于笔者的经验和理解，不可能是尽然客观和准确的。

表 3.1　改革开放以来主要中国品牌成长阶段划分的主要观点

提出者及提出时间	具体划分观点
佚名，1999	品牌经营的史前阶段（1988 年以前）；品牌经营阶段（20 世纪 80 年代末到 1993 年前）；大力推广品牌阶段（1993 年以后）②
孔繁任、熊明华，2001	萌芽与复兴（1979—1989）；躁动与探索（1990—1995）；商战与纷争（1996—2000）；走进新世纪（2001—）③
艾丰，2001	品牌启蒙阶段（1978—1985）；品牌涌现阶段（1986—1990）；品牌调整阶段（1991—1995）；强强斗争阶段（1996—）④
何佳讯、卢泰宏，2004	品牌意识启蒙期；自创品牌期、品牌竞争期；品牌国际化期⑤
解艾兰，2005	品牌启蒙时期（20 世纪 80 年代至 90 年代）；国内品牌发展时期（20 世纪 90 年代）；品牌国际化酝酿时期（2000 年至今）；品牌国际化的融入时期（未来）⑥

---

① 关于已有分期观点的述评以及本书分期的原则和标准等问题在笔者此前的文章中已经具体讨论，本书不再赘述。参见：张驰. 浅析改革开放以来中国品牌发展的历史分期问题[J]. 广告大观（理论版），2019（03）：87-98. 本书的分期更为强调前后相连的观点，因此分期中上一个阶段的结尾之年是下一个阶段的开始之年。
② 佚名. 中国品牌的发展历程[J]. 政策与管理，1999（05）：11-12.
③ 孔繁任，熊明华. 中国营销报告：1978—2001[M]. 北京：光明日报出版社，2001.
④ 艾丰. 名牌论——市场竞争中的法宝[M]. 北京：经济日报出版社，2001.
⑤ 何佳讯，卢泰宏. 中国营销 25 年（1979—2003）[M]. 北京：华夏出版社，2004.
⑥ 解艾兰. 中国品牌发展经历了四个阶段[N]. 人民日报，2005-09-12（015）.

续表

提出者及提出时间	具体划分观点
徐新，2006	中国品牌启蒙阶段（1978—1985）；品牌涌现阶段（1986—1990）；国内品牌调整阶段（1991—1995）；品牌规模扩张阶段（1996—2004）；国内外品牌激烈竞争阶段（2005—）①
文路，2006	商标意识阶段（1978—1991）；名牌意识阶段（1992—1995）；品牌经营意识阶段（1995）②
张淏，2007	品牌的春天（1977—1991）；中国品牌风生水起（1992—2000）；民族的就是世界的（2001—2006）③
万芸，2007	品牌意识启蒙阶段（1979年至20世纪80年代末）；自创品牌热潮阶段（20世纪90年代初至20世纪90年代中期）；品牌竞争阶段（20世纪90年代中期至90年代末）；品牌国际化的酝酿和融入阶段（2000年）④
赵丹丹，2008	品牌启蒙时期（1993年以前）；品牌发展时期（1993—1997）；品牌国际化酝酿时期（1998—2002）；品牌国际化融入时期（2003）⑤
余明阳、韩红星，2008	卖方市场时期的品牌发展（20世纪80年代以前）；改革开放时期的品牌发展（20世纪70年代末80年代初至20世纪90年代初）；品牌时代（1992—）⑥

---

① 徐新．民族品牌任重而道远——民族品牌发展历程回顾与展望［J］．中国市场，2006（15）：22-27．
② 文路．品牌知识漫谈（三）［J］．福建质量技术监督，2006（07）：31-36．
③ 张淏．品牌加速度——1949—2006中国品牌成长回顾［J］．中国品牌，2007（01）：39-42．
④ 万芸．新中国品牌发展的历史回顾及思考［D］．太原：山西大学，2007．
⑤ 赵丹丹．我国品牌发展历程及思考［J］．商业经济，2008（16）：61-62．
⑥ 余明阳，韩红星．品牌学概论［M］．广州：华南理工大学出版社，2008：28-30．

续表

提出者及提出时间	具体划分观点
杨子云，2009	工业设计阶段——中国品牌战略从此发轫；CI 设计阶段——开启中国企业差异化竞争时代；企业文化与品牌文化普及阶段；从中国制造到中国创造①
祝合良，2010	品牌经济启蒙阶段（1978—1991）；品牌经济发展阶段（1992—2002）；品牌经济提升阶段（2003—）②
侯隽，2009	老品牌的"消亡"（20世纪50年代—70年代）；初创和觉醒（20世纪80年代）；土洋品牌遭遇战（20世纪90年代）；塑造和扩张（21世纪）③
王海忠，2015	品牌意识的觉醒期（1978—1984）；中国现代品牌的孕育（1984—1991）；全国制造商品牌的发展与起伏（1993—1999）；2000年以后的品牌发展④⑤
吕艳丹，2017	觉醒—品牌即标识（1979—1991）；探索—品牌即名牌（1992—2000）；沉淀—品牌即资产（2001年至今）⑥
许正林等，2019	改革开放与全产业品牌的兴起（1978—1992）；从老字号到新品牌的崛起（1993—2000）；全面培育自主品牌（2001—2013）；建设国家品牌（2014—2019）⑦

（本书整理）

---

① 杨子云. 亲历中国品牌战略的四个发展阶段［EB/OL］. 品牌联盟网，2009-11-04.
② 祝合良：《中国品牌发展的回顾与展望》，参见：王晋卿，张连城. 中国商业改革开放30年回顾与展望［M］. 北京：经济管理出版社，2009.
③ 系《中国经济周刊》记者侯隽采访艾丰和李光斗整理而成。参见：侯隽. 品牌60年——专家讲述新中国60年企业品牌史［J］. 中国经济周刊，2009（40）：6-13.
④ 王海忠认为2000—2015年的中国品牌发展有三个具体特点：一，从"试水海外市场"到将主流市场当作"第二故乡"；二，民企与国企的力量消长；三，外资品牌从"超国民待遇"回归到平等的市场竞争。
⑤ 王海忠. 中国品牌演进阶段的划分及其公共政策启示［J］. 中山大学学报（社会科学版），2015（04）：169-183.
⑥ 吕艳丹. 中国当代企业品牌经营发展历程研究［D］. 北京：中国传媒大学，2017：34-35.
⑦ 许正林，沈国梁，等. 新中国品牌七十年简史［M］. 上海：上海书画出版社，2019：5-6.

第二节　改革开放以来中国品牌成长的五个阶段

一、破冰萌芽期（1978—1984年）

1978年十一届三中全会的召开意味着中国开始了对内改革、对外开放，经济建设成为党和政府的工作重心，市场化取向的改革为僵化的经济注入了新的活力。1982年党的十二大提出了"计划经济为主、市场调节为辅"的原则，这个提法突破了完全排斥市场调节的计划经济传统观念。[①] 在承认市场的价值规律作用和"调整、整顿、提高"方针政策的基础上，中国经济开始恢复并加速发展。这一时期，我国GDP从1978年的3778.7亿元增加到1984年的7278.5亿元，几乎翻了一番。不仅经济获得了稳定的发展，随着轻重工业结构的调整，日用消费品供给能力提高，人民生活也得到了很大的改善，粮食短缺问题基本上得到了解决；随着农村联产承包责任制的推行、乡镇企业和个体私营经济的发展以及城市职工工资的改革，全国居民的收入水平不断提高，居民既有能力也有权力进行消费，但是这一时期的居民消费还是以生存型、满足温饱的基本消费为主，但是城市已经开始出现了大件家电消费的潮流；国内广告公司也随着改革恢复了广告经营活动，媒体业随着相关政策的颁布也恢复了以广告为主的市场经营，媒体数量较之前有了大幅度增加；政府恢复了商标管理，并通过颁布商标法、评比国家质量奖、国家著名商标等手段保护和引导企业重视商标的价值；随着广告管理机构和相关广告条例的颁布，品牌传播活动也被纳入了国家监管。在市场经济初步发展的情况下，中国品牌迎来了破冰和萌芽时期。

（一）市场化要素的导入激活企业活力，品牌意识萌芽

国企改革其实早在十一届三中全会之前就已经开始了试点。1978年10月，四川省委在重庆市6家企业实行扩权试点。"放权让利"是国企在1979年到1984年期间的基本思路。"放权让利"使企业有了一定的经营自主权，这对于近三十年没有过自主权的国有企业来说，是从来没有过的震动。虽然这一时期"放权让利"激发了国企的部分积极性，但是总体上依然是一种政府行为，"计

[①] 白永秀，吴振磊. 我国30年经济体制改革的历史回顾与经验总结［J］. 改革与战略，2008（11）：2.

划"依旧是资源配置的主要手段,市场体系尚处在萌芽的阶段。

国企拥有了一定的经营自主权之后,企业开始主动关注市场为产品寻找销路,有了销售更多产品的欲望,引起了同行业之间的竞争,这让企业初步具备了市场意识和竞争意识。进而,原先大一统的国企在竞争中萌发了品牌意识。如广州肥皂厂原来只生产甘油和肥皂,后来根据消费者的反映,研制出了第一代液洗剂——洁花牌香皂、洗发露和液体香皂等产品,投放市场后供不应求……此后厂里将"顾客需要什么,我们就生产什么"作为自己的座右铭,提出了以产品变化来适应市场需求变化的新品开发策略。1983年11月他们在广州召开了为期三天的用户意见征询和新产品介绍会,一方面推介自己的产品,另一方面听取消费者意见。第二年企业实现利润225万元,成为国内同行中的佼佼者。① 也正是在这种不断改善产品质量、种类、重视客户需求的过程中,中国企业在改革开放后逐步萌发了品牌意识。而品牌意识的萌发最为突出的表现就是恢复商标和广告的使用。

(二) 企业恢复商标使用,但商标保护意识薄弱

改革开放之前,中国品牌在大一统的国有经济之下失去了存在的市场经济土壤和意义,商标由于高度的同质化也失去了差异化的功能。改革开放之后,居民消费欲望得到释放,商标成为消费者购买商品的需求之一,企业恢复商标成为自然而然的结果。1978年12月4日,《人民日报》上刊登了《恢复商标,维护名牌信誉》的文章,指出"人们强烈要求尽快在纺织品上标上厂名,恢复商标,而且要求各厂固定商标,专厂专用,以维护名牌信誉"②。在消费者需求的驱动下,企业也开始行动起来。最先恢复商标的是中国的老字号企业,全聚德、吴裕泰、内联升等老字号品牌在1978—1979年前后重新恢复了商标。数据显示,1980年当年的商标申请数量就达到了2万多件。随后1983年政府制定了改革开放后的第一部《商标法》,明确了对于商标的保护,标志着我国品牌迎来了以商标保护为特点的发展新阶段。1979到1984年间,我国商标注册量和准注册量累计达到了10.5万件,增长非常迅速。③ 但是当时企业商标的保护意识还非常淡薄,屡屡出现商标被外资企业抢注,或者被本土企业假冒等现象。

---

① 孔繁任,熊明华. 中国营销报告(1978—2001)[M]. 北京:光明日报出版社,2001:26.
② 吴复民. 恢复商标 维护名牌信誉[N]. 人民日报,1978-12-04(004).
③ 根据国家市场监管总局商标局公开的数据整理。

（三）广告活动得以恢复，传统告白式的广告成为主流

改革开放之后，随着市场机制的导入，企业有了销售更多产品的压力和自主性动力。广告恢复（如表3.2）被企业视为"救命稻草"[①]紧紧抓住。改革开放初期的广告总体上看起来十分落后，大多是新闻式的信息告白，其主要原因是当时市场发育不成熟所致。在当时特殊的历史背景下，企业只需要抢时间以最明白、最经济的方式宣传商品信息。总体上看，当时企业经营者既不熟悉现代市场，也不熟悉现代广告。正在形成的现代市场的发展是畸形的，它由于受到双轨制和传统经营习惯的夹击变得混乱不堪，这一状况使任何严格而持续的广告运作都会十分困难。此外，对西方现代广告理论与经验的借鉴在此阶段仍处在被"生吞活剥"的状态，人们并不清楚如何做现代广告。[②]这一时期大多数企业都缺乏计划性和整体策划，某些广告传播上的成功也具有很大的偶然性。但是当时也有一些企业开始自觉地、有计划地做广告，这种突破是超过当时大多数企业做法的，是一种共时性突破，正是这些突破让中国企业不断走向现代化广告运作之路，并在突破中走在了品牌建设的前面。

表3.2 改革开放后众多广告的"第一次"

时间	事件
1979年1月4日	第一条商业广告和第一条报纸广告：《天津日报》的蓝天牌牙膏广告
1979年1月14日	第一个为广告正名的文章：《文汇报》刊发丁允朋的文章《为广告正名》
1979年1月28日	第一条电视广告：上海电视台参桂养容酒广告
1979年3月5日	第一条广播广告：上海人民广播电台播出的上海家用化学用品厂的"春蕾药性发乳"广告
1979年3月15日	第一条外商广告：上海《文汇报》刊登的瑞士雷达表广告
1979年4月17日	党报的第一条商业广告：《人民日报》刊登了大半个版的地质仪器广告
1979年9月30日	播出了中央电视台的第一条商业广告：美国威斯汀豪森电器广告

（本书整理）

[①] 黄升民. 中国广告活动实证分析[M]. 北京：北京广播学院出版社，1992：35.
[②] 余虹，邓正强. 中国当代广告史[M]. 长沙：湖南科学技术出版社，2000：52.

这种广告的共时性突破主要表现在当时广告创意、策划等层面的超前性。如当时的一些企业在广告创意上的领先。当金奖银奖满天飞和厂家、产品、联系电话等构成的单纯告白式的、毫无创意的广告占据市场主流时。有些企业则在广告创意上走在了时代的前面。如1980年凤凰自行车邀请了两个外国人、把人吊在空中进行广告拍摄，这在当时是很少有的。上海钻石手表厂的孙悟空动画广告也让人耳目一新。部分企业在广告的策划上呈现出科学性和系统性的特点，逐渐具备了现代广告的意味。上海家化就是一个代表，1980年初，轻工业部及上海市经委下达了试制成套化妆品的任务。当时的上海家化通过系统的前期市场和消费者分析，确定了差异化的产品类型及包装、广告策略、品牌定位，在当时取得了非常好的效果。此外，竞争性的广告开始在某些领域出现。如当时市场上的电风扇厂商之间的广告竞争十分激烈，两面针等牙膏企业间的广告大战也引人注目。

（四）中国市场上三大企业品牌力量的正式登场

吴晓波认为中国市场上的企业可以划分为三股力量，包括国营公司。民营公司和外资公司。[1] 顺着这个思路，对于依附于企业的品牌而言，中国市场上也同样可以划分为三股品牌力量，即国有企业品牌、民营企业品牌[2]和外资企业品牌，其中国有企业品牌和民营企业品牌合称中国品牌。这一时期是这三股品牌力量的发源及正式登场期[3]。

首先是国有企业依靠改革激发活力，经营状况好转，品牌经营开始恢复。1978年国有工业企业的利润总额从508.8亿元上升到1984年的706.2亿元。工业总产值也从4237亿元上升到7617亿元。利润总额的不断上升在一个侧面也反映了当时初获活力的国有企业经营开始好转。当时四川宁江机床厂就依靠在《人民日报》上刊登的一条广告迅速扭转了经营困局，留下了"一条广告救活一个企业"的故事，如果不是宁江机床厂具有了一定自主权，打广告的事情是不可能发生的。

---

[1] 吴晓波. 激荡三十年——中国企业1978—2008（上）[M]. 北京：中信出版社，杭州：浙江人民出版社，2007：X.

[2] 计划经济时期中国形成了大一统的公有制经济，其主要企业形式就是公有制的占主导地位的国有企业和其他集体性质的企业。改革开放以后，非公经济发展起来，主要包括个体工商户、由个体经济发展而成的私营/民营企业（按照八十年代的界定是雇工超过8人）、集体经济为名但实际上私营属性很强的乡镇企业。

[3] 需要说明的是，这只是一种非常粗略的划分，当下混合所有制的股份制企业发展迅速，其品牌很难说就是国企品牌或者民企品牌。

其次是"边缘革命"①中崛起的个体私营经济迅速发展所催生出的民营品牌。随着改革的推进，在大一统公有制经济的边缘开始萌发了私营经济成分：农村和城市出现了许多个体户、专业户，这些私营经济成分如同野草一般生长在中国的大地上。个体户、专业户、两者发展而来的私营企业以及乡镇企业②共同成为中国私营企业品牌萌发的源头。其中，乡镇企业的总产值从1978年的493.1亿元迅速增长到1984年的1709.9亿元。③ 专业户、个体工商户等为代表的个体经济发展也很迅速。1984年在农区有各种类型专业户1293户，占调查户数的3.5%。另据国家工商行政管理局的资料，全国农村登记的个体工商业，1981年有95.8万户，从业人员121.6万人，注册资金总额为2.47亿元，营业额达到了9.8亿元。④ 1980年到1984年，城乡个体工业产值由0.81亿元增长到14.81亿元，平均每年增长107.9%。⑤ 从1980年到1984年，城乡个体经济和其他经济在工业总产值中的占比从0.49%上升到了1.2%,⑥ 个体工商业发展迅速。正是在大一统公有制经济边缘产生的这些私营性质的企业成为了日后中国品牌中不可忽视的一股力量——民营企业品牌。如当时作为乡镇企业的海盐衬衫厂依靠重视品牌成为当时全国知名的衬衫品牌；当时被邓小平三次点名的傻子瓜子也逐渐打出了自己的品牌；乡镇企业美的在这一时期进入了家电制造业，奠定了其未来成为家电巨头的初步基础。

最后是外资品牌进入中国，广告先行，表现强势。1979—1980年，第一家

---

① 关于"边缘革命"详见：罗纳德·哈里·科斯，王宁. 变革中国——市场经济的中国之路[M]. 徐尧，李哲民，译. 北京：中信出版社，2013. 第六章"从单一市场经济到多元市场经济"中的相关论述。
② 乡镇企业在1984年以前叫社队企业。但随着1983年农村政企分设，公社、大队逐步转化为乡、村合作经济组织。改革以来，农村又出现了许多联产合办、跨区域联办等形式的合作性质企业以及个体和私营企业。这些企业逐步向小集镇集中。因此，原来使用的"社队企业"这个名称，已经不能反映上述新情况。所以，中共中央、国务院在1984年将其改称为"乡镇企业"。改革以前，社队工业企业单纯就是集体所有性质企业。改革以后，社队（乡镇）企业包括以下四种类型：一是社队（乡镇）企业，二是社员联营合作企业，三是其他形式的合作企业，四是个体和私营企业。
③ 邹晓涓. 1978年以来中国乡镇企业发展的历程回顾与现状解析[J]. 石家庄经济学院学报，2011（02）：64.
④ 张厚义、明立志. 中国私营企业发展报告（1978—1998）[M]. 北京：社会科学文献出版社，1999：20.
⑤ 汪海波. 新中国工业经济史（第三版）[M]. 北京：经济管理出版社，2017：321.
⑥ 国家统计局工业统计司. 中国工业经济统计年鉴2012[M]. 北京：中国统计出版社，2012：19.

外商独资企业、第一家外商消费品企业、第一家中外合资企业分别进入中国。①改革开放后第一条外商广告是瑞士雷达表广告，1979年3月15日在上海电视台播出。虽然瑞士雷达表占了第一则外商广告的头衔，但是在改革开放初期中国市场上最为活跃的却是日商企业的广告，尤其以家电和电子产品行业企业为典型。奥林巴斯、精工、三洋、松下、东芝、日立、索尼、佳能、三菱、丰田等品牌在当时的中国家喻户晓，以至于当时中国消费者认为外国产品即日本产品，日本产品就是外国产品。日本产品质量好、技艺精湛的品牌印象也是在这一时期形成的。② 当然，在当时的中国由于人们对于外商和广告均存在一定的误解和抵触，自然而然也引起了争议，可口可乐牛仔裤广告事件、松下橱窗广告事件等都集中反映了这种情况。外资品牌激发了"鲶鱼效应"，促进了竞争意识和中国本土品牌的成长。

二、野蛮成长期（1984—1992年）

1984年十二届三中全会明确提出"有计划的商品经济"这一命题，1987年十三大进一步提出了"社会主义有计划商品经济的体制，应该是计划与市场内在统一的体制"和"国家调节市场，市场引导企业"。这一提法实际上与1992年的社会主义市场经济的提法已经非常接近了。市场调节实际上在这一时期已经成为主流，宏观经济发展虽然时有起伏，但总体上还是延续了上一阶段快速发展的势头。这一时期经济总量先后突破1万亿和2万亿的门槛，1992年的GDP相较于1984年增长了近4倍。经济总量的不断扩张为企业品牌的发展提供了良好的外部环境；这一时期我国居民消费在满足基本消费需求以后，开始从生存型转向发展型，呈现出"耐用品热"（家电产品的热销）和"吃的偏好"（对于蛋奶肉和副食品的需求上升）的特点。③ 此外，由于市场供应的逐步充足，随着价格调节逐步市场化的初步实现，消费者对于价格的敏感度逐渐提高，

---

① 1979年，正大集团在深圳投资的正大康地有限公司，成为中国第一个外商独资企业。1979年1月，中美正式恢复邦交，在中美建交三个小时后，可口可乐宣布重返中国，成为改革以后首批进入中国市场的外资消费品企业。1980年全国第一家中外合资企业北京航空食品有限公司成立。

② 王菲，倪宁，等. 日本企业在华广告20年 [M]. 北京：中国轻工业出版社，2004：52-53.

③ 中国社会科学院经济研究所居民行为课题组. 居民的消费选择与国民经济成长 [J]. 经济研究，1988（01）：31.

并开始带有朦胧的品牌意识。广告业和媒体业在这一时期也迎来了快速发展的阶段，1985年左右，以北京广告公司为代表的几家广告公司开始了内部的机构改革以建立现代广告经营机制，并开始尝试为客户提供全面服务的现代广告作业模式，由此拉开了中国广告业走向现代广告的序幕。媒体数量在这一时期也出现了激增，尤其值得注意的是电视在本阶段末期的1991年超越报纸成为第一大广告媒体。总的来看，我国品牌在这一阶段的成长呈现出以下几个特点。

(一) 市场出现局部过剩，企业营销观念深化，市场营销观念出现

随着农业包产到户和工业结构的调整，日用品短缺的情况到1984年就已经在中国市场上基本消失了。改革初期，中国企业大多秉持的是生产观念，"时间就是金钱，效率就是生命"鲜明地反映了当时企业的生存状态和生产理念。八十年代中期以后情况开始转变，根据1986年的一项调查显示，我国企业具备了一定的营销意识，并且"市场营销的观念强于竞争观念，更强于运用现代市场营销手段的态度"[1]。调查结论的背景是，经过几年的产业结构调整和盲目重复引进、建设生产线等做法，我国企业的生产能力迅速扩张，市场上产品同质化的程度不断提高，某些行业甚至出现了局部过剩的情况。以家电行业为例，到1989年底，全国家电产能超2000万台，而市场需求仅800万台。[2] 1989年的抢购风潮和随之而来的三年经济整顿和市场疲软让很多企业的经营遭受了前所未有的销售压力。此外，随着居民收入的提高导致消费观念发生了显著的变化，追求质量、款式、服务等反映了消费者对于优质产品的需求。随着一批具有相当消费力的消费群体的形成，许多企业开始意识到既然消费者有选择商品的权力，企业就必须了解消费者的需求，按照消费者的需求和欲望进行生产，于是市场营销观念开始萌芽。正是在这一时期，我国企业的经营理念从单一生产型过渡到生产经营型，并且开始逐步过渡到经营开拓型。

(二) 企业品牌传播的现代化转型和专业化探索

所谓品牌传播的现代化转型和专业化探索，主要指的是中国品牌的传播开始摆脱单纯的告白式传播，开始讲究系统、科学的策划和创意的运用，并开始注重传播中品牌形象的建构。这一时期中国企业品牌传播的现代化转型和专业

---

[1] 中国经济体制改革研究所微观经济研究室. 改革中的市场制度和企业制度 [M]. 成都：四川人民出版社，1988：112.

[2] 柳泽伟. 我国"七五"时期工业经济发展及"八五"期间工业经济改革的展望 [J]. 计划经济研究，1991 (06)：9.

化探索主要包括以下几个方面。

第一，广告和公关部门为代表的品牌传播职能机构回归到企业经营层面，并开始普及。在20世纪80年代初期，宣传仍旧是一个具有政治意识形态色彩的术语。事实上，广告复兴之初的广告就是从宣传中脱胎而来的。正因如此，广告的独立最初经历了一个与宣传剥离开来的过程，这一剥离的结果是不再使用宣传一词，而广告业也不再被企业看作是上层建筑，由宣传部门下放到销售部门。① 1984年前后，在中央关于经济体制改革的决定公布以后，不少企业结合"一长三师"②的领导体制，开始对原有的组织机构进行改革，探索高效率的组织模式。当时，业界比较推崇的是职能矩阵式的"一室六部"③或"一室四部"的组织模式。无论是"一室六部"还是"一室四部"的组织模式，通常都设有经营销售部。在20世纪80年代初期和中期，企业内部的广告组织形态通常是宣传科，广告通常被看作是宣传。20世纪80年代中后期，企业广告部门常见的是配合销售型。广告不再隶属于宣传部门而归属于销售部门且往往以销售公司广告科的形式出现。这种组织形态洗净了广告的政治意识形态色彩，更为有效地配合了企业的产品销售。④ 此外，部分企业还率先引入了公关部，开启了企业公关传播的先河。1984年白云山制药厂是首个设立公关部的国有企业。

第二，品牌传播形式的多样化、现代化和专业化。在当前中国市场上常见的品牌传播手法都可以在这一时期找到影子或者源头。1984年，健力宝依托奥运会一炮走红，在接下来的几年内依靠体育赛事不断营造品牌，这是我国品牌不自觉利用体育营销的早期代表；同年，白云山制药厂设立专门的公关部开启了中国企业公共关系传播的热潮；威力洗衣机则在这一年喊出了"献给妈妈的爱"，以情动人；青岛双星鞋业则在这一年召开了中国企业的首个新闻发布会；1985年海尔砸冰箱堪称早期的中国品牌故事；⑤ 1988年万家乐热水器和神州热水器之间的广告大战开启了大规模广告竞争的先河；1989年三九胃泰广告则开

---

① 余虹，邓正强. 中国当代广告史 [M]. 长沙：湖南科学技术出版社，2000：53.
② 即"三总师"（总经济师、总工程师、总会计师）在厂长的领导下分别负责经销、技术、财务三个方面的工作，是厂长的参谋和助手。总经济师兼经营销售部部长，统一组织，全面负责企业的经营管理工作。
③ 包括经营决策办公室、经营销售部、技术开发部、产品制造部、质量保证部、人事教育部、后勤事务部。
④ 余虹，邓正强. 中国当代广告史 [M]. 长沙：湖南科学技术出版社，2000：54.
⑤ 王海忠. 中国品牌演进阶段的划分及其公共政策启示 [J]. 中山大学学报（社会科学版），2015 (04)：174.

启了中国企业名人广告的潮流；1992年，霞飞危机公关案例开启了中国企业危机公关的先河。除此之外，中国企业在传播中越来越注重系统化、科学化的广告策划的运用，富达胶卷案例、OB卫生用品案例等标志着中国广告传统作业方式实际上转向现代作业方式。

第三，品牌形象开始被企业注重起来。由于企业消费者观念的日益增强和市场竞争的逐步加剧，在西方广告和品牌理论的影响下，中国部分企业首先意识到了"形象"对于品牌的重要性。1989年的一项调查显示，"提高企业形象"是企业开展广告活动排名第3的目标，此外，43.8%的企业今后将增加"提高企业形象"的广告排名第2。[①] 可见，提高品牌形象已经得到了当时处在转变过程中的企业的极大重视。1988年，太阳神开启了中国内地企业CI第一例，从此引发了CI热潮。CI热潮正是企业重视打造品牌形象的一种典型反映。

（三）市场疲软和产品滞销加速品牌促销手段的创新和升级

随着八十年代中后期市场竞争的激化，尤其是1989年价格闯关失败后政府开启的经济整顿导致企业产品滞销，在这种背景下，销售成为企业首要解决的问题。而正是这一背景促使中国企业品牌促销手段走向创新，甚至走向消费者的对立面——损害消费者利益的销售骗局。这一时期除了此前已经出现的降价、使用、展销会、分期销售等手段之外，还出现了返本销售和巨奖销售这两种比较有代表性的促销方式。更具代表性意义就是改革以来第一次大规模价格战的滥觞。

首先是还本销售和巨奖销售的风靡。理想状态下，还本销售可以让消费者在购买之后的某个时间段内通过企业返还的方式获得购买商品所付出的资金，企业可以获得快速的资金回笼，缓解现金流的压力。1989年，上海新华无线电厂为了走出困局，在上海市率先推出收录机和电磁灶的还本销售这一新招。一下子刺激了广大消费者的购买欲望，据统计，一个半月里就售出收录机12000多台，占库存挤压数的70%，电磁灶3000多台，占库存挤压数的30%，回收资金400多万元。[②] 巨奖销售其实是有奖销售的一种，特点是奖品数额或价值特别巨大。巨奖销售热大多发端于1989年之后，很多商场随时可见"20元购物，多购多兑，住房轿车，实现梦想""30万巨奖恭候您""购物一瞬间，富翁一辈

---

① 黄升民. 中国广告活动实证分析 [M]. 北京：北京广播学院出版社，1992：114-125.
② 游本凤，康德良. 新华厂"还本销售"一炮打响 [J]. 军民两用技术与产品，1990(01)：20.

子""六六大顺,顺利得到六万六"等巨奖销售标语。电视台、报纸、广播等媒体也大力宣传这种有奖销售的广告,消费者禁不住诱惑纷纷进入商场。除了商场之外,企业也在想方设法运用有奖销售的方式促进产品销售。1991年,健力宝推出了有奖销售拉环,奖金最多达到800万元①。无论是还本销售还是巨奖销售,导致当时很多企业后期无法兑现承诺,有的甚至破产倒闭,最终构成了对消费者的欺骗,属于不正当的竞争行为,扰乱了市场秩序,后来随着国家相关规定的推出,这两种促销方式逐渐退出了市场或者得到进一步规范。

其次是家电行业,具体来说是彩电行业的价格战。由于家电行业在1989年前后的生产量远远大于需求量,导致市场供大于求,再加上国家经济整顿,导致产品滞销严重。1984—1985年众多家电企业纷纷创立、引进国外生产线,甚至是引进同一条生产线生产出高度同质化的产品(如当时的"阿里斯顿九兄弟"),市场竞争一下激烈了起来。需求的旺盛驱使着家电企业的大干快上,1988年的抢购风更是加剧了家电企业尤其是彩电企业生产的盲目性,1988年,全国共有113条生产线,年彩电产量达到了1027万台,行业生产能力严重过剩。1989年抢购风逐渐降温,消费者持币观望氛围浓厚,彩电销售量锐减,造成了大量的产品挤压,国家对彩电征收特别消费税,彩电行业销售更加低迷。为了刺激需求减少库存,1989年8月,长虹彩电率先每台降价350元,这是中国家电史上从未有过的。随后其他家电企业纷纷跟进,开启了家电史上的第一次价格战。价格战的开启,标志着当时中国企业生产力的大幅提升,表明中国经济以及商品市场自1978年以来发生了质的变化。

(四)民营品牌的迅速生长,国企品牌发展情况走向恶化

私营企业在这一阶段的地位正式得到了国家承认,虽然经历了曲折,但总体上发展也比较迅速。经过20世纪80年代初(特别是1984年)以后,到1987年存在于个体经济和集体经济名义下的私营企业总数全国已经达到了22.5万家,从业人数为360万人。② 1987年十三大第一次对我国私营企业的性质、作用和地位进行了论述,明确了我党对私营经济的政策。1988年通过的宪法修正案在法律上保证了私营企业的合法身份和地位。1989年开启的经济整顿导致私营企业的发展速度有所减缓,但是这种减缓的时间并没有持续很久。1984到

---

① 吴晓波. 激荡三十年——中国企业1978—2008(下)[M]. 北京:中信出版社,杭州:浙江人民出版社,2008:32.
② 汪海波. 新中国工业经济史(第三版)[M]. 北京:经济管理出版社,2017:370.

1992年私营经济获得了比较快的发展,当然也是很初步的发展。到1992年,私营工业的产值已经达到了189亿元,占全国工业总产值的0.6%,此外还有大量的私营工业是以个体工业和集体工业的名义存在的。① 到1992年,私营企业的户数达到了139633户,比上年增加了29.5%;从业人员达到了232万人,比上年增加了26.1%;注册金额达到了221亿元,比上年增长79.7%。② 值得一提的是,这一时期出现了大量"红帽子"企业,这也反映了私营企业曲折的发展之路。

1984年改革的重心从农村转移到城市,国企改革也从"放权让利"阶段走向了以经营权和所有权两权分离的承包制和责任制阶段。1984年在马胜利石家庄造纸厂的示范作用下,承包制迅速席卷全国。到1987年底,全国预算内全民所有制企业有78%实行了承包制。国有工业企业的总产值从1984年的7617亿元上升到了1992年的34599亿元,生产规模增加了4.5倍,但是国有企业效益低下的问题也更加严重,利润总额在1992年只有535.1亿元。1989年开始的三年经济整顿,国有企业再次出现了经营困难,此前一直未触及的产权问题也被迫摆上了台面。这种情况下,国有企业在品牌传播上远不如民营企业品牌活跃。根据一份对21个省(自治区、直辖市)112家企业在1989年度的广告费用支出情况的调查,1989年广告平均投入为119.45万元,其中投入在500万元以上的有三家,投入在200万元以上的有21家,100万元以上的43家,50万元以上的62家,10万元以上的96家。③ 这112家企业中,大部分是国有大中型企业,相较于其动辄上十亿的企业规模来说,广告投入份额显得十分有限。

(五)中国品牌创业高潮的兴起与中国品牌集群的初步形成

1984年来,中央政策日益放宽,鼓励创业者大胆探索新的可能性,经商热潮迅速席卷全国。联想、健力宝、海尔、万科等一批知名企业起步,这一年被称为"中国企业元年",形成了一次前所未有的创业④高潮。80年代的"下海

---

① 汪海波. 新中国工业经济史(第三版)[M]. 北京:经济管理出版社,2017:372.
② 张厚义,明立志. 中国私营企业发展报告(1978—1998)[M]. 北京:社会科学文献出版社,1999:60.
③ 中国广告年鉴编辑部. 中国广告年鉴(1989—1991)[M]. 北京:新华出版社,1992:362-365.
④ 创业,从字面上理解是开创事业。正如其字面意义,本书的创业不局限于从0到1的创业,也包含那些将原有企业进行大刀阔斧的改造,进而开创了企业事业的新局面,从1到100也是创业。

潮"引起了"全民经商潮"。① 下海潮和全民经商潮催生了改革开放以来的第一次品牌创立大潮（如表3.3），创业的品牌大多以家电、服装、食品饮料等行业为主。这也符合当时的消费需求和市场发展需求。在此次品牌创业大潮中也涌现了一批私营企业品牌，"企业家精神"重回中国。

表3.3　这一时期创业的不完全统计

人物	创业企业	创业时间	创业领域
陈伟荣	康佳	1982	家电电子
刘永好四兄弟	希望	1983	农业、养殖
汪海	青岛市橡胶九厂（双星集团前身）	1983	服装服饰
郑俊怀	呼和浩特市回民奶食品厂（伊利前身）	1983	食品
王石	现代科教仪器展销中心（万科前身）	1984	贸易、房地产
张瑞敏	青岛电冰箱总厂（海尔前身）	1984	家电电子
柳传志	北京计算机新技术发展公司（联想前身）	1984	家电电子
李经纬	健力宝	1984	食品
潘宁	珠江冰箱厂（旗下容声，后为科龙）	1984	家电电子
南存辉	正泰电器	1984	家电电子
万隆	漯河肉联厂（双汇前身）	1984	食品
赵新先	三九药业	1985	药品
庄启传	丽水五·七化工厂（纳爱斯前身）	1985	日化
倪润峰	长虹	1985	家电电子
李东生	TCL通信设备公司	1985	家电电子
车建新	红星美凯龙	1986	家居
黄光裕	国美电器	1987	家电销售
宗庆后	娃哈哈	1987	食品
任正非	华为	1987	通讯
王振滔	永嘉奥林鞋厂（奥康前身）	1988	服装服饰

---

① 杨欢．市场诱入、政府推动与结构形塑——改革开放以来四次官员"下海潮"的内在机理 [J]．甘肃理论学刊，2017（04）：32．

续表

人物	创业企业	创业时间	创业领域
黄宏生	创维	1988	家电电子
王健林	大连西岗区住宅开发公司（万达前身）	1989	房地产
张近东	苏宁	1990	家电销售

（本书整理）

此外，在区域发展战略调整的背景下，中国在东南沿海地区率先形成了初步的产业集群和品牌集群。1986年的"七五"计划中提出，"应当把食品工业、服装工业、耐用消费品工业作为重点，带动整个消费品工业生产的更好发展……电视机、电冰箱、洗衣机、名牌自行车、成套家具等用品的供应"。"七五"计划指明了当时我国产业的发展现状和发展方向。当时居民消费水平进一步提高、消费结构进一步朝着质的扩充方向转变，在轻重工业结构调整战略及轻工业快速发展的背景下，我国承接国际产业转移，在东南沿海地区初步形成了家电、服装服饰、食品等产业集群，并在此基础上涌现出了一批知名品牌，形成了初步的品牌集群。如当时的广东初步形成了家电、服装、食品饮料等品牌集群；广东、上海则初步形成了日化品牌集群；浙江温州、福建江则初步形成了服装品牌的集群。这样一批品牌集群的形成是改革开放以来从未有过的，表明了我国经济发展、品牌成长和居民消费进入了一个新的境地。

三、升级竞争期（1992—2001年）

1992年，邓小平南方谈话解放思想，随后十四大的召开，确立了建立社会主义市场经济体制的改革目标。中国经济自1989年开始的经济整顿之后到1992年顺利完成了。1992年社会主义市场经济体制改革目标确立后，中国的市场化改革大步推进，并于二十世纪末初步建立起社会主义市场经济体制。[①] 在1992年这个标志性的年份，中国经济开启了具有"重启"意味的市场经济高速发展的阶段。虽然遭受了国际政治（如苏联解体、东欧剧变）和经济环境（如亚洲金融风暴）的巨大变化，但是我国经济在九十年代成功实现了快速而稳定的增长。国家统计局的数据显示1992年当年的GDP增长达到了14.2%，高于1991

---

① 张卓元. 中国经济四十年市场化改革的回顾[J]. 经济与管理研究，2018（03）：7.

年 5 个百分点。2001 年，中国 GDP 首次突破十万亿元，中国经济发展上到了一个新的台阶。1992—2001 年，中国 GDP 翻了四倍，经济实力明显增强。1992 年以后，外资也开始真正大规模地进入中国市场。数据显示，自 1992—2000 年的外商直接投资总额占 1979—2000 年的 93%。[①] 外资企业、本土民企的迅速发展，带动了社会总供给的大幅度提升，市场的供需结构在这一时期从供小于求走向了供大于求，买方市场正式形成。在 90 年代国内贸易部对 600 种主要商品供求状况的调查结果表明，1995 年上半年供不应求的商品比例还占到 14.4%，到了 1998 年上半年的时候，供不应求的商品比例已经下降到了 0，这也表明买方市场已正式形成。[②] 1998 年政府工作报告指出，我国"主要生产资料和消费品出现了供求基本平衡或供大于求的格局，长期以来困扰我们的商品紧缺现象已经根本改观了"。消费者在这一时期消费能力进一步增强，消费结构继续改善，医疗保健、交通通信、住房和文化教育等方面的支出明显提升。消费者的品牌消费意识和主权意识显著觉醒，1995 年的一项调查显示，名牌被公认为是高质量加良好服务的商品，63.9% 的人如是说。并且有 45.8% 的消费者认为消费名牌有成就感。[③] 广告业则在 1993 年突破了 100 亿元，紧接着在 1994 年突破了 200 亿元，随着外资广告公司的纷纷进入，中国广告业整体实力也得到了显著增强。媒体方面产业化浪潮开启，电视继续保持强势发展态势，中央电视台成为电视中的王冠，报纸、广播等其他类型媒体的实力也在不断增强。在以上背景下，中国品牌的发展呈现出前所未有的繁荣和激烈竞争的状态。

（一）企业的名牌热、CI 热、广告热、品牌延伸与多元化热、500 强热

这一时期，从总体上来看，中国企业在品牌经营上经历了五种"热"。

第一种热，名牌热，指的是当时企业普遍实行的"名牌战略"。1992 年 1 月，邓小平在南方谈话中指出："我们应该有自己的拳头产品，创出我们中国自己的品牌，否则就要受人欺负。"[④] 邓小平同志最早提出了创立自己品牌的问题，并把创立自己品牌提到免受别人欺负的战略高度，从战略高度提出创立中

---

① 吴晓波. 激荡三十年——中国企业 1978—2008（下）[M]. 北京：中信出版社，杭州：浙江人民出版社，2008：17.

② 杨来科，廖春. 近年来我国总需求萎缩的体制背景分析 [J]. 河南大学学报（社会科学版），2001（06）：28.

③ 佚名. 民意中的名牌与时尚 [J]. 现代广告，1996（02）：19.

④ 倪德刚. 未被整理到邓小平"南方谈话"要点中的"要点" [J]. 唯实（现代管理），2014（10）：4-6.

国名牌产品的重要性。在邓小平讲话精神的直接推动和中国企业发展的深层次需求下,"名牌"成为后一个使用频率很高的词汇。中国新闻界和国家主管部门联合于 1992 年评选出十大驰名商标,社会舆论开始关注和重视名牌。此后,一些省份陆陆续续推出名牌工程和名牌产品。1996 年,国务院颁布了《质量振兴纲要》,明确指出要"实施名牌发展战略",这也是国家首次在政府文件里面正式提出名牌战略。在政府大力推动和企业发展需要的情况下,名牌战略蔚然成风。

第二种热,CI 热。80 年代末太阳神的 CI 战略引起了波及全国的、从南到北、从民企到国企的 CI 热潮。1997 年,当时被称为"CI 少帅"的余明阳[1]在一篇文章中说,1990 年开始,导入 CI 的企业以每年翻番,1996 年当年至少有 800 家企业较为完整地导入 CI。[2] 1997 年年初,至少有 6 万家从事智力服务的公司和 60 万职业策划工作者在从事 CI 方面的策划。[3] 与 CI 热相近的还有当时企业的"点子热"和"谋略热"[4]。

第三种热,广告热。一是,飞龙、三株、脑白金、哈药等企业开展的广告地毯式的密集轰炸策略,在当时取得了奇效,吸引了一大批企业效仿。二是,秦池、爱多等企业对于标王广告的争夺。三是,广告的奇招、妙招、怪招不断,成功地吸引了人们的眼球。如 1993 年,恒安卫生用品公司将广告挂在了重庆人民解放纪念碑的七个角上。人民解放纪念碑神圣不可侵犯,恒安却将广告挂在了上面,瞬间引起了大讨论。广告热在数据上的直接体现,就是这一时期广告界经营额的迅速增加,1992 年广告经营额不过 67.9 亿元,到了 2001 年就已经翻了十倍多达 794.9 亿元,增长速度令人咋舌。

第四种热,品牌延伸与多元化热。企业多元化经营大多会涉及到品牌延伸问题。在 90 年代的中国,企业片面追求规模,渴望做大做强,一些知名品牌开启了品牌延伸与多元化之路。有研究对我国 100 家上市公司的多元化战略进行分析后发现,1993—1998 年,上市公司平均多元化程度的 DR(相关熵指数)值由 24.1% 上升到了 40.9%。实行多元化战略的上市公司从 31 家增加到 55 家,

---

[1] 余明阳现为上海交通大学安泰经济管理学院教授。
[2] 余明阳. 论中国 CI 的基础 [J]. 企业文化, 1997 (02): 16.
[3] 余明阳. 97 中国 CI 大趋势 [J]. 公关世界, 1997 (01): 4.
[4] 相关分析详见,胡百精. 合法性、市场化与 20 世纪 90 年代中国公共关系史纲——中国现代公共关系三十年(中)[J]. 当代传播, 2013 (05): 4 - 9 + 14.

行业数量上从11个增加到17个。① 如，太阳神将3.4亿投向石油、房地产、电脑、酒店等20多个产业。春兰则进军卡车、摩托车、半导体等领域。

第五种热，500强热潮。在这一阶段，进入财富500强榜单成为中国很多企业的重要阶段性目标。1995年底，海尔明确提出要在2006年进入"世界500强"排名，在随后的半年内有近30家左右的公司提出了进入"世界500强"的目标。如吴晓波在其书中所言，进入20世纪90年代中期，每年一度的"世界500强"排行榜像工商界的奥运会，吸引着来自东方的炽热目光。渐渐地，"世界500强"变成了一种图腾，深深地植入中国企业家的"集体无意识"之中。②这五种热有弊有利，好处在于极大的普及了企业对于广告、品牌、品牌经营的认知，深化了理解。坏处在于满目的"热"带来了很多问题，一批发展良好的企业和品牌因此而倒下。

（二）本土品牌与外资品牌的激烈碰撞

由于外资企业这一时期的大规模进入，外加本土市场上本就激化的竞争，导致中国品牌与外资品牌产生了激烈的碰撞，这种碰撞也加速了中国品牌走向成熟。可以从三个方面来看。

一是合资热潮下中国本土企业遭受吞噬。在"以市场换技术"战略以及全方位对外开放政策的引导和鼓励下，部分中国知名品牌一方面响应国家政策，另一方面出于市场竞争需要，将自身企业与外资企业进行合资。正如时任上海家化总经理葛文耀所言，"合资既是市场行为，也是政府行为"。然而外资低价合资中国品牌之后将中国品牌弃用却是普遍行为。两乐（百事可乐和可口可乐）水淹七军（当时中国市场上的7家较大的本土饮料品牌）、上海家化与美国庄臣父子公司合资③、宝洁与熊猫合资④、照相机行业中国本土品牌消亡⑤等均是典型案例。经济日报社记者陶郭峰在1996年7月8日的《经济日报》上以"中国名牌究竟卖了多少"为题公布了一份当时的价目表，曾在各个场合广为转载

---

① 郭丽娜. 我国企业多元化经营战略的问题研究 [D]. 南昌：江西财经大学，2001.
② 吴晓波. 激荡三十年——中国企业 1978—2008（下）[M]. 北京：中信出版社，杭州：浙江人民出版社，2008：73-74.
③ 1991年上海家化厂拿出"露美""美加净"两个品牌与美国庄臣公司合资，建立上海庄臣公司。合资后"露美""美加净"即被打入"冷宫"，当年销售额锐减2.5亿元，陷入谷底。
④ 1994年宝洁与熊猫合资后将其雪藏，而是大力推广自己的品牌汰渍和碧浪。1994年熊猫有着近10%的市占率，但到1999年熊猫的产量已经不足2万吨。
⑤ 早年的长城、华光、珠江等品牌也逐渐淹没在尼康、奥林巴斯等品牌下。

（如表 3.4）。

表 3.4 部分品牌商标转让情况

商标	使用商品	价格
洁花	洗发水	134 万美元
孔雀	电视机	315 万美元
洁银	牙膏	1000 万元人民币
碧浪	洗衣粉	无偿
金鸡	鞋油	1000 万元人民币
豪门	啤酒	6000 万元人民币
太湖水	啤酒	2500 万元人民币
芭蕾	化妆品	合资时未做评估
华宝	空调	出让产权时未做评估
虎跑	啤酒	合资时未做评估
西湖	啤酒	合资时未做评估

（本书整理）

二是外资品牌对于中国品牌商标的抢注行为。外资企业除了在合资中雪藏中国品牌之外，还通过在国外抢注中国商标让中国品牌付出了惨重的代价。我国于 1989 年加入《国际商标注册马德里协定》，然而到了 1993 年的 4 年时间里，总计到国外注册的商标仅为 215 件，而国外企业来华注册商标已经近万件。据统计，1995 年以前，我国著名商标在海外被人注册在先的就达 300 余件，其中在澳大利亚被抢注的有 150 多件，在日本有 100 多件，在印度有 50 多件。[1] 1999 年博西在德国抢注"HiSense"商标，导致海信在德国遭遇商标难题。相关数据显示，自 20 世纪 80 年代起，中国出口商品商标被抢注的有两千多起，造成了每年约十亿元无形资产的流失。[2]

三是中外品牌之间在市场上的激烈竞争。世界知名企业凭借其强大的资金、

---

[1] 孔繁任，熊明华. 中国市场营销报告 1978—2001 [M]. 北京：光明日报出版社，2001：72 - 73。

[2] 国家知识产权局规划发展司研究报告. 我国企业对外贸易中的知识产权风险评估研究 [EB/OL]. 国家知识产权局网站，2015 - 10 - 10。

技术、人才、品牌等方面的优势，迅速占领中国市场。中外品牌之间竞争激烈，本土品牌的生存环境空前恶化。为了保住市场份额，赢得生存空间，本土品牌的价格战策略和广告传播中的民族情感策略成为中外品牌竞争的两种比较有代表性的手段。这里需要说明的是，本土品牌在90年代的广告轰炸、标王争夺、价格竞争、CI战略、名牌战略等均是应对竞争的手段，其竞争对象并非特定的外资品牌或者其他本土品牌。但是均具有非常明显的中国特色，均是在过剩经济背景下，由于中国发挥国际分工低成本规模化制造、企业本身发展时间短及不成熟等原因所造成的品牌竞争选择。在与外资品牌的竞争中，广告轰炸策略中突出民族情感色彩、价格战策略[1]是比较有代表性的手段。

（三）中国企业品牌走向初步的成熟化

在激烈的竞争中，中国企业品牌也开始走向初步的成熟化，主要有以下几种表现。

一是品牌格局的初步形成。经过多年的竞争和发展，主要消费品行业品牌进一步集中化，品牌格局初步形成。在《中国轻工报》经济信息部和中华全国商业信息中心市场监评部联合举办的排行榜中，1998年10月份牙膏、合成洗衣粉、香皂、美容护肤品十大品牌的市场占有率均超过75%，清洁涤剂十大品牌市场占有率超过60%。[2] 1999年家电市场各类产品的前10大品牌的市场集中度超过70%。[3] 并且本土品牌越来越占据着消费品市场的优势地位，在1999年的60类居民消费品种，民族第一品牌有36类占60%，在8大类居民消费品种，烟酒、家电、饮料、保健品、交通通信、食品6大类民族第一品牌占有率超过50%。家电市场国产品牌占据绝对优势，超过一半的彩电市场份额集中在长虹、康佳、TCL三大品牌上。近一半的空调市场向春兰、海尔、美的倾斜。六成以上的电冰箱销量由海尔、容声、新飞三大品牌占据。近70%的洗衣机市场被小天鹅、海尔和荣事达分享。服装市场上国产品牌也处于主导地位，男衬衫、羊毛衫、羊绒衫、保暖内衣、皮衣市场的综合占有率前三位的均为国产品牌。在化妆品护肤品市场中，国产、合资、进口品牌分别占据40%、30%、30%的市

---

[1] 如娃哈哈推出的非常可乐，诉求是"中国人自己的可乐"，长虹则打出了"长虹以民族昌盛为己任"，海尔喊出了"海尔中国造"。家电行业的数次价格大战，长虹、格兰仕是典型品牌。

[2] 佚名. 1998年4—10月份牙膏等日化用品畅销品牌市场占有率排行榜［J］. 牙膏工业, 1999 (01): 60.

[3] 肖代. 我国家电市场十大名牌［J］. 电子质量, 1999 (Z1): 11.

场份额，一些国产著名品牌如大宝等，已经初步形成品牌优势，拥有稳定的市场份额。①

二是品牌职能部门的深化，市场部诞生具有标志性的意义。在九十年代的中后期，市场部②正式诞生。市场部的诞生标志着我国企业品牌营销迈向成熟化的一大步。珠三角、长三角企业在市场部的建立较为领先。截至1997年底，设有市场部的工业企业有容声、华宝、万家乐、美的、康宝、格兰仕、万和、神州、广东北电、华润特变、震德、金德等著名企业和品牌。1997年底，上海市销售收入1亿元以上的企业已经有80%建立了市场部。上海三枪集团设立市场部（营销部），把销售与营销分列开来，获得了成功，其经验已经被上海市经委大力推广。上海轻工系统在1994年开始推动企业建立市场营销部门。如上海永久自行车公司在1994年建立了"市场营销部"。③ 企业的经济效益也由此得到提高，如组建了市场部后的上海轻工企业，1996年产销率达到97.5%，高于全市工业系统的平均水平。④ 但当时我国市场部门的建设与国外的成熟品牌相比依然存在很大的差距。如市场调研作为市场一项重要而基础的工作就没有引起足够的重视。

三是品牌策略的升级。在逐步引入西方品牌经验和品牌理论以及外资品牌的示范效应下，中国企业的品牌策略也在不断升级。部分中国企业自觉地或不自觉地运用一些更为高明的品牌策略。如上海家化在1992年开始推行品牌经理制，收效良好；农夫山泉和乐百氏则运用独特的销售主张分别提出了"农夫山泉有点甜"和"27层净化"的口号；喜之郎果冻和白加黑则运用了品牌定位的策略；孔府家酒"叫人想家"灵活运用了品牌形象策略；科龙则在世纪之交开始了"整合营销传播"的运用；还有大量的中国企业开始运用品牌延伸策略，当然成败得失兼有；国际化的品牌传播也在这一时期正式开启，1995年，三九集团在美国纽约时代广场竖起了"999三九药业"广告牌，被《纽约时报》称为："中国企业第一次在世界上广告密度最大、最有影响力的商业区做的中文广告"。

---

① 孔繁任，熊明华. 中国市场营销报告1978—2001 [M]. 北京：光明日报出版社，2001：133.
② 也有将营销职能部门为营销中心、企划部等，但市场部是一个比较普遍的名称。
③ 张善轩. 企业营销组织研究 [D]. 北京：中国社会科学院，2001.
④ 喻占元. 我国企业市场营销存在的几个问题 [J]. 武汉食品工业学院学报，1999（02）：70.

四是品牌理解程度的加深，集中表现在以下几个层面。首先是中国企业界开始破除对西方品牌理论盲目崇拜的形态。虽然当时中国大部分企业对于外资品牌以及西方品牌理论都带有一种学习的心态，但在市场实践的过程中，部分理论的水土不服也引发了中国品牌的反思。1995年，销售额达到3.6个亿的洗发水品牌奥妮在1998年遭遇全面的挫折，市场占有率从12.5%下滑至4%，行业排名从第二滑落到第五。奥妮总经理在反思与广告合作伙伴奥美的关系中，曾有这样的评价，"奥美很厉害，但对国内企业不熟悉，就我自己观察，它同国内企业合作成功的案例几乎还没有"，除了奥妮之外，当时先后与奥美合作过的盘龙云海的云丹草、达因公司的御苁蓉、江中痔康片等都没有成功，成为奥美失败的典型案例。奥美讲"做品牌至少要三年"，然而在当时中国的现实是，如果做广告不能拉动销售，企业连一年都坚持不下来。① 其次是对于品牌概念认知的深化，九十年代中后期，很多企业家意识到名牌概念的局限性，开始转向使用更加准确的"品牌"一词。中山大学管理学院教授卢泰宏在1997年有一篇为"品牌"概念正名及中文译名所写的短文在《人民日报》发表，首次从学术角度提出了规范"品牌"一词的重要性的主张。正是这篇文章将当时国内各种混乱的名词统一为"品牌"②，这也反映了业界的一些变化和学界的思考。最后是九十年代以后，企业开始强调品牌的核心竞争力，并开始追求创新，质量管理理念和服务理念也得到了全面的提出和运用。

（四）国企品牌与民企品牌的冰火两重天

从中国品牌自身来看，中国品牌中的国企品牌和民企品牌的发展却处于不同的境地。首先是民企品牌的飞跃式发展。十四届三中全会通过的《中共中央关于建立社会主义市场经济体制若干问题的决定》则去掉了"为补充"的提法。1997年党的十五大进一步指出："非公有制经济是我国社会主义市场经济的重要组成部分。"1999年3月九届人大二次会议通过的《中华人民共和国宪法修正案》，将原"私营经济是社会主义公有经济的补充"等内容修改为："在法律规定范围内的个体经济、私营经济等非公有制经济，是社会主义市场经济的重要组成部分""国家保护个体经济、私营经济的合法权利和利益"。非公有制经济的地位问题最终被宪法确立。这是我们党第一次把公有制经济与非公有制经济平等对待，把非公有制经济从"制度外"纳入"制度内"，共同视为社会主义市

---

① 王国庆. 品牌概念战—中国式营销 [M]. 南京：南京大学出版社，2007：46.
② 卢泰宏. "名牌"一词使用中的缺陷与问题 [J]. 品牌研究，2016（01）：4-5.

场经济的组成部分。① 此外国企改革也为民企提供了扩张对象和扩张空间，国企抓大放小的方式就是将一部分公有制企业卖给私营业主。私营企业户数从1992年的14万家增长到2001年的202.8万家，增长效果十分显著。民企品牌在这一时期迅速占据了消费品领域的主导地位，塑造了大量的知名品牌。部分民营品牌与依靠OEM的方式完成了原始积累，为品牌的打造奠定了基础，还将产品通过代工输出到国外，开启了品牌国际化的初步尝试。

与民营品牌的快速发展相比，国有企业则陷入了极大的经营困境，这种困境直到20世纪末才得到解决。1992年十四大提出了建立社会主义市场经济体制，1993年十四届三中全会提出了建立现代企业制度。然而，面对社会主义市场经济管理体制的初步形成，长期依附于旧体制的国有企业却一时难以适应，出现了严重的经营困难。许多当时的报道用"濒死"一词来描绘国企的惨淡面相。当时的政府早已不谈盈利问题，也不谈解决亏损的问题，而是谈"降低亏损比例的增长速度"。1995年，国有企业的亏损面超过了40%；资不抵债的企业实际上已经超过49%。也就是说在大约两个国有企业中，就有一个是资不抵债的。到1996年底，情况进一步恶化，我国32.2万户预算内的国有企业负债率为71%，给银行造成了1万多亿的不良资产，冗员在3000万以上；1997年第一季度，国企盈亏相抵利润为负，头两个季度，45%的国企明亏，30%的国企暗亏。② 针对这种严峻情况，政府通过抓大放小、国进民退、战略性兼并重组、政策性破产、下岗分流、三年脱困等一系列措施才让国企在世纪之交走出了困境，并为下一阶段的企业发展打下了良好的基础。到2000年底，1997年亏损的6599户国有及国有控股大中型企业，已减少70%以上；2000年国有及国有控股工业企业实现利润2392亿元，为1997年的2.9倍。国企改革与脱困目标基本达成。③ 国企品牌的发展总体上的孱弱与民企品牌的整体上快速进步形成了鲜明的对比。这一时期国企在品牌上总体乏善可陈，但是对于CI的重视和运用可以说是一个亮点所在。

（五）品牌新生力量的入局：九二派创业与互联网品牌的兴起

90年代的中国品牌有两股比较显眼的力量加入，一股是九二派的创业品牌

---

① 徐业滨. 对我国非公有制经济发展历程的思考［J］. 商业研究，2006（08）：43.
② 彭森，陈立. 中国经济体制改革重大事件（下）［M］. 北京：中国人民大学出版社，2008：515–516+57.
③ 李金磊. 国企改革30余年历程回顾 顶层设计出台开启新篇［EB/OL］. 中国新闻网，2015–09–13.

（如表3.5），另一股则是世纪之交的互联网品牌的诞生与加入。1992年，受邓小平南方谈话和经济改革推进的影响，一大批在政府机构、科研院所、高等学校工作的体制内官员或知识分子纷纷下海创业，形成一股商业浪潮。[1] 据《中华工商时报》的统计，1992年这一年全国至少有10万名党政干部"下海"经商。[2] 他们同20世纪70年代末和80年代初涌现的那些企业家（鲁冠球、刘永好、张瑞敏等）并不太一样，第一代企业家大多成长于体制外，有胆量、敢拼搏，但他们缺少专业训练。而"九二派"则不同，他们有专业知识，有开阔的眼界和济世情怀；他们先在体制内成长，再从体制内转向体制外，既了解体制内的经济运行，又懂得体制外的种种人情世故；他们善于借鉴发达国家的成熟经验，并把他们引入中国市场的空白领域，成为某个行业开拓的领先者。[3]

表3.5 部分九二派创业情况

企业家	创立的企业品牌	创立时间	下海之前的身份
陈东升	嘉德拍卖	1993	1988年到1993年一直在国务院发展研究中心《管理世界》杂志任常务副总编
	泰康人寿	1996	
田源	中国国际期货经纪有限公司	1992	1992.01—1992.12 国家物资部对外经济合作司司长
毛振华	中国诚信证券评估有限公司	1992	中南海的国务院政策研究室
郭凡生	慧聪公关信息咨询公司	1992	国家体改委干部
冯仑	万通实业股份有限公司	1991	国家干部
王功权	万通实业股份有限公司	1991	中共吉林省委宣传部企业宣传处，1988年辞去公职
潘石屹	万通实业股份有限公司	1991	河北廊坊石油部管道局经济改革研究室，1987年辞去公职

---

[1] 厉以宁. 谁是"九二派"[J]. 中国经济周刊, 2012 (27)：77.
[2] 叶雷. 反刍"九二派"企业家——读《九二派："新士大夫"企业家的商道和理想》[J]. 现代国企研究, 2012 (08)：92.
[3] "九二派"：士大夫的理性选择 [J]. 董事会, 2012 (08)：108.

续表

企业家	创立的企业品牌	创立时间	下海之前的身份
易小迪	万通实业股份有限公司	1991	体改所
俞敏洪	新东方学校	1993	北大英语系教师，1991年从北大辞职
武克刚	香港通恒（国际）投资集团	1992	深圳蛇口工业区常务副区长
朱新礼	汇源果汁	1992	副县长热门人选，沂源县外经委副主任
胡葆森	建业地产	1992	河南省外经贸委
苗鸿冰	白领服装	1993	石油系统从事党团工作的国家干部
黄怒波	中坤投资集团	1995	中宣部党委委员、干部局处长

（本书整理）

互联网与中国的情缘始于1987年。1987年正式建成中国第一个国际互联网电子邮件节点并发出了中国第一封电子邮件："Across the Great Wall we can reach every corner in the world.（越过长城，走向世界）"，1994年64K国际专线开通。1997年11月，中国互联网络信息中心（CNNIC）首次发布《中国互联网络发展状况统计报告》，指出截至1997年10月31日，中国共有上网计算机29.9万台，上网用户数62万[1]。至2001年1月，CNNIC发布的第七次中国互联网络发展状况调查统计报告显示我国有上网计算机数892万台，上网人数约2250万人。[2] 三年间，我国上网人数翻了36倍多，计算机数翻了近30倍。1995年互联网瀛海威创立，其"中国人离信息高速公路有多远——向北1500米"的户外广告牌令人记忆犹新。在此后的世纪之交中国的互联网企业才真正进入到中国品牌的阵营。大批海归和互联网的弄潮儿创立了在当前中国依然十分具有影响力的互联网企业。这些企业包含门户、社交、搜索、游戏等各个热门的互联网领域（如表3.6）。

---

[1] CNNIC. 第一次中国互联网络发展状况统计报告. 1997年11月.
[2] CNNIC. 第七次中国互联网络发展状况统计报告. 2001年1月.

表 3.6 部分知名互联网品牌创立一览表

创始人	公司	创立时间
丁磊	网易	1997 年 6 月
张朝阳	搜狐	1998 年 2 月 25 日
刘强东	京东	1998 年 6 月 18 日
马化腾	腾讯	1998 年 11 月
王志东	新浪	1998 年 12 月 1 日
梁建章等	携程	1999 年 5 月
甄荣辉	前程无忧网	1999 年
唐越等	艺龙	1999 年 5 月
马云	阿里巴巴	1999 年 9 月
陈天桥	盛大网络	1999 年 11 月
李国庆、俞渝	当当网	1999 年 11 月
李彦宏	百度	2000 年 1 月 1 日

（本书整理）

四、繁荣发展期（2001—2013 年）

2001 年，中国正式加入世贸组织，开始真正深度融入全球经济脉络。我国经济体制改革也在进一步深化，2002 年十六大报告指出"坚持社会主义市场经济的改革方向，使市场在国家宏观调控下对资源配置起基础性作用"，2007 年十七大报告继续强调，"从制度上更好发挥市场在资源配置中的基础性作用"。2012 年十八大报告强调"更大程度更广范围发挥市场在资源配置中的基础性作用"。随着经济体制改革的不断深化，经济的发展也不断实现新的突破。数据显示，2000 年我国的国民总收入超过十万亿元，超过意大利成为世界第六大经济体。2008 年金融危机中中国经济依然保持了良好的增长，到 2010 年，我国国内生产总值破四十亿大关，达到 413030.3 亿元，与 2001 年相比翻了近四倍。中国经济总量排名也从 2000 年的世界第六位上升到 2010 年的第二位。2013 年我国的 GDP 继续增加，达到了 59.2 万亿，与 2001 年相比翻了近 6 倍。中国也在 2010 年成为世界第一的制造大国，中国制造和世界工厂闻名全球。这一时期也是传统媒体发展的黄金年代,央视为代表的传统媒体为品牌打造提供了有效支撑。在这一时期广告业自身也迎来了大发展,广告经营额从2001年的749.9亿元上升到2013年的5019.8亿元。无论是国际广告公司还是本土广告公司均获得了良好的增长。这一时期消费者的主权意识和品牌意识走向成熟,消费结构持续改善,汽车、住房消费不断升温,通讯和消费类电子迅速发展,旅游、体育、互联网等消费掀起热潮。在此背景下,中国品牌迎来了自身发展的黄金时期,各行各业在激烈竞争的同时又形成了共荣共生、繁荣发展的局面。加入世贸组织之前,人们认为在市场开放的情况下中国品牌会节节败退,但是事实却让人们大跌眼镜。事实上,早在21世纪初期就有西方学者注意到了"中国品牌复兴"现象。[1]

(一) 央企为代表的国企品牌的迅速崛起与民营品牌的繁荣发展

这一时期,品牌成长的一个最大亮点就是国企品牌的发展,尤其是央企品牌的迅速崛起。[2] 经过九十年代的一系列改革措施,中国的国有企业在以一个崭新的姿态进入了新世纪。进入新世纪以后,随着国资委的成立、国企股份制改革上市以及央企的不断缩编,国企中形成一批关系国计民生的大型企业,实力明显增强,经营情况显著好转。国资委成立三年以来,中央直属企业(简称"央企")的主营业务收入增长78.8%,年均递增21.4%,利润增长140%,年均递增33.8%。[3] 截至2013年底,113家中央企业资产总额达到35万亿元,比上年增长11.7%,其中,资产总额超过千亿元的企业已有68家。[4] 可以说,央企在数量减少的情况下成功朝着做优做强方向迈出了一大步。央企品牌也成功实现了自身发展的一大步。

首先,在全球的各大品牌价值排行榜单中,央企短短十几年内迅速成为其中一员,并且数量逐年增加。以世界品牌实验室的2013年世界品牌500强榜单为例,央企品牌在其中占据了中国品牌上榜数的六成以上,有16家央企上榜,

---

[1] EWING M, NAPOLI J, PITT L, et al. On the renaissance of Chinese brands [J]. International journal of Advertising, 2002 (2): 197-216.
[2] 关于国企品牌的发展,具体可参见:张驰,黄升民. 国有企业品牌70年——历史演进与未来展望[J]. 新闻与传播评论, 2020 (01): 62-75.
[3] 吴晓波. 激荡三十年——中国企业1978—2008 (下) [M]. 北京:中信出版社,杭州:浙江人民出版社, 2008: 279.
[4] 李楠桦,王静. 央企资产总额35万亿增11.7% 超千亿元企业68家 [EB/OL]. 人民网, 2014-07-28.

而在 2005 年该机构首次发布 500 强榜单的时候，央企品牌无一上榜①。其次，央企自身的品牌经营实现了很大进展。如中国移动推出的"M-zone"定位，成功开辟了市场；中粮集团旗下食品、饮料拥有福临门、优悦等多个知名品牌；中国银行的品牌形象打造。这些实力雄厚的央企还参加央企黄金广告资源的招标，积极赞助奥运会、世博会等，对于品牌营销十分重视。

此外，民营品牌持续繁荣发展，成为我国经济和品牌发展最为强劲的动力源。2002 年，党的十六大报告第一次明确提出"必须毫不动摇地鼓励、支持和引导非公有制经济共同发展"，2005 年国务院推出"非公三十六条"，2010 年推出"新非公三十六条"等政策，私营经济的发展得到政策的鼓励和引导。数据显示，截至 2013 年底，中国登记注册的私营企业达到 1253.9 万户，中国私营企业注册资金 39.3 万亿元，户均注册资金达 313.5 万元。民营经济贡献的 GDP 总量超过 60%。据统计，全国至少有 19 个省级行政区的贡献超过 50%，其中广东省超过了 80%。②民企品牌也在品牌建设上大放异彩，在九十年代的优势消费品领域继续保持良好的发展势头。在服装、消费类电子、家电、房地产、食品饮料、日化用品等领域涌现出了一批本土民企知名品牌，成为中国本土市场品牌的中坚力量。但如果与国企品牌实力的快速增长相比，民企品牌的发展却有相对下降的态势。2000 年之前，中国经济中民企所占比重更大；2000 年以后，民企的比重减少。很多"转制"不成功的知名民企品牌沦为二流品牌。例如，广东科龙、健力宝在 2000 年之后的产权改革中，创业团队与地方政府关系处理欠妥，导致两个品牌的影响被严重削弱，科龙于 2005 年被海信收购，健力宝多次易主，元气大伤。③

（二）走出代工与贴牌，企业自主品牌建设蔚然成风

进入新世纪以后，政府越来越强调自主品牌建设的问题。2002 年党的十六大报告明确提出关于"形成一批有实力的跨国企业和著名品牌"的总体要求；2003 年十六届三中全会提出"鼓励国内企业充分利用扩大开放的有利时机，增强开拓市场、技术创新和培育自主品牌的能力；"2005 年十一五规划提出"形成一批拥有自主知识产权和知名品牌、国际竞争力较强的优势企业"；2007 年十

---

① 根据世界品牌实验室公布的榜单整理计算得出。
② 翟思维. 2013 年我国民营经济贡献 GDP 总量超过 60% [EB/OL]. 中国青年网，2014-02-28.
③ 王海忠. 中国品牌演进阶段的划分及其公共政策启示 [J]. 中山大学学报（社会科学版），2015（04）：177.

七大报告提出"加快培育我国的跨国公司和国际知名品牌";2010年十二五规划提出要"推动自主品牌建设,提升品牌价值和效应,加快发展拥有国际知名品牌和国际竞争力的大型企业"。高层的重视及相关政策的出台刺激了中国企业进一步自创品牌。改革之初,中国部分企业开始通过"三来一补"等OEM(贴牌代工)代加工的方式逐步完成了自身的原始积累,经过九十年代的成熟发展,中国制造蜚声海内外,中国成为世界工厂。然而,中国代加工为主的方式导致中国企业长期处在"微笑曲线"的两端之外,微薄的加工费和外资强大的品牌溢价对中国企业形成了巨大的触动,为了能够占据更高的利润并向价值链的中高端转移,中国部分企业开始走出代工,开启了以ODM(原始设计制造商)、OBM(原始品牌制造商)等方式的自主品牌建设之路,并在服装服饰、家电电子等行业涌现出了安踏、格兰仕等一批中国自主品牌。从OEM到ODM和OBM反应的是中国企业自主创新能力的进步以及为自主品牌建设所付出的努力。

(三)中国企业品牌国际化取得初步成效

中国品牌经过上一阶段的国际化试水之后,随着自身业务的需要开始走向全球,这一阶段国际化呈现出全面展开的趋势。

首先,国际化传播从试水走向深化。中国企业除了在运用海外媒体做广告传播之外,也更加注重借助国际重大事件进行营销。如2004年雅典奥运会期间,联想邀请了近百名客户到现场观看比赛,2008年北京奥运会更是本土品牌云集,成为中国品牌集中对外展示的一次盛会,2010年南非世界杯上,中国英利大放异彩。

其次,中国本土企业频频并购国外知名品牌。到2002年底,海尔在菲律宾、伊朗、美国等地建立了13家工厂,海外营业额达到了10亿美元。2003年8月20日,海尔集团在日本最繁华的商业街东京银座点亮灯箱广告,成为第一个在银座竖立广告牌的中国企业。[①] 联想迈向国际化是从改变品牌识别形象开始的,当时很多企业为了品牌国际化和品牌升级,换标甚至成为"标准动作"。2003年,联想集团正式对外宣布启用集团新标识"Lenovo",用"Lenovo"代替原有沿用许久的英文标识"Legend",并在全球范围内注册。2004年12月8日,联想集团以12.5亿美元全面收购IBM全球个人电脑和笔记本的所有业务。2002年TCL开展国际大并购,首先用820万美元购买了德国老牌电器制造商施耐德

[①] 赵寰.中国企业品牌国际化的传播历程及发展路径探析[J].渤海大学学报(哲学社会科学版),2015(02):135.

公司，成功把自己的品牌打入欧洲市场。接着在2003年11月与汤姆逊电子共同出资五亿六千万美元，成立了合资公司 TCL—Thomson Electronics（TTE）。在2004年10月，TCL通信公司和阿尔卡特公司共同出资，创立了生产销售手机终端产品的合资公司 TAMP（TCL and Alcatel Mobile phones Limited）。2010年8月2日，吉利完成对沃尔沃的全资收购。此外还有大量的央企品牌在全球各地进行收购，品牌国际化之路不断深入。

（四）以大媒体+大事件为支点的整合营销传播成为利器，网络营销兴起

进入新世纪以后，传统媒体也迎来了自身的辉煌年代。中国品牌依靠大的媒体平台和大的事件营销迅速崛起。首先，央视标王的中标额节节攀升。2001年娃哈哈0.22亿元中标，2013年剑南春6.08亿元中标。央视的品牌传播力量得到了大量企业的认可。许多中国企业从默默无闻到知名品牌无不是经过了央视的广泛传播。往往企业在央视进行巨额投入，聘请一位代言人就可以完成品牌自身的塑造。"大投入+大媒体"是很多中国品牌成功的秘诀。除了央视以外，一些顶级卫视也称为造牌平台，当年蒙牛依靠湖南卫视超级女声迅速实现销售上的突破证明了顶尖卫视对于品牌的塑造能力。此外，其他电视、广播和报纸也成为各大企业品牌传播的重点渠道。

随着整合营销传播理论传入国内，以及客观上媒体环境、消费者环境以及竞争环境的变化，中国品牌的传播一方面形成了以央视为代表的大媒体传播的造牌模式，另一方面又开始注意各个媒体之间、各种传播活动之间的配合以及整合。① 整合传播的理念在这一时期得到了大范围的传播和接受。对作为企业品牌传播活动主要执行方的广告和公关代理公司的调查也证明了这一点。2004年，83%的广告公司和70%的公关公司为客户提供IMC服务。② 到了2008年，IMC已经成为大势所趋。2009—2010年的一项调查显示，73.9%的被访者认为他们在全部或者大部分的产品和服务中使用了IMC。③

---

① 杜国清，郑苏晖，邵华冬. 实用主义的内外：广告主媒介策略全考察［J］. 市场观察，2003（02）：18－25.
② KITCHEN P, TAO L. Perceptions of integrated marketing communications: a Chinese ad and PR agency perspective［J］. International Journal of Advertising, 2005（1）: 61.
③ 参见：初广志. 整合营销传播的本土化研究——中国企业营销传播管理者的视角［J］. 现代传播，2010（12）：84－91；初广志. 整合营销传播在中国的研究与实践［J］. 国际新闻界，2010（03）：108－112.

互联网在这一时期的发展也为品牌传播提供了新的阵地。根据中国互联网信息的数据统计,截至2002年1月,中国互联网网民数已经达到了3370万人,到2013年12月,这个数字已经达到了6.18亿,手机网民数达到了5亿。互联网的发展开辟了品牌传播的新渠道,2009年微博内测,2011年微信上线,移动互联网的发展更是开始渗透到人们生活的方方面面。依靠其互动性、精准性等特点,品牌越来越重视对于互联网媒体的投入。据艾瑞咨询数据显示,2001年中国网络广告的市场规模为4.6亿元,2007年,中国网络广告市场规模首次突破100亿元,达到了106亿元。2009年,网络广告市场规模突破200亿元,2013年,中国网络广告市场规模突破1000亿,达到了1100亿元。

(五)本土品牌危机事件频发和社会责任意识的觉醒

由于互联网的兴起以及消费者主权意识的觉醒等原因,中国品牌在步入新世纪之后品牌危机事件开始频繁爆发了出来。格力、海南航空、光明、腾讯、中石油、华为、万科、平安保险、美的、农夫山泉等知名企业均在这一时期爆发出前所未有的品牌危机事件,危机事件遍布各行各业。

但进入21世纪以后,中国品牌逐渐走向成熟。其中很重要的一个表现就是企业社会责任意识的觉醒和成熟。新世纪以后,我国品牌越来越意识到企业不仅是经济组织,也是社会成员,需要承担一定的社会责任,要对环境、公平、贫困、疾病等人类面临的共同问题做出应有的贡献。如海尔建设的海尔小学,农夫山泉的助学行动等均反映了这种变化。越来越多的企业开始通过制度层面的安排来体现社会责任上的强化,如编制和发布社会责任报告(如表3.7)。2008年可以说是中国企业社会责任意识走向成熟的一个具有转折性意义的年份,2008年以后,企业发布社会责任报告的数量激增,一方面反映了上市公司的增多,另一方面也反映了品牌对于社会责任的普遍接受和践行。2008年汶川大地震,中国品牌纷纷出力,据不完全统计,在灾情发生后的24小时内,企业和企业家捐款总额便已超过1.4亿元。这些企业和企业家在积极抗震救灾的同时,企业的品牌形象和个人的社会形象也得到了提升。

表 3.7 2001—2013 年中国企业社会责任报告数量年度统计①

年份	社会责任报告数量
2001	1
2002	2
2003	3
2004	6
2005	13
2006	32
2007	96
2008	169
2009	627
2010	710
2011	771
2012	1006
2013	1231

（本书整理）

五、转型突破期（2013 至今）

2013 年，国际经济依然没有完全从金融危机中复苏。中国经济在高速发展 30 多年以后积累了很多结构性的问题，急需变革。新一届政府班子上台之后，对于经济中的顽疾问题开始着手治理。2014 年习近平同志在河南考察时提出了"新常态"。李克强在 2015 年全国两会上做《政府工作报告》时首次提出"中国制造 2025"的制造业转型升级计划。2015 年 11 月 10 日，习近平同志在讲话中首次提出"供给侧改革"。十九大报告提出了我国主要矛盾的转变以及经济发展阶段的转变，指出中国特色社会主义进入了新时代，这是我国经济发展新的历史方位。面对百年变局和新冠疫情，中央提出了构建双循环新发展格局的经济着力点，一系列的重大政策表明我国经济的发展处在了关键的战略转型期，关键词是结构调整和转型升级。

---

① 展鹏. 解读《白皮书》：2014 年企业社会责任报告八大发现［EB/OL］. 新华网，2015 – 01 – 15.

中国经济自2013年以来增速逐年下滑，但依然维持了比较平稳的增长水平，2013—2020年国内生产总值从54万亿元增加至百万亿元，占世界经济的比重预计超过17%。① 世界对中国的依赖程度不断上升，相关报告显示，2000—2017年，世界对中国经济的综合依存度指数从0.4逐步增长到1.2（同年中国对世界经济的依存度是0.6）②。这一阶段，由于投资和出口的动力减弱，消费对于经济的压舱石作用越来越明显，消费主力进入了代际更替的阶段。随着Z世代、互联网一代的消费者日益成为消费主力，个性化、多样化消费逐渐成为主流消费特点。媒体业和广告业进入了大转折与大融合时期，传统媒体艰难转型，互联网媒体发展迅速但也存在诸多问题，政府监管力度加强。广告公司的生存模式遭遇挑战，新的模式尚未成型。以大数据、云计算、人工智能为代表的互联网技术对于社会发展的影响日益深刻。正是这些背景下，中国品牌也进入了新的发展阶段。

（一）中国品牌实力进一步增强，迎来数字化、高端化和年轻化三大转型

2013年以来，中国品牌实力得到进一步增强。据BrandFinance的数据显示，2021年中国品牌价值总额占比达20.82%，仅次于美国，入选的品牌数量达84个，13个品牌进入排行榜前三十，2个进入前十，较2013年进步明显，BrandZ等权威品牌测评机构的榜单也显示了类似的趋势。大品牌以大企业和大国为背书。品牌持续发展的背后是我国经济和企业的发展，尤其是2020年中国经济实现难得的正增长，总量突破百万亿元，同时在2020年财富500强榜单中，中国大陆入选企业数量达124家，首次超过美国（121家），2021年企业数量进一步增加至135家。另据日本经济新闻社实施的2020年"主要商品与服务份额调查"显示，在70个品类中，中国企业有17个品类排在首位（美国是24个），较2009年的12个显著增加。并且中国企业在其中12个品类上掌握三成以上份额。③ 此外，国企品牌和民企品牌之间的发展更为均衡，如在中国企业联合会2020年中国企业500强榜单中，国企和民企的入选数量相差已经缩小至30个。

---

① 何欣. 数说两会 | 中国经济发展里程碑，百万亿元来之不易 [EB/OL]. 中国新闻网，2021-03-06.
② 麦肯锡. 中国与世界：理解变化中的经济联系 [EB/OL]. 互联网数据资讯网，2019-07-08.
③ 刘春燕. 日媒：全球市场份额居首的中企明显增加 [N]. 新华每日电讯，2021-08-23 (006).

在 Brandfiance 品牌价值 500 强榜单中，2020 年属于国企的品牌占 45.1%。①

宏观经济的转型升级和结构调整要求作为微观经济主体的企业同样进行转型升级和结构调整，企业品牌转型升级和结构调整也成为应然之举。总的来看，中国品牌在这一阶段正在经历着三大转型。

第一，数字化转型。Gartner 预测，到 2020 年，大部分公司 75% 的业务将会是数字化的，或正走在数字化转型的路上。② 中国品牌的数字化转型主要是指围绕着数字化的消费者，全面朝着数字化的方向变革自身品牌运营的各个层面，包括企业生产的数字化，可以满足大规模个性化定制的需要；包括企业销售的数字化，可以在线上提供一致体验的购买渠道；包括企业营销传播的数字化，能够依据消费者数据库进行画像及进行针对性的传播、沟通和互动，创建、维系并增强数字时代的品牌—消费者关系；包括企业生产研发的数字化，生产和研发的各个换件实现数字化管控并能够不断吸取消费者意见进行迭代；数字化的商业模式，企业能够把握数字红利开发出新的市场空间或转变业务模式；数字化的运营模式，培育数字时代的品牌运营。苏宁电器通过数字化转型成为苏宁云商，海尔内部的互联网化转型等都是品牌数字化转型的尝试。

第二，高端化转型。中国品牌在世界上长期被认为是低端廉价的，这极大地制约了中国品牌的未来发展。在经过三十多年的发展以后，中国品牌依靠着技术创新、收购国外高端或高技术品牌、打造高端品牌等方式进行着自身的高端化转型。但这里需要明确的是，自主品牌高端化是相对而言的，某些时候中国本土品牌能够实现与国际一、二线常规品牌对标，并能够摆脱过去低端的形象，已经达到了"高端化"的目的。中国中车的高铁技术领先全球，复兴号的问世是中国高铁技术的集大成者，成为中国品牌的一张名片，当下中国已经成为世界第二大研发支出国；海尔收购 GE 家电，美的收购东芝白电和库卡机器人，格兰仕收购惠而浦等案例表明中国企业正在通过更大力度的并购、收购提高自身技术并进军高端市场打造高端品牌；中国企业还在推出自有高端化品牌，如汽车行业正在努力品牌向上，如吉利汽车推出领克，长城汽车推出 WEY 品牌、奇瑞汽车推出 EXEED（星途）等反映了中国汽车行业不断探索品牌高端化的尝试，一汽集团的红旗轿车品牌高端化可圈可点。在换道超车的新能源汽车

---

① China Power Team. How Dominant are Chinese Companies Globally？[EB/OL]. Center for Strategic and International Studies website, 2020 - 06 - 19.
② 王兴山. 数字化转型中的企业进化逻辑 [J]. 中国总会计师, 2017 (12): 15.

方面，蔚来、理想等品牌在高端领域获得一席之地。

第三，年轻化转型。所谓的年轻化转型是一个相对的概念，更多的表达的是中国品牌摆脱老化的品牌形象以期能够满足当下消费者需求的一种尝试，借以与不断变化的消费者保持同时代、维持品牌常青。随着年轻一代和互联网一代的消费者登上消费大舞台①，围绕年轻人的需求打造品牌才能够抓住发展的机会。品牌的年轻化包括产品定位、包装、传播、销售渠道等多个维度的年轻化。中国品牌在经历改革开放四十余年左右的发展以后，部分品牌老化的问题凸显。为了激活品牌资产，年轻化转型成为众多品牌的选择。六神、百雀羚、娃哈哈、汇源、李宁、匹克、统一、雕牌、海澜之家、老板电器等各行各业的品牌都在进行年轻化的尝试。

（二）品牌传播迎来大变革、大融合与大转折

品牌的打造离不开传播。这一时期随着消费者媒体接触行为的变化，媒体和广告业在适应变化的过程中剧烈转型。品牌传播作为品牌主、媒体和营销传播服务机构三方合作的结果同样迎来了大转折和大变革时期。这种大转折和大变革主要体现在以下几个方面。

第一，企业品牌传播的媒体运用从传统媒体一家独大走向数字媒体与传统媒体共生的状态。2013年起央视不再公布标王中标额，以央视为代表的传统媒体的品牌营销价值受到了舆论和企业的普遍质疑，以2013年为转折点，传统媒体广告市场出现了增速下滑，甚至出现了负增长。与此相比，数字媒体在移动时代却迎来品牌的青睐，品牌对数字媒体的广告投入不断增加（如表3.8）。但是品牌也在媒体投放调整的过程中变得更加理性，对于媒体价值的认识更为客观。在经历了几年的动荡之后，媒体广告市场走向平衡。

---

① 麦肯锡经过2019年5月到7月间对中国44座城市的5,400名居民进行调研，公布对中国2017年和2018年双年度消费的调查结果显示，仅占中国人口四分之一的中国"年轻的自由消费者们"，支持国民消费增长占比达到60%。参见：麦肯锡《2020中国消费者调查报告：中国消费者多样化"脸谱"》。

表 3.8 2013—2020 年各媒体广告增长情况①

年份	传统媒体广告市场同比增幅（%）	互联网广告市场同比增幅（%）
2013	6.7	36.8
2014	-2.0	56.5
2015	-7.2	36.5
2016	-6.0	19.5
2017	0.2	17.9
2018	-1.5	16.6
2019	-7.4	14.9
2020	-11.6	13.85

（数据来源：CTR 媒介智讯、易观智库、中关村互联网营销实验室）

第二，品牌传播的方式从硬性单向的广告宣传走向软性互动的内容化和场景化传播。过去企业品牌传播的模式相对简单，无数的企业依靠大的媒体广告投入和广告片取得品牌的成功。进入移动互联网时代以后，消费者增权时代到来，消费者拥有更多的积极性和主动性，更加注重体验感。单纯的硬广宣传已经不像过去那么有效，与消费者变化相适应的相对软性的互动化、内容化和场景化的广告传播更能够获得消费者的青睐。2017 年有 90% 的广告主认可"内容营销将会更多地被运用在营销中"。反映在品牌传播媒体上的变化即媒体收入来源硬广的下滑和植入/软性广告收入的上升。从 2014 年到 2017 年，硬广占媒体广告收入的比重从 63.5% 逐年下滑到 54%，而植入/软性广告的收入从 16.9% 逐年上升到 22.9%。②

第三，品牌传播的营销服务机构的主体——广告公司原有的业务模式和方法论开始失灵。由于媒体环境、技术环境、消费者环境以及企业营销需求的变化，广告公司自身的业务逻辑也遭受到了极大的冲击，面临着方法论和业务模式的重构。当下广告界人才不断流失、咨询业不断进军广告业，广告公司内部分化加剧，小而美的创意机构不断萌生，数据和技术驱动的广告服务机构兴起，

---

① 2019 年开始，CTR 不再公布传统媒体广告市场同比增幅，因此用总体广告市场增幅替代。2020 年互联网增长数据采用中关村互联网营销实验室的数据，其余为易观智库的数据。

② 数据来源：中国传媒大学广告学院广告主研究所。

大型4A机构广受诟病其实反映的都是广告业内部的动荡与变革。广告公司整体上的经营出现较大压力也是这种变革阵痛的表现。

第四，品牌传播的效果评估从过去的相对单一走向更加全面实时的品效合一。此前，对于品牌传播的效果评估主要参照媒体方面的收视率数据和线下的销售数据，这两种数据过去较为单纯并且是无法打通和联动的。互联网时代，媒体碎片化，数量激增，传播和销售通过线上电商平台能够实现即时性的联动，传播即销售成为可能。这时候品牌传播的效果不仅仅是相对割裂、模糊的考察媒体的收视率以及线下相对滞后的销售指标，而且是即时的、联动的、多维的多媒体效果评估指标和销售指标。不仅要求品牌方面的效果，更要求与销售之间的联动，技术的进步赋予了品牌传播效果的可能性。品牌传播越来越要求品效合一。相关数据显示，2017年广告主"希望通过广告活动达到的主要目的"中，选择"提升品牌知名度"和"促进品牌销售的比例"分别为64.9%与67.3%，远超其他选项。[①] 然而，品效合一的背后是企业对于即时销售的追逐，背后存在忽视品牌长远建设的思维倾向，需要谨慎对待。

第五，线下场景的价值在品牌传播中得到重新认识。此前由于线上互联网传播的火热，很多企业逐渐将品牌传播的重心转移到了互联网上，强调对于流量的争夺，而忽视了线下场景的价值。在经过几年的摸索之后，当下企业对于下线下场景的价值进入了一个重新认知和再平衡的阶段。一个不能否认的现实是，超过三分之二的消费依然发生在线下渠道。电梯广告、地铁广告等户外广告的亮眼增长、形形色色的线下快闪店活动、电商企业不断开辟线下销售渠道以及强调数据驱动的新零售，均在表明企业对于线下价值的重新认知。比起过往传统、老套的线下品牌传播手段，当下企业结合数据、技术和互联网，融入不同场景要素的线下品牌传播得到了质的蜕变。

（三）中国品牌全球化的进一步深化和调整

随着中国国际地位的不断提高，在一带一路倡议和企业自身内在发展需求的背景下，全球化日益成为这一时期中国品牌的主要课题。在当前世界贸易保护主义、单边主义、民粹主义抬头，逆全球化成为全球化总体趋势中的阶段性特点的历史时期，中国企业品牌坚持自己走出去的道路，不断开拓加码国际化，开拓全球市场。根据商务部等部门公布的数据显示，2013年中国对外直接投资

---

① 崔保国.中国传媒产业发展报告（2018）[M].北京：社会科学文献出版社，2018：203.

净额首次突破1000亿美元，达到了1078.4亿美元，2019年达到了1369.1亿元，中国在全球外国直接投资中的影响力不断增强，流量占全球比重连续4年超过一成，2019年占10.4%。①

具体来看，中国品牌全球化在这一时期有以下几个特点。第一，中国品牌在这一时期频繁收购国外品牌来达到国际化的目的（如表3.9），当然也引起了一些争论，政府也对此加强了监管。第二，中国品牌全球化的产业布局更加合理。在产业布局上开始逐渐摆脱过去单一的以能源、化工等行业为主的品牌投资布局，开始逐步走向多元化。数据显示，2011—2015年中国矿产和能源行业在并购中的占比从47%下降到10.5%。② 第三，中国品牌走出去的过程中更加注重防范风险，采取抱团出海的方式越来越多。以高铁为例，基础设施建设企业、装备制造企业和运维服务企业按照项目实际需要先后走出去，最终实现了全产业链的走出去。③ 第四，中国品牌中诞生了新一批极具国际化基因和国际化视野的品牌。如大疆、一加等。第五，中国品牌的国际化传播越来越成熟和得心应手，某些企业在国际主流市场上取得了极大的成功。如华为手机在欧洲的传播和销售成绩和海信的欧洲杯营销。2018年世界杯期间，中国企业的世界杯广告费用投入高达8.35亿美元，占各国企业总投入的近35%，高于美国的4亿美元④，居全球第一。第六，中国品牌的国际化能力还亟待提升。

首先，从中国品牌的品牌形象和购买意向上看，相关连续性调查数据显示，中国品牌在发达市场的品牌认知度和购买意向分别从2018年的14.9%和8%提升至2021年的19.8%和9.4%。⑤ 虽然有所改善，但是总体认知度和购买意向依旧不高。

其次，从品牌国际化经营上看也存在不小的进步空间。典型的表现是国际市场的营收占比不高，可以从三组数据中略窥一二。品牌金融数据显示，2019

---

① 商务部对外投资和经济合作司. 商务部等部门联合发布《2019年度中国对外直接投资统计公报》[EB/OL]. 商务部网站，2020-09-16.
② 安永. 中国海外投资展望2016：勇拓海外，制造大国的全球梦[EB/OL]. 安永官网，2016-05-10.
③ 王辉耀，苗绿. 中国企业全球化报告（2017）[M]. 北京：社会科学文献出版社，2017：27.
④ 陈红霞. 中国企业组团"出征"俄罗斯世界杯，借助国际顶级赛事推动品牌全球化[EB/OL]. 21世纪经济报道数字报，2018-06-14.
⑤ 2021年中国全球化品牌50强榜单发布 联想集团连续5年上榜前五[EB/OL]. 凤凰网，2021-05-10.

年三分之二的中国品牌500强依靠中国市场（含港澳台地区）创造了其品牌总价值的95%，大部分中国品牌从海外市场获得的品牌价值不到总价值的10%；财富杂志榜单的数据显示，2018年入选中国企业其主要收入依旧来自国内市场，海外营收仅占18%，远低于美国标准普尔500企业的平均比例的44%；据中国企业联合会和中国企业家协会编制的《2020年中国500强企业发展报告》数据显示，2020年，中国100大跨国企业海外收入占比平均值是21.27%，而世界100大跨国企业的占比平均值是59.96%，相差近3倍。在海外员工占比、海外资产占比上的差距更大。在Interbrand全球品牌百强榜单上中国长期只有一两家（华为和联想）品牌入选，其主要原因在于该榜单对海外市场营收的占比要达到30%。

表3.9 2013—2020年部分中国品牌收购或入股国际品牌的案例①

年份	收购事件
2013	中石油斥资约255亿人民币（42亿美元），收购了意大利石油集团埃尼20%的权益，标志着中石油进军东非走出了第一步
	国家电网约364.8亿人民币（60亿美元）收购澳大利亚Jemena公司60%的股权和澳洲网络19.1%的股份
	双汇国际以约432亿元人民币（71亿美元）收购美国史密斯菲尔德
	中石化10.2亿美元收购美国油气资产50%的权益
2014	联想集团以29亿美元向谷歌收购摩托罗拉移动业务
	中粮完成最大规模国际粮油并购，收购了荷兰农产品及大宗商品贸易集团和尼德拉来宝农业有限公司51%的股份

---

① 根据普华永道中国内地企业海外并购统计数据显示，由于政府监管的日趋严格以及疫情的影响等导致2019、2020年中国内地企业并购海外的金额分别同比下滑37%和28%，但2013年以来总的趋势是增加的。本书整理相关案例将两年放在一个部分。参见普华永道发布的《2019年普华永道企业并购市场回顾与2020年展望》以及《2020年中国企业并购市场回顾与前瞻》。

续表

年份	收购事件
2015	中国化工 77 亿美元收购全球知名轮胎生产企业倍耐力
	中国财团 33 亿美元收购飞利浦 Lumileds 照明业务
	海航旗下渤海租赁 25.55 亿美元并购 Avolon 100% 股权成为世界第一大集装箱租赁公司
	万达 11.91 亿美元收购瑞士盈方体育传媒
	工行 7.65 亿美元收购南非标准银行公众有限公司 60% 股权
	紫光集团 37.75 亿美元收购全球第二大硬盘生产商西部数据股份,成为第一大股东
2016	万达收购美国传奇影业公司 100% 股权
	海尔 55.8 亿美元并购通用家电
	腾讯 86 亿美元巨款并购 Supercell 公司
	滴滴出行收购优步中国
	美的 282 亿元收购德国机器人制造商库卡,收购东芝白电
2017	中国化工近 440 亿美元并购先正达,成为中国史上最大的海外收购项目,先正达是全球第一大农药、第三大种子农化高科技公司
	万达集团旗下院线美国 AMC 宣布以 9.3 亿美元并购北欧最大院线北欧院线集团
	万科联手财团并购巨头普洛斯
	三元股份宣布联手复星集团下属公司以 6.25 亿欧元共同收购法国健康食品公司 St Hubert
	海信电器 129 亿日元收购东芝电视 95% 的股权
	吉利汽车收购莲花汽车及宝腾汽车
2018	吉利集团收购奔驰母公司戴姆勒集团 9.69% 股份
	联想控股完成对卢森堡国际银行 89.936% 股份的收购
	安踏收购始祖鸟母公司亚玛芬集团（Amer Sports）的全部股份
	森马收购 Kidiliz、JWU 两大品牌
	复星收购 Lanvin、Wolford 布局全球时尚业

续表

年份	收购事件
2019—2020	蚂蚁金服收购英国跨境支付公司 WorldFirst
	腾讯控股牵头财团入股环球音乐 10% 股权
	国家电网收购其持有的智利 CGE 公司 96.04% 股权
	杉杉股份收购 LG 化学偏光片业务 70% 股权
	格兰仕收购惠而浦中国 51.1% 的股权

(本书整理)

(四) 中国品牌在部分核心领域实现技术突破

经过四十余年的科技发展，中国品牌在这一时期开始在部分领域实现了新的突破，包括两层含义。一种突破是西方国家早已实现，但是中国尚未实现的领域，这种突破带有突破国际封锁的意味。航空航天技术，中国实现了探测器登月，其背后离不开中航工业和中航科技两大央企品牌的支持；大飞机的成功试飞，中国商飞有望将来与波音公司和空客公司两大世界性品牌进行竞争，创造一个世界航空工业的中国品牌。再如华为的 5G 技术也达到了国际领先地位。还有一种突破是国际上没有实现而中国品牌实现的新突破，这种突破在国际上也是领先的。中国部分企业商业模式上的创新，移动支付、共享经济发展迅速，规模居于世界第一；中国的高铁技术通过多年的发展已经成为世界第一。技术创新正在改变发达国家消费者对中国品牌的认知，一项调查显示，46% 的美国消费者在 2019 年认为中国品牌在创新性方面表现出色，而在 2017 和 2018 年分别仅为 32% 和 38%。英国消费者更加积极，有 67% 的被调查者认为中国在创新性方面表现出色。[①] 当然需要理性地看待中国品牌在某些领域实现的突破，中兴事件和华为的遭遇再一次给所有中国品牌敲响了警钟，如果没有核心技术、能力不强或存在安全漏洞，品牌就永远无法真正强大起来。

(五) 中外品牌的竞争呈现新特点，国潮涌动

经过多年的发展，中国品牌在本土市场已经开始展现出自身的竞争力，在某些领域不断反制外资品牌。三星、宝洁、欧莱雅、LG 等外资品牌在华遭遇品牌增长困境除了其自身原因以外，还有一个不能忽视的原因就是中国本土品牌

---

① 蓝色光标发布《2019—2020 中国品牌海外传播报告》为企业出海提供助力 [EB/OL]. 中国经济新闻网，2020 – 12 – 19.

对市场的强势挤压。根据凯度消费者指数和贝恩咨询对中国快速消费品市场26个品类的研究显示，2016年以来，本土品牌实现了15%的增长，2018年贡献了中国快速消费品市场76%的增长额，占据70%以上的市场份额。与之相比，外资品牌增长缓慢，2016年以来仅增长了9%，2018年贡献了24%的增长额。①2020年新冠疫情背景下，外资品牌的表现明显逊色于本土品牌，外资品牌的销售额缩水3.1%，对比本土品牌仅下跌0.5%。②阿迪达斯2021年第二季度财报大中华区下滑16%，阿迪达斯CEO卡斯珀·罗斯特德解释道："我们的确看到现在的市场需求，已经偏向中国本土品牌而不是全球品牌"。③

网购市场上，阿里巴巴零售平台消费品16个大类中，2017年中国品牌市场综合占有率超过71%。其中，中国品牌在大家电、家具、家居日用、建筑装潢四个大类占据80%以上的市场份额；在食品、箱包配饰、医药保健等九个大类中占据60%以上的市场份额。④当下部分学者提出的"新国货"运动也从一个侧面反映了本土品牌的攀升。2018年，在贝恩研究的26个品类中，外资品牌虽然回暖，但是依旧占据劣势。这一点与20世纪末和21世纪初的外资占优势的竞争格局是有很大不同的。麦肯锡咨询公司在2018年的一项调查中显示，在2018年的中国前50大快消品牌中，本土品牌的数量已从5年前的20家跃升至30家。前7大手机品牌中，6家是本土品牌。⑤随着民族自信心的进一步提升，消费者对于国产品牌的认知更为积极，在实际购买中越来越倾向于本土品牌。

第三节 关于改革开放以来中国品牌成长的六个基本结论

一、"时空高度浓缩"是中国品牌四十余年超常规发展的重要背景

纵观中国现当代百年的品牌发展史可以发现，中国品牌发展的脉络断断续

---

① 凯度消费者指数，贝恩咨询. 高端化、小品牌和新零售：2019年中国购物者报告，系列一 [EB/OL]. 中国经济网，2019-06-21.
② 凯度消费者指数，贝恩咨询. 2021年中国购物者报告 [EB/OL]. 腾讯新闻，2021-07-27.
③ 刘雪儿. 阿迪达斯在华收入下跌16%，CEO说中国消费者已偏向国货 [EB/OL]. 腾讯财经，2021-08-10.
④ 武志军. 我们的生活美如画 [J]. 中国品牌，2019 (10)：35.
⑤ 麦肯锡. 2019中国经济展望 [EB/OL]. 央广网，2019-01-04.

续，历经波折。新中国成立之前，中国品牌虽然有过一段发展的黄金时期，诞生了诸如百雀羚、家化等品牌，但是民族品牌总体上羸弱不堪，且由于国内动荡的政治、经济环境，以及经年累月的战争，严重摧残了现代品牌在中国市场上的正常发展。新中国成立之后逐步实行了计划经济，品牌曾在正确的经济政策下实现了一定的发展，创建了一些新品牌，恢复发展了一些老字号品牌。然而，随着十年"文革"，中国品牌遭受了近乎毁灭性的打击，老字号苟延残喘，计划经济体制下的企业也没有经营品牌的动力和空间。直到改革开放后，中国品牌才实现了真正的连续性的稳定发展。这一点从当下中国知名品牌和世界有竞争力的中国品牌的诞生时间或真正实现突破性发展的时间落点就可以看出来。

　　改革至今，经过四十余年中国品牌终于实现了突破性的品牌事业进展。如果将中国品牌成长放置于全球品牌发展的格局中我们能够发现中国品牌成长的一个很大的特殊性就在于时空的高度浓缩。首先让我们回顾一下西方品牌的发展史。工业革命发生之后，大规模生产时期开始到来，一些直到现在依然存在的现代意义上的品牌依旧还在发展。如1777年成立的英国巴斯啤酒公司在其淡啤酒的桶中涂上了一个红色三角形以示区别，1876年该红色三角形成为英国政府颁发的第一个注册商标。19世纪中后期的大众营销的一个典型特点就是品牌的广泛使用，这一时期可口可乐、宝洁、福特等世界知名品牌也相继诞生。进入20世纪后，品牌实践进一步发展。1931年宝洁公司首次提出了品牌经理制，1935年强生开始使用品牌经理制，1940年孟山都跟进。[1] 品牌经理制的诞生和运用标志着美国企业的品牌经营开始走向成熟化的发展阶段。粗略估算下来，西方品牌大约经历了百年左右时间的发展才达到今天的市场地位。相较而言，改革开放后，中国品牌从无到有，从小到大也不过四十余年的时间，这是时间上的浓缩性。西方品牌除了在本国市场扎根之外，还不断开拓全球市场，早在民国早年，西方品牌如雀巢、可口可乐等就已经打入中国市场。实际上，西方品牌诞生的一个很重要的原因就是异地市场扩张的需要。西方品牌的生存市场是广阔的全球市场，许多品牌发展伊始就是全球扩张的。然而，中国品牌真正的全球化之路开启于2000年之后，到现在不过二十年，从这一点上看，中国品牌成长的空间也是浓缩的，主要浓缩在本国市场。直到现在，绝大部分的中国品牌依旧以中国本土市场为主。

---

[1] LOW G, FULLERTON R. Brands, brand management, and the brand manager system: A critical-historical evaluation [J]. Journal of marketing research, 1994 (2): 180.

在时空高度浓缩的特点下，中国品牌在四十余年的时间里实现了从无到有、从小到大的成长。从各大世界品牌榜单中，我们能够看到越来越多的中国品牌身影。短短四十余年的时间里，中国品牌实现了超常规的发展。无论是企业规模还是品牌价值，中国都是位居世界前二，远超他国。从企业规模上看，在美国《财富》杂志公布的2020年500强榜单中，中国大陆入选企业达到124家，历史性地首次超过美国的121家。2021年榜单中，中国大陆入选企业进一步增加至135家，超过美国的122家。从品牌价值上看，在英国咨询公司品牌金融公布的2019世界品牌500强榜单中，中国的品牌价值总额首次突破1万亿美元，仅次于美国，占500强总价值的19%，远超总价值第三的日本的6.1%。而在2008年，中国品牌占世界品牌500强的占比仅为3%。2021年中国品牌价值总额占比进一步提升至20.82%。目前中国品牌正在努力实现从大到强的跨越，不但在国内市场上逐渐向高端发展挤压外资品牌，而且在国际市场上也取得了长足的进步。浓缩的时空发展环境，并不意味着问题的消失，西方品牌发展中所面临的问题，中国品牌也会遇到，并需要在极短的时间内解决，因为残酷的市场竞争不会给予中国品牌喘息的机会。正是因为高度浓缩的时空背景，中国品牌的成长才如此波澜壮阔和异彩纷呈。

二、中国品牌成长的"多元构造"和"政治—经济"特性

在现代经济史和商业史上，广告和品牌如影随形，广告是造就品牌的最为重要的手段之一。新中国成立之后，广告和品牌都经历了一个动荡的发展过程。在改革开放前，广告和品牌走向消失，在改革开放后又逐渐走向恢复和发展。在中国，广告本身是一个"多元构造"的产物。[1] 现代品牌与现代广告作为市场经济发展的双生子，同样也是多元构造的。在中国，品牌的多元构造的特点更加复杂和特殊。在中国，品牌作为一种生产和消费互动的结果，除了隐含着经济变迁、产业发展、传播和消费的演变等因素外，还受到政治经济制度、社会意识形态的重要影响。中国品牌的发展不仅是商业因素的结果，也受到政治因素的影响，是一个"政治—经济"双重影响的产物。中国品牌的过去在多元构造中发生，未来中国品牌也依旧会在多元构造中发展。单纯从商业、企业或者消费者角度都不足以理解中国品牌的发展规律。

---

[1] 黄升民. 中国广告活动实证分析 [M]. 北京：北京广播学院出版社，1992：68-69.

回顾四十多年的发展历史，改革开放对于中国品牌的发展具有决定性的推动作用。首先，没有改革开放就没有品牌发展。现代意义上的品牌诞生于工业革命之后，尤其是近百年里实现了真正的发展。品牌的诞生是市场经济或商品经济发展的自然结果。计划经济时期的中国不存在真正意义上的品牌，品牌最为基本的标识和差异化功能都已经因为市场环境的变化而退化到最基本的水平。改革开放后，中国重新导入市场经济，品牌这才以市场经济的复苏为契机重新融入市场发展的潮流中；其次，有什么样的改革开放就有什么样的品牌发展，改革开放的广度和深度决定了品牌发展的方向与路径。改革开放对于中国经济发展乃至社会变革方面的意义不用多说。对于品牌而言，同样如此。品牌作为市场经济的一个发展结果，一种市场竞争的王冠，鲜明地反映了改革开放的实际成果。当改革开放顺利的时候，中国品牌发展就迅速。当改革开放遇到挫折的时候，中国品牌的发展就放缓甚至倒退。回顾四十余年中国品牌的成长史可以发现，中国品牌发展与改革开放是深度共振的。

三、驱动中国品牌成长的四大动力——生产力、消费力、传播力和创新力

从中国成长的四十余年历史回顾中我们能够看到四股力量共同支撑着中国品牌发展到今天。第一是生产力。中国企业生产力基础的鲜明表现就是中国的制造之力，2010年中国成为世界第一的制造大国，也在同年成为世界第二大经济国。中国制造推动了中国经济规模的扩张，也推动了中国品牌的成长；第二是消费力。改革开放后，居民压抑多年的消费欲望得到释放，庞大的人口基数，不断提高的居民消费水平共同促成了中国这一存在海量需求的消费市场。中国品牌得以在本国市场中孕育成长，并以此为基础走向海外市场；第三是传播力。任何品牌的建立都离不开传播在生产和消费两端之间的"牵线搭桥"。由于中国特殊的媒体环境造就了中国品牌传播独具特色。四十余年的中国品牌成长，离不开广告产业和媒体产业的发展壮大。广告产业和媒体产业为企业构建品牌提供了不可或缺的武器支持和智力支持；第四是创新力。中国品牌之所以能够成长，离不开源源不断的创新力的支持。这种创新既有知识和技术，也有理念和行为。中国企业在适应环境中走出了一条符合自身发展需要的创新之路。

这四种力量是在市场经济发展的过程中壮大的，是市场机制发挥作用的直接体现。这四种力量是中国品牌成长的四种镜像，中国品牌的成长，就是生产力、消费力、传播力和创新力的成长。这四种力量也是任何企业在相同的组织和资源等条件下构建品牌所必须考虑的直接相关因素。以及这四种力量是中国企业营造品牌的基础所在，虽然在世界他国的品牌发展中或多或少也都有所体现。但是这四种力量在中国市场上短时间内的剧烈转型和高速扩张是世界他国所罕见的。

四、中国品牌成长的"市场—政府"双核驱动与博弈合谋机制

改革开放后，中国实际上开始了从计划经济向市场经济的转型，这种转型的一个结果和表现就是"社会主义市场经济体制"。这种体制与西方自由主义市场经济体制有着根本上的不同。在西方市场经济体制的世界观中，政府充当的是市场"守夜人"的角色，应当尽可能地少干预经济的运行。因此西方国家一般推崇"小政府、大市场"。在西方市场经济的意识形态中，市场经济的发展是市场机制发挥作用的结果，与政府不存在必然的关系。可以说，在西方的市场经济体制中，一开始并没有为政府预留位置。是在中国社会主义市场经济体制的世界观中，经济发展既是市场机制调节的结果，也是政府发挥作用的结果。市场和政府是对立的，但也是统一的。经济发展是政府和市场相互协调的结果，需要"有为市场"和"有效政府"[①] 相互配合、共同发力。政府不是市场的"守夜人"而是重要的参与主体。

在社会主义市场经济体制的基本模式中，政府与市场都被预留了位置。在计划经济体制转向市场经济体制的过程中，政府一开始就有位置，市场在其后的改革中才有了位置。中国特色社会主义市场经济体制决定了我国政府在经济发展中的重要作用，也决定了我国政府在品牌发展中的重要影响。在当下，政府日益重视品牌发展甚至将品牌视为国家战略，这种影响更是不容忽视。在改革开放以来中国品牌的发展中可以鲜明地看到政府品牌观念的变化以及相关政策对于品牌发展的影响，政府实际上是中国品牌发展的另一股核心力量，与市场力量形成了中国品牌成长双核驱动的特点。然而，政府意志与市场意志并不总是相互顺应的，而是在互相的博弈与合谋中共同推动着中国品牌向前发展。

五、中国品牌成长过程中"国企—民企"角色的轮替前行

在改革开放以来的中国品牌的发展过程中，其企业主体可以按照所有制分

[①] 陈云贤. 中国特色社会主义市场经济：有为政府＋有效市场 [J]. 经济研究，2019 (01)：4-19.

为两种类型，一种是国有企业，一种是非国有企业。以此来看，品牌也包括两种性质，一是国企品牌，二是中国本土私营企业所有的私企品牌。占据国民经济主导地位的国有企业的存在是中国经济的一个重要特点，相当规模的国有企业品牌的存在也是中国品牌的一个重要特点。中国品牌四十余年的成长所取得的成就是这两类品牌在改革开放后共同发力的结果。

改革开放后，国有企业在改革中焕发活力，在应对市场环境的变化中恢复了广告和商标等，实现了国企品牌的初步发展；与此同时，私营企业萌芽发展，为中国品牌注入了最具活力的组成部分。进入90年代之后，由于国企自身改革的滞后以及外部市场竞争的陡然激化，国企陷入了经营危机，其品牌的发展虽然有所进步，但陷入了一段低迷的时期；私企品牌在市场经济大发展的背景下得到了快速的提高、迅速成长，并在消费品领域形成了诸多能够与外资相抗衡的品牌。进入新世纪后，中国加入世贸组织深度融入世贸经济，国企品牌在改革中实现聚焦，发展状况显著好转，其品牌发展也实现了明显的转变，成为中国品牌参与全球竞争的主力军和先锋队；私企品牌也在各自的领域进一步深耕，自主品牌建设成为一个热潮，实力得到进一步增强。

进入2013年之后，中国进入了转型升级的调整期，随着宏观经济的趋缓，国企品牌和私企品牌的发展均受到了一定的影响。转型升级与提质增效同样成为私企品牌和国企品牌在互联网时代和全球化时代发展的关键词。改革开放后，国企品牌的发展集中体现了中国品牌发展的市场—政府两手博弈的特点，"政府—国企—市场"的三角关系是理解国企品牌发展的重要切口。① 私企品牌的发展相对容易理解，虽然也深受政府的引导，但是更多的是顺应着市场规律自我发展的结果。四十多年的发展，可以看到国企品牌和私企品牌实力的强弱变化和起伏交替，两者共同构成了中国品牌发展丰富多彩的一面。

六、中国品牌成长过程中的"延续—变异"特性

毫无疑问，中国品牌在改革开放以后的快速发展不是凭空产生的。其发展既取决于改革开放全方位转型所带来的活力，也取决于改革开放前所形成的重要基础。改革开放后的转型就意味着旧事物为适应环境的变化而转变为新事物，其中既有延续的一面，也有变异的一面，中国品牌的发展同样具有这个特点。

---

① 张驰，黄升民．国有企业品牌70年——历史演进与未来展望[J]．新闻与传播评论，2020（01）：72．

一方面，中国品牌的发展与改革开放前的品牌发展具有明显的区别，是为变异。变异的核心在于转型，主要体现在四点。其一，生产力的转型。品牌发展的生产力基础从原来的重工业优先发展转型为轻重产业综合发展，尤其是轻工业恢复增长实现了与重工业的有效协同，在满足了消费市场需要的同时刺激了品牌的快速成长。改革开放前建立的独立且相对完整的工业体系是中国品牌改革开放后得以腾飞的重要基础。其二，消费力的转型。品牌发展的消费力基础从过去受到人为的抑制和阻隔转变为支持和鼓励消费。改革开放后，限制消费的制度性因素消除，消费得以恢复，成长至今已经成为世界数一数二的消费市场，成为中国品牌发展的最大支撑。其三，传播力的转型。以企业广告为例，改革开放前的企业广告传播的商业性逐步消失，更多的是国家的宣传工具，被纳入了社会主义意识形态的话语体系之中。商业广告虽然消失了，但是其作为宣传的手段、技巧却被企业所熟知，强大的政治宣传能力也意味着强大的宣传体系的形成。改革开放后，广告在意识形态层面脱敏，回归其商业属性，国有媒体的改革进一步推动了广告事业的发展，而广告业自然被企业纳入品牌传播之中，成为品牌的主要手段。在生产和消费重新产生交集和互动的情况下，企业以传播为辅助，品牌的诞生成为自然的结果。其四，创新力的转型。改革开放前，举国体制重点攻关重大项目使我国在核技术、航空航天等方面形成了一定的技术积累。改革开放后，国家日益重视创新，尤其更加重视企业创新能力的培育，企业的创新力完成了从无到有、从小到大的转变。企业也成了当下中国创新的绝对主体。

另一方面，改革开放后的中国品牌发展又能够看到改革开放前的影子，是为延续。如，在企业品牌传播方面，中国企业早年将广告和品牌视为宣传的特点明显，在传播中依旧可以看见政治宣传的痕迹和打法。企业重视权威媒体，积极参与央视招标就是一个鲜明的体现；在企业的品牌管理方面，虽然国企一直在进行着市场化的改革，日益成为"独立的市场竞争主体"，但是在管理上仍体现出行政化和机关化的色彩。

综上可知，其一，中国品牌在时空高度浓缩的背景下实现了世界品牌发展史上罕见的超常规发展。其二，中国品牌的发展不单是由商业规律和市场经济推动的，理解中国品牌的发展必须理解其"多元构造"和"政治—经济"的内在结构与特性。改革开放与中国品牌发展间的关系就是这一特点的例证。其三，中国品牌的发展离不开生产力、消费力、传播力和创新力的支撑，驱动中国品牌发展的动力来自政府与市场的双核驱动，是政府与市场博弈合谋的产物。其四，中国品牌四十余年的发展由国企品牌和私企品牌共同推动，两者起伏交错共同构成了中国品牌成长的主要角色。其五，中国品牌的发展既是改革开放后的结果，也得益于改革开放前的积累。中国品牌的发展既有改革开放后的"新"，也有对改革开放前"旧"的延续。这是中国品牌发展的"辩证法"。接下来，本书将聚焦于对中国品牌成长的生产力、消费力、传播力和创新力四大动力基础的分析，并进一步探讨中国品牌成长中政府—市场博弈形塑的关键机制和未来推演。

第四章

中国品牌成长的动力机制：历史分析与实证检验

有不少学者从数据实证的角度探讨影响品牌成长的变量和动力机制问题，品牌成长往往被定义为品牌价值（资产）[①] 的增加，品牌价值的评估主要参考各大品牌排行榜所公布的数据。有的学者从相对宏观的经济发展、消费市场、消费者收入等角度研究品牌成长的要素。李佛关等指出，国家经济与品牌价值之间存在双向正相关关系，但一国经济实力促进该国品牌建设和品牌价值提升的贡献要比一国品牌建设及品牌价值的提升对该国经济实力发展的推动作用要大得多。[②] 也就是说，从品牌价值提升的品牌成长角度而言，一国经济的发展是影响一国品牌成长的正相关因素。王分棉等从中国品牌成长的区域性差异角度构建了一个包括经济发展程度、市场规模和市场化程度三个自变量的计量模型，模型检验后发现这三个变量是影响中国品牌成长区域性差异的重要因素，具有正相关性。[③] 该作者还发现，消费者的收入水平和认知水平[④]是影响品牌成长的重要因素，且收入水平的影响远大于认知水平。[⑤] 王小军等在消费者与品牌成长方面得出了类似的结论，并指出跨国公司对中国品牌成长具有显著的抑制效应。[⑥] 程立茹等认为一个地区的对外开放度、经济增长和市场规模都对品牌成长

[①] 品牌价值可以理解为品牌资产的货币化，品牌资产与品牌权益是同义词。在我国，Brand Asset 和 Brand Equity 的翻译存在分歧，一般统一翻译为品牌资产。

[②] 李佛关，郭守亭. 世界品牌的分布与国家经济实力关联研究——基于 2000—2009 年美日德法英五国的面板数据 [J]. 经济与管理研究，2012（06）：13 - 20.

[③] 王分棉，刘勇. 中国品牌成长的区域性差异及其影响因素研究——基于《中国 500 最具价值品牌》的实证分析 [J]. 中央财经大学学报，2013（06）：80 - 85 + 90.

[④] 该文中的认知水平主要指的是消费者的总体认知水平，研究者采取的代理指标是宏观层面的每千人中大专以上人口数。这与微观层面的消费者的品牌认知存在差异。

[⑤] 王分棉，张鸿，李云霞. 消费者收入与认知水平对品牌成长影响的研究——基于省际面板数据的实证分析 [J]. 经济问题探索，2013（08）：91 - 95.

[⑥] 王小军，马春光，张鸿. 跨国公司、消费者与中国品牌成长——基于省际面板数据的门槛回归分析 [J]. 国际贸易问题，2014（06）：123 - 130.

具有重要的正向调节作用。①

也有学者从相对微观的企业层面考察品牌价值的增长与企业营销、广告投入、企业研发投入等行为之间的联系，这一点也是海外研究关注的主要方向。凯勒等提出的品牌价值链（BVC）② 模型认为品牌价值由"营销投入—顾客心智的改变—市场业绩—资本市场收益"四个阶段完成，该模型在微观层面很好地解释了品牌价值的来源，是西方关于品牌价值来源研究的集大成之作。在凯勒眼中，企业的各类营销活动以及由此引发的消费者关于品牌的心智变化是影响品牌价值产生及品牌成长的前提条件。国内学者齐永志等以品牌价值链模型为基础，综合国内外文献梳理了品牌价值产生的"前因"，主要综述了企业广告投入、分销渠道密度、企业促销活动、社会营销等对于品牌价值的积极或消极的影响。③ 杜建刚等基于 Meta 方法以 57 份英文文献为样本分析了品牌资产的前置要素，将其整合为企业（包括内部管理和质量）、市场（包括品牌沟通和品牌强度）和消费者（包括品牌联想和品牌态度）三个层面，认为企业要素和市场要素作为自变量，可以直接对品牌资产产生影响，也可以通过消费者要素影响品牌资产。消费者要素对品牌资产的形成起到重要的中介作用。其中，消费者要素影响最大，企业要素次之，市场要素最弱。④ 还有些学者注意到了企业的研发投入对于品牌价值的积极影响，如王俊峰等指出企业研发投入对于品牌价值的增加具有显著的正相关关系。⑤ 刘建华等则进一步指出企业研发投入与品牌价值之间不仅仅是单向作用，也存在相互影响的内生性关系，并研究了董事会特征对于品牌价值的调节效应。⑥

已有的研究或者从宏观的经济发展、消费市场等角度，或者从微观的企业营销活动、研发投入等角度探究了影响品牌成长的要素，并对品牌成长的影响

---

① 程立茹，王分棉. 对外开放度、经济增长、市场规模与中国品牌成长——基于省际面板数据的门槛回归分析 [J]. 国际贸易问题，2013 (12)：15 - 23.
② KELLER K, LEHMANN D. How do brands create value? [J]. Marketing management, 2003 (5-6)：26 - 31.
③ 齐永智，闫瑶. 品牌价值链视角的品牌权益演进与影响 [J]. 经济问题，2018 (08)：66 - 73.
④ 杜建刚，陈昱润，曹花蕊. 基于 Meta 分析的品牌资产前置要素整合研究 [J]. 南开管理评论，2019 (06)：50 - 61.
⑤ 王俊峰，程天云. 技术创新对品牌价值影响的实证研究 [J]. 软科学，2012 (09)：10 - 14.
⑥ 刘建华，李园园，段珅，等. 董事会特征、创新投入与品牌价值——基于内生性视角的实证研究 [J]. 管理评论，2019 (12)：136 - 145.

要素做了有益的分析。但也存在三个不足：一是对各类品牌成长影响因素的分析较为庞杂零碎，没有形成系统性的解释；二是忽视了更为宏观的社会、政治、经济等要素的影响，在对影响品牌成长的宏观社会变迁的考察时存在不足；三没有基于历史事实进行更为深刻的分析，缺乏历史的眼光。虽然不少研究引用了多年的连续数据，但仅仅将复杂多样的品牌成长历史现实抽象为指标和数据，存在将复杂问题简单化的倾向，品牌成长在历史维度上的丰富性和多样性被去除了。

因此本书从宏观的历史角度，综合前人研究和本书第三章历史逻辑的分析将中国品牌成长的要素归纳为四种力量，即生产力、消费力、传播力和创新力。这四种要素是世界上任何一个品牌发展都需要的四大基座，这实际上是具有一种普遍性意义的概念群。在一个品牌的发展过程中，四种力量往往不是均衡发力的，在品牌发展的不同阶段有不同的侧重点。那么，中国品牌成长的特殊性是如何形成的呢，或者说，是如何表现出来的呢？实际上，四种动力在各国的情况不同，不同品牌四种动力的具体特点也是不一样的，正是这种差异形成了国与国品牌之间以及企业与企业品牌之间发展的多样性。简言之，品牌发展的四大动力在中国的语境中有不同的发展特点，正是这些不同构成了中国品牌发展不同特点的第一层原因。本章将用历史的视角来考察四种力量的特点以及推动中国品牌成长的发展过程。

第一节　生产力与中国品牌成长

品牌的产品方面在品牌塑造中的作用经常被主流品牌理论所忽视，需要引起重视的是产品在品牌塑造中具有的基础性地位。[1] 产品是品牌身份（brand identity）发展的实体，品牌必须要有实体才能体现它的价值，否则就是虚拟资产。[2] 品牌的发展是虚实结合的结果，既有虚拟资产的一面，也有实体资产的一面，两者缺一不可。因此，品牌是一种条件性资产（conditional asset），要与其

---

[1] 蒋廉雄，冯睿，朱辉煌，等. 利用产品塑造品牌——品牌的产品意义及其理论发展[J]. 管理世界，2012（05）：88-89.

[2] 何佳讯. 战略品牌管理——企业与顾客协同战略[M]. 北京：中国人民大学出版社，2021：11.

他物质资产诸如生产设施等结合才能发挥作用。① 在企业实际的品牌战略实践中，产品战略往往是企业品牌战略的核心。用什么样的产品体系，或者以产品为基础形成的价值体系去满足市场的需要是品牌战略决策的重要部分。从整个企业系统来看，企业的产品与其生产制造基础不得不谈。总的来看，推动中国品牌成长的生产力具有以下特点。第一，改革开放伊始中国品牌的生产力基础不是凭空出现的，其基础在改革开放前已经打下，中国企业生产力的核心问题在于转型。第二，改革开放以来，企业生产力的转型从未停止，具体表现为生产力的企业主体以及内部构造的在时空上的双重转型。第三，中国企业迅速形成的规模化、低成本的生产力造就了中国品牌的价格优势，这种价格优势成为中国品牌在国内国际市场竞争中的利器。第四，当下中国品牌发展面临的一系列问题依旧需要通过深化生产力的转型来解决，这也是制造业想要实现高质量发展需要解决的核心问题。

一、转型与调整：产能扩张与效率提升

中国品牌在改革开放后之所以能够迅速实现发展的一个很重要的原因是原本已经存在的较为庞大的生产力基础，只不过这种生产力基础是畸形的、低效的且不符合居民消费需求的生产能力。②

其一，改革开放前我国初步形成了较为完整且相对独立的工业体系。新中国成立后到改革开放前的三十年左右的时间里，我国建设了530多个大中型工业项目，建立起许多新兴工业部门，电子、石化、原子能、导弹等新兴产业迅速成长，产业结构布局基本形成。③ 总的来看，改革开放前，我国形成了当时世界上为数不多的几个国家（如美国、日本、德国、苏联）所拥有的相对完整的工业生产能力。

其二，这种生产能力是有不足且不完全符合居民消费需求的，主要表现在

---

① 让·诺尔·卡普费雷尔. 战略品牌管理（第5版）[M]. 何佳讯，等译. 北京：中国人民大学出版社，2020：4.
② 本书所言的生产力主要指的是企业产品或服务的生产制造能力，实体产品主要反映为制造业，由于我国工业的主要构成是制造业，为了分析简便，本书在某种程度上将制造业视为工业的同义词，数据的使用上交叉运用；在虚拟的服务产品"生产制造"上则注重强调服务业（第三产业）。
③ 周健，丛松日. 用辩证统一的历史眼光看待改革开放前后两个三十年[J]. 中共石家庄市委党校学报，2017（10）：38.

轻重产业失调以及消费品短缺。由于我国长期实行优先发展重工业的工业化路线，并片面强调重工业的重要性，使重工业发展明显带有"自我扩张、自我循环"的不合理增长方式。1953—1978年，重工业总产值以每年13.8%的速度增长，而同期轻工业总产值平均每年只增长9.3%，长期实行"重重工业，轻轻工业"的工业发展战略使我国工业内部重、轻工业比例失调。到1978年，工业总产值中轻重工业的比重分别由1952年的64.5∶35.5变为43.1∶56.9，出现了轻工业发展滞后、消费品严重不足的局面。① 1978年市场商品可供量与购买力的差额高达100多亿元。② 当时居民消费基本凭票供应，明显处于科尔纳③所言的计划经济体制下的内生性短缺的状态中。此外，由于当时的发展阶段以及对于重工业的片面重视，导致当时我国的服务业发展也十分不足，1978年服务业占国内生产总值的比例是24.6%，明显低于重工业的比例44.1%，也低于农林牧渔业的27.9%，这也是生产力畸形的一种表现。

其三，这种生产能力也是比较低效的。改革开放前由于长期实行计划经济体制，企业失去了经营自主权，甚至不能被视为现代意义上自主经营、自负盈亏的企业，企业的所有生产、研发、销售等基本活动都被控制在"中央计划"手中，这种控制的一个结果就是生产的低效。有学者对我国1953—1978年的工业全要素生产率的计算发现，1953—1957年全要素生产率增长达3.8%，而1958—1979年全要素生产增长率仅为0.1%，远低于其他国家，既低于市场经济工业国和新兴工业国，也低于实行计划经济的苏联。④ 全要素生产率的低下既反映了我国经济增长整体上的低效，也反映了当时作为产出主体的国有企业的低效。

相对完整庞大的、不完全符合居民消费需求的以及效率有待提高的生产能力是我国品牌在改革开放之初的基础，这种基础在经历了改革开放的转型和调整后迅速迸发了巨大的能量，为品牌的快速发展奠定了基础。首先，国家开始着手轻重产业结构的调整，促进了轻工业的快速发展，消费品短缺的状况得到了极大的改观。而消费品领域恰好是竞争最激烈的领域，我国品牌由此快速萌

---

① 马晓河. 中国产业结构变动与产业政策演变［M］. 北京：中国计划出版社，2009：126.
② 汪海波. 新中国工业经济史（第三版）［M］. 北京：经济管理出版社，2017：279.
③ 科尔纳. 短缺经济学［M］. 张晓光，李振宁，黄卫平，译. 北京：经济科学出版社，1986.
④ 吴仁洪. 中国产业结构动态分析［M］. 杭州：浙江人民出版社，1990：61-62.

芽。在1979年"调整、改革、整顿、提高"八字方针的指导下，开始了为期三年的经济调整。这一时期，国家确立了重点发展轻工业的产业政策，重点支持家用电器、棉纺织、合成纤维产业的发展。80年代初，国家对轻工业实行"六优先"的政策，为轻工业的发展提供优先保证。此外，由于鼓励大量引进耐消费品生产技术，吸收外资投资轻纺工业项目，消费品的生产得到了快速恢复。其一，轻工业的占比从1978年的43.2%迅速上升到了1981年的51.5%，短短三年时间内彻底改变了改革开放前三十年所形成的"轻轻工业、重重工业"的工业结构，消费品短缺的局面也得到了有效改善，到1984年，中国短缺经济的特征基本消失。也正是在这一时期，我国的家电产业开始起步，并迎来了迅速发展的时期。其二，服务业的改革也开始不自觉地进行，虽然发展有限，但是已经开始起步。对于服务业的改革一是为了缓解知青返乡造成的就业压力，二是为了满足市场对于服务业的需求。个体私营经济也因此得到了发展。[1] 其三，对于低效问题，国家开始着手企业的放权让利改革，让企业初步获得了一些经营的自主权。"得到松绑"的企业，积极性得到提高，也有了销售更多产品的压力和动力，低效的问题在市场机制的调节下得到了初步好转。

其后，随着以市场化为核心的改革开放的一系列政策的持续引导和推动，中国品牌的生产力在融入国际价值链和满足国内急剧增加的需求下得到了爆发式的增长。首先是工业生产能力和制造能力的爆发式增长（如图4.1）。在改革开放初期，中国制造业的规模总量不及美国的1/6，日本的1/3，德国的1/2。但到了2010年，中国制造业成为世界第一。2020年中国连续11年成为世界最大的制造业国家。制造业的占比比重对世界制造业贡献的比重接近30%。[2] 在规模扩张的同时，当下我国制造业正在向高精尖方向进发，不断冲击发达国家的市场，《中国制造2025》[3] 引起某些国家的警惕和焦虑的原因也在于此。其次是服务业得到了长足的发展。随着产业结构的自我演变以及国家产业政策的引导推动，服务业占国民经济的比例从1978年的24.6%上升到2020年的54.5%，其规模实现了巨大的扩张，业态丰富而多元。

---

[1] 李勇坚. 中国服务业改革40年——经验与启示 [J]. 经济与管理研究, 2018 (01): 25.
[2] 倪浩, 青木, 张静, 等. 中国制造业连续11年世界第一 [EB/OL]. 环球网, 2021-03-02.
[3] 国家层面已经不再着重重提这一规划，但实际上一直在稳步实行，从新基建战略到十四五规划的相关内容可以看出。

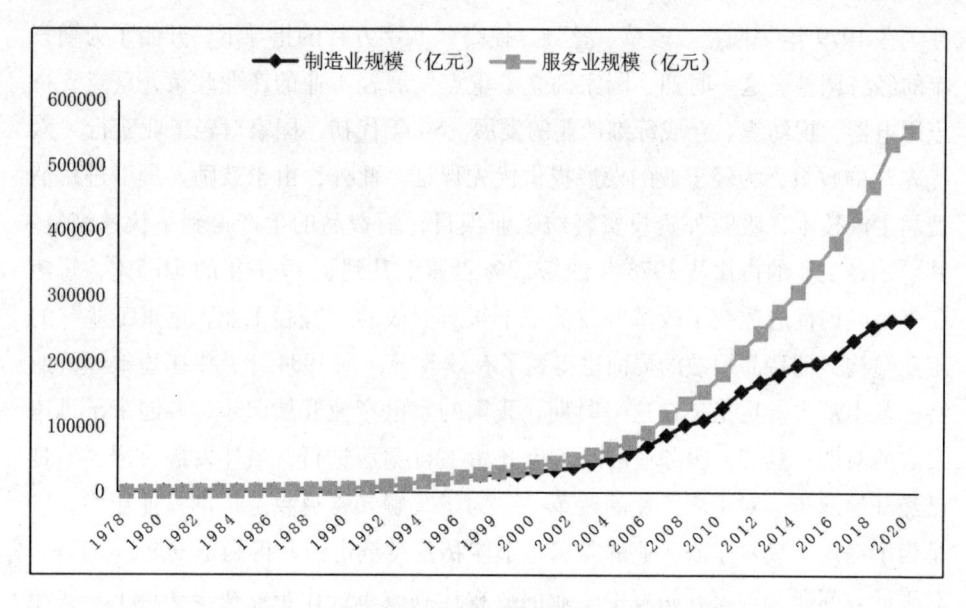

图 4.1　1978—2020 年中国制造业和服务业规模

（数据来源：国家统计局，世界银行）

制造业和服务业生产力的提升有力地推动了中国品牌的成长。制造业领域，主要工业品产量大幅度提升，不仅供国内消费还大量出口海外市场，塑造着中国品牌的全球影响力。资料显示，我国目前 100 多种轻工产品的产量居世界第一。以制造优势为基础，我国涌现出一批知名制造品牌。在家电领域，中国涌现出海尔等全球知名品牌，中国家电产业规模也位居世界第一；华为、联想、小米等代表中国品牌走向世界……服务业领域同样出现了一批世界知名品牌，如金融行业中国工商银行、中国建设银行等成为世界各大品牌排行榜前列的常客，互联网领域则涌现出了百度、阿里巴巴、腾讯等知名品牌。

二、生产力的时空构造：结构演变与空间演变

改革开放以来，推动中国品牌发展的生产力的内在结构在时间和空间两个维度上不断地变化并影响着中国品牌的成长。本节将顺着这个思路从生产力内部结构的时空变迁来解释这种变化。为了更加全面地把握这种变化趋势，本书不局限于制造业和服务业，而是将视野打开，由整体的三次产业结构变化入手。生产力内部结构时间上的变化主要包括以下几个方面，即三次产业内部结构的变化、第二产业内部结构的变化、工业内部结构的变化以及服务业内部结构的

变化、生产力时空分布上的变化。

从三次产业结构的变化上来看，我国的产业结构演变大致经历了"二一三"（1978—1984）、"二三一"（1985—2012）和"三二一"（2013至今）三个时期（如图4.2），第二产业的占比略有下滑，但是始终维持在40%以上，大多数时候在45%左右。第一产业占比则在改革初期有过几年的上升之后一路下滑至10%以下，而第三产业则不断上升并在近几年超过第二产业，占比达到了50%以上，取代了第二产业成为国民经济的支柱型产业。第三产业增加值占国内生产总值的比重从1978年的24.6%增加到2015年的50.5%，这是继2012年占比首次超过第二产业占比之后，占比第一次超过50%。可以说，中国已经初步进入"服务经济"时代。2020年这一比重继续升至54.5%。自2011年开始，中国服务业就成为吸纳就业人数最多的产业部门，是三大产业部门中唯一一个增加值占GDP比重和吸纳就业人数比重持续上升的部门。①

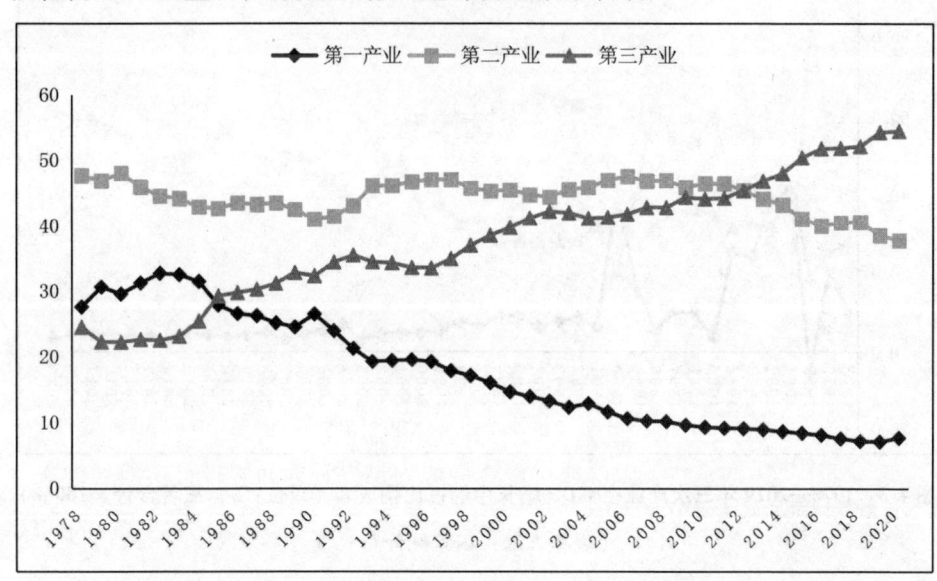

图 4.2　1978—2020 年三次产业结构占比的变化趋势（单位：%）
（数据来源：国家统计局）

从对GDP的拉动上来看，第二产业是拉动我国经济增长的绝对主力，多数年份在GDP当年增长率的构成中超过40%，有25个年份超过50%，最高的时

---

① 李勇坚. 中国服务业改革40年——经验与启示 [J]. 经济与管理研究, 2018 (01): 23.

候超过85%。但总的来看，第二产业对我国经济的拉动的重要性在下滑，1978—2018年，第二产业对于GDP的贡献率下降了25.7个百分点，我国工业化后阶段的特征越来越明显。从第三产业来看，其对于GDP的拉动作用在提升，2017年曾达到59.7%的历史最高点，四十余年间呈现出波动上升的态势，1978—2019年，服务业对GDP的贡献率上升了34.9个百分点。第一产业自1990年以后对于我国GDP的拉动常年在5%徘徊。综上，第二产业是四十多年来中国经济增长的主核心动力，第三产业为次核心动力，但是近几年来原先的次核心服务业的作用正在超过主核心第二产业的作用，成为新的主核心动力（如图4.3）。①

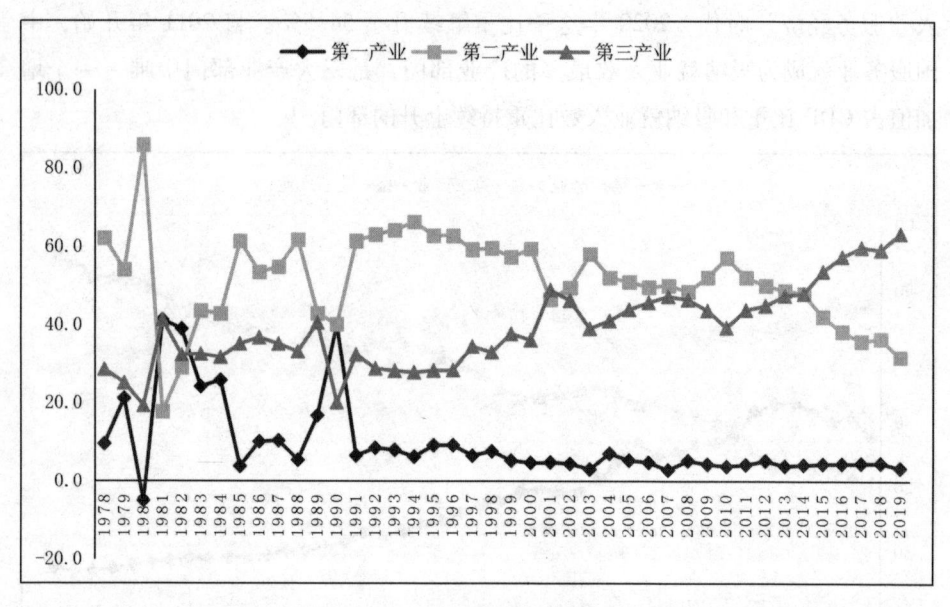

图4.3　1978—2019年三次产业在GDP增长中的占比构成②（单位：%，三者合计=100%）

（数据来源：国家统计局）

由工业和建筑业构成的第二产业一直在我国的国民经济中起到中流砥柱的作用，稳定而持久。从第二产业的内部结构上的变化来看，工业占据绝对的主

---

① 2020年由于疫情影响，第三产业遭受较大损害，因此在2020年的统计数据中出现了较大的波动，因此没有放入下表中。
② 根据国家统计局数据整理。计算公式示例：第一产业对GDP的贡献率=第一产业增加值当年对GDP的拉动/当年GDP增长率*100，第二、三产业计算以此类推。GDP增长率等于三次产业对GDP拉动的百分点之和。

导地位，虽然出现了小幅下滑，但是占比始终在80%以上（如图4.4）。随着我国城镇化的推进，建筑业的市场需求不断增加，其占比也从改革开放初期的7%左右一路上升到15%左右。从图中还可以发现，工业在第二产业中的占比在2008年之前长期稳定在87%以上，2008年金融危机之后，开始下滑到85%左右。

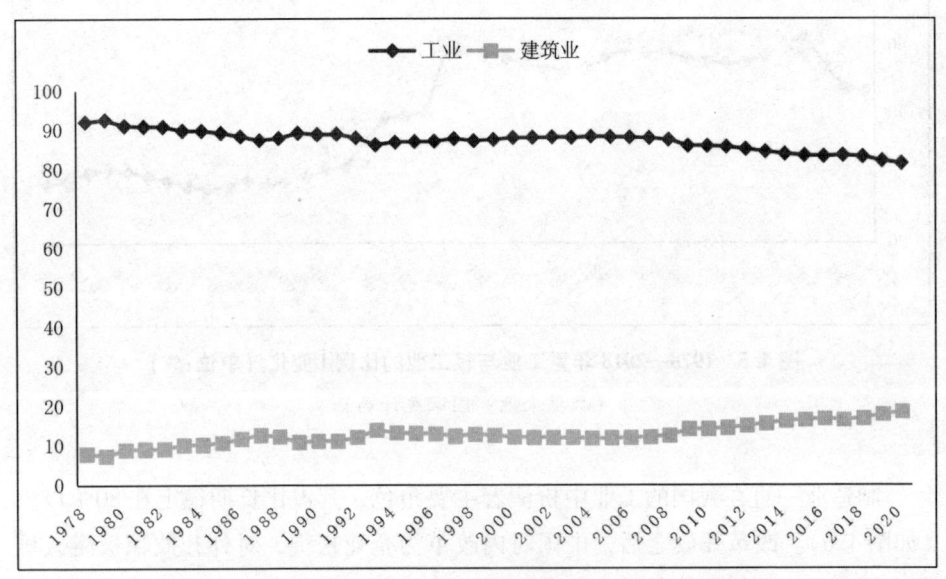

图4.4　1978—2020年第二产业内部结构变化（单位:%）

（数据来源：国家统计局）

从工业内部的轻重工业比例上来看，改革开放初期大力促进轻工业发展，我国轻工业在改革初期的占比得到较大提升，甚至一度超过了重工业的占比（如图4.5）。随后一直到2000年以前，我国轻重工业的发展一直是齐头并进，轻工业在改革开放的前二十年得到了长足的发展。2000年以后，中国重工业开始重新加速发展，但这与计划经济时期重工业优先畸形发展的模式不同，这是市场经济条件下工业发展的自然结果，并没有因为重工业的发展而损害了居民消费或者轻工业的发展。此次工业重型化发展的原因更多的是市场需求推动的，其背后是我国汽车、房地产、基建等大宗行业快速发展，以及伴随着经济飞速发展而带来的能源消费剧增，符合我国工业化中后期的基本规律[①]。

---

① 金碚，吕铁，邓洲. 中国工业结构转型升级：进展、问题与趋势［J］. 中国工业经济，2011（02）：5.

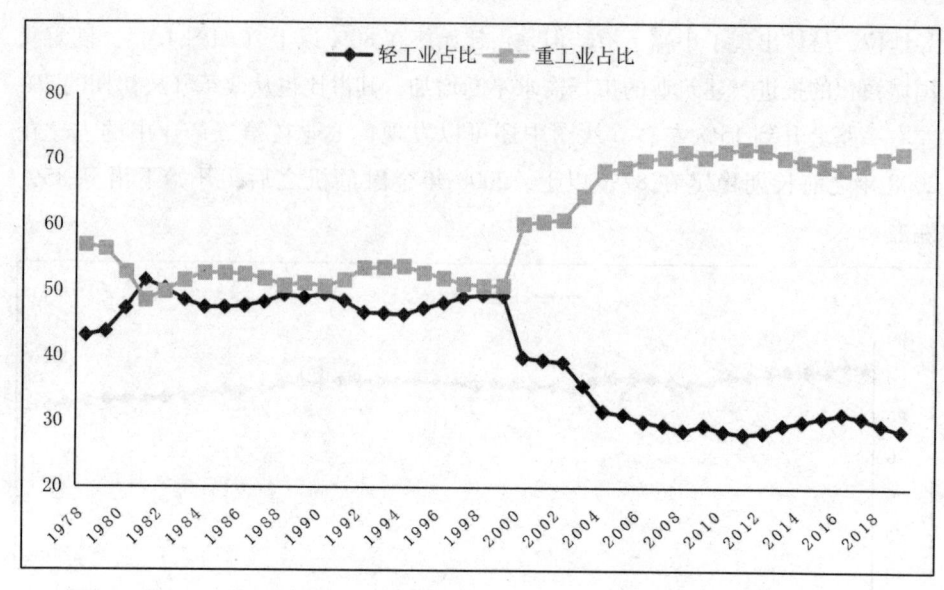

图 4.5　1978—2018 年重工业与轻工业的比例①变化（单位：%）

（数据来源：国家统计局）

　　制造业一直在我国的工业中扮演着主要角色，其占比长期稳定在80%以上（如图4.6）。改革开放之后，中国对内改革为企业松绑，对外开放积极融入国际市场，中国制造业依托成本优势迅速壮大，并辐射全球。中国经济的发展长期以第二产业为主导，第二产业以工业为主导，工业又以制造业为主导。可见，制造业是我国经济发展的核心之核心。

---

①　1978—2011年数据参见，国家统计局工业统计司.2012中国工业经济统计年鉴［M］.北京：中国统计出版社，2012：21。2012年数据参见《中国统计年鉴2013》。2013—2019年数据来自于国家统计局公布的规模以上工业企业统计数据，笔者按照轻重工业的行业分类标准，依据营业收入指标重新整理计算得出。需要说明的是，2013年后工业统计分类调整，取消统计轻重工业，而以采矿业、制造业、电力热力燃气及水生产和供应业的分类来代替。

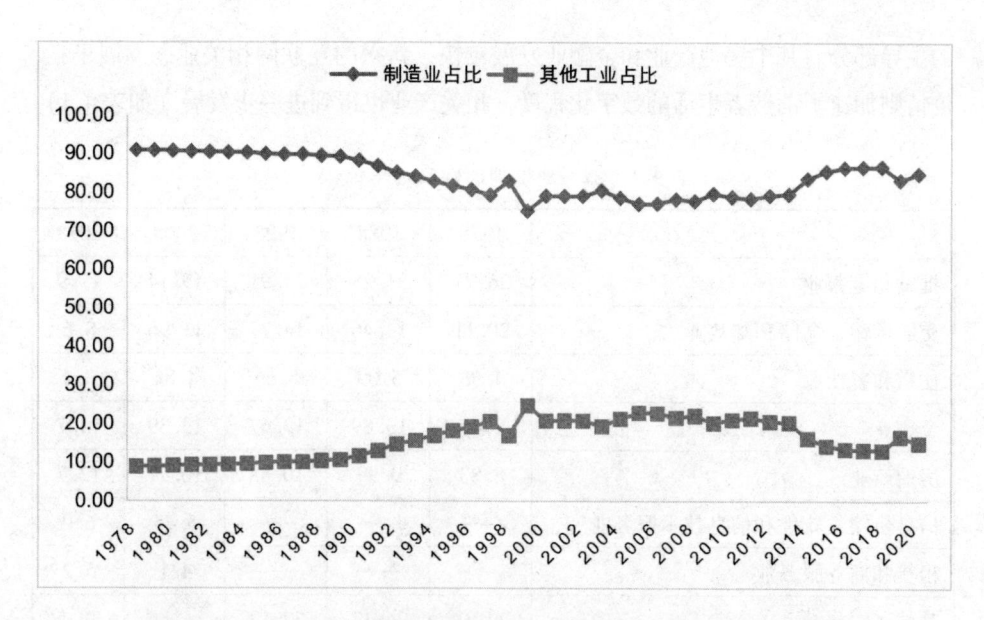

图 4.6　1978—2020 年制造业和其他工业占比变化趋势（单位：%）

（数据来源：国家统计局）

让我们把目光从制造业转移到中国品牌成长的生产力的另一个轮子服务业。当下，服务业已经成为国民经济的第一大支柱产业，从服务业内部比例上来看，金融业和房地产业在80年代末开始发展，并在2000年以后实现了腾飞。批发和零售业在改革开放的前十年发展迅速，随后占比开始逐步下滑；交通运输、仓储和邮政业则在90年代迎来了一个黄金时期，21世纪以来的占比稳中有降；住宿业和餐饮业占比较小也较为稳定。但近几年，在互联网的助推下，以批零、物流、住宿餐饮等为代表的传统服务业正在加速转型升级，大力发展互联网新业态、新模式。2015—2018年，我国电子商务交易额、网上零售额年均增速分别为17.8%、28.8%；2021年上半年，实物商品网上零售额占社会消费品零售总额的比重达到23.7%。互联网为代表的新兴产业则呈现出良好的发展态势，信息传输、软件和信息技术服务业，租赁和商务服务业等新兴服务业经历了从无到有、从小到大快速发展的过程，2018年增加值占服务业比重分别达到6.9%和5.2%，近3年年均增速更是高达23.4%和9.9%，成为助推服务业持续增长的新动能。① 总的来看，批发和零售业、金融业和房地产业是当下服务业

---

① 国家统计局. 服务业风雨砥砺七十载　新时代踏浪潮头领航行——新中国成立70周年经济社会发展成就系列报告之六 [EB/OL]. 中国质量新闻网，2019 – 07 – 24.

的主导部分,其中房地产业和金融业发展较快,新兴的互联网相关业态发展迅猛,疫情则加速了消费者生活的数字化程度,相关产业也得到进一步发展(如表4.1)。

表4.1 服务业增加值构成(单位:%)

	1978	1988	1998	2008	2018
批发和零售业	26.77	31.28	21.91	19.14	17.9
交通运输、仓储和邮政业	20.11	14.46	14.77	11.96	8.6
住宿和餐饮业	4.93	5.09	5.66	4.84	3.4
金融业	8.45	13.89	13.67	13.39	14.7
房地产业	8.83	9.99	10.88	10.77	12.7
信息传输、软件和信息技术服务业	—	—	—	5.75	6.9
租赁和商务服务业	—	—	—	4.1	5.2
其他	29.33	24.17	32.13		30.5
合计	100	100	100	100	100

(数据来源:国家统计局)

从生产力的时间、空间结构上看,本书分别用工业和服务业产值的数据计算并分析,取1980年、1988年、1998年、2008年和2017年[1]五个时间点来看工业以及服务业的生产力分布情况。从工业上看,我国工业的发展重心逐步从东北、内陆地区、沿海地区转移到东部沿海地区为主,其中广东、江苏、浙江、山东尤其亮眼,福建在2000年后进入了前十(如表4.2)。这与我国改革开放后实施的优先发展东部沿海地区的区域发展战略有关。

表4.2 工业产值的区域分布占比(单位:%)

排名	1980		1988		1998		2008		2017	
	地区	占比	地区	占比	地区	占比	地区	占比	地区	占比
1	上海	11.8	江苏	9.1	广东	10.4	广东	11.6	广东	11.7
2	江苏	9.0	山东	7.8	江苏	9.5	山东	10.8	江苏	11.3
3	辽宁	8.7	辽宁	7.6	山东	9.2	江苏	10.1	山东	9.5

---

[1] 中国统计年鉴在1982年出版了改革开放后的第一版,有些数据在第一版的统计年鉴中没有统计公布出来,因此用1980/1981的数据来反应改革早期的情况。

续表

排名	1980		1988		1998		2008		2017	
	地区	占比	地区	占比	地区	占比	地区	占比	地区	占比
4	山东	6.6	上海	7.2	浙江	7.4	浙江	7.0	浙江	6.5
5	四川	5.3	广东	6.6	河北	5.5	河南	6.4	河南	6.1
6	黑龙江	4.8	四川	5.7	河南	5.2	河北	5.3	河北	4.6
7	广东	4.8	浙江	5.7	辽宁	5.0	辽宁	4.5	湖北	4.3
8	湖北	4.8	河北	5.3	上海	5.0	上海	3.9	福建	4.2
9	河北	4.2	黑龙江	4.8	湖北	4.7	四川	3.3	湖南	3.9
10	北京	4.2	湖北	4.4	黑龙江	4.0	福建	3.2	四川	3.8

(数据来源：国家统计局)

从服务业的时间、空间分布上看，80年代虽然广东为第一，但是其后位次的区域分布在沿海和内陆省份均有，较为平均。90年代以后，上海逐渐被江苏、山东、浙江超越，广东保持第一的同时，江苏、山东、浙江、北京发展较快，也呈现出明显地朝着东部沿海省份或者发达地区转移的特点（如表4.3）。与工业发展类似，这与我国以东部沿海地区率先发展的战略有关，也与服务业自身的特点有关——城市或者经济集聚的中心地带，往往能够创造出更多服务业发展的机会，服务业的发展则孕育出服务业的品牌。

表4.3 服务业产值的区域分布占比[1]（单位：%）

排名	1988		1998		2008		2017	
	地区	占比	地区	占比	地区	占比	地区	占比
1	广东	9.8	广东	10.0	广东	12.1	广东	11.2
2	上海	6.8	江苏	8.7	江苏	9.1	江苏	10.1
3	四川	6.8	山东	8.5	山东	8.2	山东	8.1
4	江苏	6.6	上海	6.0	浙江	7.0	浙江	6.4

---

[1] 本表数据来自国家统计局，其中1980年数据缺失海南省数据。1980年尚未统计服务业相关类目。1988年尚未明确统计服务业，但统计了运输业和商业，本书以运输业和商业数据之和代表服务业数据。1997年重庆设立直辖市，故1988年缺失重庆数据。缺失的数据不影响统计排名。

续表

排名	1988		1998		2008		2017	
	地区	占比	地区	占比	地区	占比	地区	占比
5	山东	6.3	浙江	5.6	北京	6.1	北京	5.3
6	浙江	5.9	辽宁	5.1	上海	5.8	上海	4.9
7	辽宁	5.4	河北	4.7	河北	4.2	河南	4.5
8	河南	5.3	福建	4.3	河南	4.2	四川	4.3
9	河北	4.3	河南	4.3	辽宁	3.7	湖南	3.9
10	湖南	4.1	湖北	4.1	湖北	3.6	湖北	3.8

（数据来源：国家统计局）

综上，我们通过多维度历史统计数据的考察可以大致发现我国品牌生产力基础变迁的几个特点。其一，生产力构造中工业和制造业一直是基础中的基础，是我国经济发展和品牌发展的基石所在。随着时间的推移和产业的发展，服务业发展速度加快，在近几年超过第二产业成为国民经济最重要的产业支柱，服务业中互联网相关产业、房地产业、金融业发展迅猛，服务业领域催生了诸多新兴品牌；其二，生产力结构的轻重比例经历了一个调整的过程，轻工业优先的政策、居民消费的引导等让轻工业得到了长足发展，助推了品牌的发展；其三，生产力的内在结构的空间分布，均经历了一个中东部平均分布到趋向积聚于东部沿海地区的变化。

生产力时空构造变化的一个直接结果和鲜明表现就是我国品牌在不同时期的发展轨迹不同。总的来看，我国品牌发展在不同时期的行业轮廓可以概括为：80年代，食品饮料、家电、日化、服装服饰等轻工业行业率先发展起来，并在东部沿海地区率先形成了初步的品牌集群[1]；90年代，房地产、汽车、金融业起步，80年代兴起的家电、食品、日化进入了竞争的白热化时期；进入新世纪以后，汽车、房地产和金融业开始腾飞，同时教育、旅游、互联网等服务产业开始了初步的发展；重化工业的发展催生了中石油、中石化等一批大型品牌。进入2010年之后，互联网行业为代表的新兴产业快速发展，孕育了一批如小

---

[1] 如广东的食品（健力宝、太阳神等）、家电（美的、万和、万宝、威力等）集群，福建、浙江的服装服饰产业集群（后续走出了一众鞋服品牌），渤海湾的家电产业集群（海尔、北京牌、天津牌等）。

米、滴滴出行等新兴品牌。品牌是产业发展最为绚丽的外露，而绚丽的品牌外表之下隐含的是其内在的生产力结构的深刻变化。

三、作为中国品牌价格优势基础的生产力因素

中国品牌的生产力的重要表现是其背后的制造能力。一般而言，经济学界在分析中国制造业的竞争优势时都会提及中国制造业的劳动力、土地等成本优势以及随之而来的价格优势。[①] 这种价格优势不仅对于我国经济的发展有着不可忽视的重要意义，对于品牌发展同样如此，主要表现在以下两个方面。

其一，发展快速、规模化且低成本的制造业让中国的初创企业积累了资金、管理、技术、理念等资源，成为中国企业日后品牌创业的基础所在。改革开放后，中国打开国门发挥比较优势，积极引进外资的同时发展外向型经济，让中国的一批企业依靠着低成本这一优势生产出具有价格优势的产品并出口至海外市场。在这个过程中，中国企业通过代加工的方式积累了一定的资金，学习到了当时西方企业领先于中国企业的经营管理理念和技术等，中国企业也在这个过程中潜移默化地学习到了先进的品牌理念，不少企业因此种下了品牌的种子。如果细心梳理一下中国当下诸如安踏、匹克、七匹狼、格兰仕等知名品牌就可以发现这一事实。

其二，发展快速、规模化且低成本的制造业让中国企业在竞争中形成了价格突破这一市场竞争利器。这一利器随着中国产业链的逐步完善以及产业链各个环节的低成本优势相互叠加最终在市场竞争中发挥了不可思议的作用。这一竞争利器帮助一些中国企业在国内外求得生存，并快速打开了市场。在80年代末期，中国爆发了电视机行业的价格战，长虹一跃成为电视机行业的第一品牌。进入90年代后，家电价格战愈演愈烈，虽然存在一定的弊端，但是也成就了长虹、创维、康佳、格兰仕、美的、格力、海尔等一批本土家电品牌。不仅是对内竞争，而且对抗外资品牌，价格竞争同样也是有效的手段。中国家电行业通过90年代的价格竞争成功将家电市场的中低端份额拿下大部，将大多数外资家电品牌赶出了这一市场区间。当下，中国的家电产业已经成为世界第一，并涌现出了卡萨帝等高端家电品牌。再如日化行业，宝洁、联合利华等外资企业80年代后期初入中国市场时，宝洁旗下的海飞丝、飘柔、汰渍、潘婷等品牌迅速

[①] 李晓华，李雯轩. 改革开放40年中国制造业竞争优势的转变 [J]. 东南学术，2018（05）：93.

蚕食本土品牌的市场份额。立白、奇强、美加净等本土日化品牌只能依靠降价，配合广告和渠道的攻势，抢回市场份额的同时拉低了宝洁旗下品牌产品的平均售价。当下在中国市场宝洁面临一系列困境，这与中国品牌的价格竞争不无关系，一众中国品牌也正是依靠价格优势构建了初步的壁垒，为自己赢得了生存的空间和时间，为后来的壮大打下了基础。一众国际企业正是因为中国品牌的低价（低价并不意味着低质）竞争才拉低了旗下品牌产品的平均价格。

总之，相对低廉的生产成本匹配高效规模化的生产能力让中国品牌集聚了价格优势（如表4.4），让品牌得以积累发展所需的资金、技术、管理、市场空间、生存时间等重要资源，在市场竞争的热火锻造中，中国品牌依靠价格优势得以在国内市场站稳脚跟的同时走向国外。直到现在，价格优势依旧是中国品牌参与国际竞争的利器，拼多多的崛起正是建立在整个中国制造红利的基础之上的。

表4.4 中国制造业竞争优势的四个阶段[1]

竞争优势	来源
价格优势	丰富的劳动力供给、低工资
规模优势	低工资 + 较好的基础设施和产业配套
创新型制造优势	完善的基础设施和产业配套 + 模仿创新 + 快速商业化的能力
综合竞争优势	完善的产业配套 + 快速商业化的能力 + 原始创新

（本书整理）

但随着劳动力成本等优势的减弱，我国制造业在全球范围内也并非高枕无忧。面对欧美等国"制造业回流"的举措以及东南亚等国低成本制造的双重竞争压力下，我国制造业虽然拥有完善的产业体系（目前我国是世界上唯一拥有联合国产业分类目录中所有工业门类的国家，200多种工业品产量居世界第

---

[1] 李晓华，李雯轩．改革开放40年中国制造业竞争优势的转变［J］．东南学术，2018（05）：102．

—①)、产业和市场规模、技术总成能力等优势（如表4.5）②，但是在新的产业升级趋势和高阶段的竞争中依旧面临着巨大的压力。正如工信部部长苗圩所言，"在全球制造业的四级梯队中，中国处于第三梯队，成为制造强国尚需时日"。③中国制造业"大而不强"的局面没有得到根本性改变，"低质低价"的负面刻板印象直到现在依然普遍存在，这也成为制约中国品牌进一步发展的重要因素。

当下我国消费外流的重要原因就是生产端无法有效提供高质、高端产品，反而是低质、低端产品产出过剩。这是中国品牌的缺憾但也是中国品牌的机遇。从某种程度上来说，中国制造当前在国际上的形象就是中国品牌在国际上的形象。如果按照"微笑曲线"进行分析，中国依然处在微笑曲线的底端，即组装和制造上，未来仍需要继续向两端延伸并在两端发力。"一国所具有的制造业核心能力，既是一国参与全球制造业竞争的独特资源和能力，同时也是一国对人类社会工业文明进步所能够做出的'范式'意义上的独特贡献。"④ 在近一百年的工业发展历程中，中国制造对世界的贡献是我们需要思考的内容。另外需要警惕当下中国制造业占比下滑过快和增速放缓过快的问题，十四五规划特别指出要"深入实施制造强国战略"和"保持制造业比重基本稳定"，制造业仍是当下国家战略强调的重点。

表4.5 主要工业大国的技术能力和产业优势

国别	优势
美国	智能硬件、3D/4D、航空航天、物联网、生命科技
德国	高端装备、机器人、智慧工厂整体解决方案
日本	高端机器人、精密零部件（包括高端传感器）、新材料/关键部件
中国	完善的产业体系、产业和市场规模、技术总成能力

（本书整理）

---

① 也有人认为拥有联合国定义的全部500多个工业门类不能说明任何问题，既不能说明这个国家拥有了完整的工业体系，也不能说明他的工业体系强于其他国家。只能说这个经济体从传统制造行业到新兴制造行业前后通吃。而这类国家通常规模比较大，制造业从业人口较多，例如印度。参见：吴昊阳，李平. 中国真的是全世界唯一拥有全工业体系的国家吗？[EB/OL]. 澎湃新闻，2021-08-04.

② 杨丹辉. 对外开放四十年——中国的模式与经验[J]. China Economist，2018（04）：83.

③ 刘育英. 中国工信部部长——中国制造处于全球制造第三梯队[EB/OL]. 中国新闻网，2015-11-18.

④ 黄群慧，贺俊. 中国制造业的核心能力、功能定位与发展战略——兼评《中国制造2025》[J]. 中国工业经济，2015（06）：9.

四、支撑中国品牌成长的生产力基础未来在于两腿（制造业＋服务业）走路

从历史分析中可以发现，在中国品牌成长的生产力基础方面，以制造业为主的工业是中国品牌得以成长的最为重要的力量。中国制造是中国品牌成长的底色和最大基础所在。然而随着中国经济发展阶段的转变，服务业正越来越彰显出其重要性。改革开放以后，中国的服务业虽然取得了不小的成绩，但中国服务业（尤其是现代服务业）的发展仍然是相当滞后的。滞后的主要表现就是服务业的技术水平和管理水平不高；服务业的发展难以有效满足消费者日益升级的居民服务和消费需求；服务业在发展过程中严重依赖第一、二产业，服务业内部间的相互融合和支撑水平差，难以形成内部良性循环等。有学者从改革开放后服务业发展史的视角给出了服务业发展滞后的原因，认为造成滞后的原因主要在于出口导向战略下的国际代工模式在供给层面上对国内本地化的服务业企业产生了正向的技术溢出效应，但同时也在需求层面上造成了负向的市场挤出效应，而且随着全球化分工的深入，这种市场挤出效应正在逐渐超越技术溢出效应。[①]

服务业发展除了受到我国发展战略选择所导致的溢出效应和挤出效应的影响之外，其深层次的、根本性的原因还在于体制和机制的束缚所导致的市场化改革成效不彰，难以形成有效竞争。有些行业，国家占据主导或者垄断地位，市场化程度和对外开放程度较低，竞争有限导致消费者诟病其服务质量和服务水平，产生了消费外流的问题。如金融业、邮电通讯业等依然存在垄断现象。相较而言，我国市场化和开放程度较高的零售业、保险业则竞争相对激烈，发展更为成熟。当然，有些行业到底是否适合市场化以及何种程度的市场化，有些涉及国家安全等领域是否适合对外开放以及适合多大程度的对外开放，也是很有争议的问题。在提高服务业效率和水平这一目标上，其核心在于增加市场化程度，促进有效竞争。就当下而言，如果不能充分发挥市场在配置服务业资源中的决定性作用，那么服务业的体制机制问题就不能得到很好的解决。

相对滞后的服务业严重制约了中国品牌的进一步成长。在近几年来的消费升级中，居民服务型消费的需求旺盛。摩根士丹利预测，未来十年中国服务类

[①] 凌永辉，刘志彪. 中国服务业发展的轨迹、逻辑与战略转变——改革开放40年来的经验分析 [J]. 经济学家, 2018 (07): 50.

消费的占比将从当前的45%提升至52%，年化增长率为9.2%，超过同期实物类消费6.7%的增长率。① 问题在于，中国服务领域供给短缺问题严重，造成了大量的教育、文化、医疗等消费需求外流，对于中国品牌而言，这不得不说是一种损失。如果说过去四十多年里的大部分时间，中国品牌得以成长至今的生产力基础主要以制造业为主，产生的国际知名品牌也多以制造业品牌为代表。那么在将来的中国品牌发展中，除了继续夯实制造业基础之外，服务业生产力也必须加快转型升级以推动中国品牌的进一步成长。中国品牌成长的生产力要实现从一条腿强一条腿弱走向两条腿都要强的状态，这样才能支撑中国品牌走得更远、更高、更稳。

延伸阅读：海尔品牌的发展历程与亮点②

言及海尔，最为公众所熟知的就是创始人张瑞敏砸冰箱的故事，这是海尔成为大众知名品牌的重要起点，具有很强的品牌象征意义。透过这一故事，其背后代表的是对于产品高质量的追求和对消费者提供优质服务的决心，海尔走进千家万户，成为国人心中不可或缺的中国品牌代表。产品可靠、值得信赖成为海尔品牌的基因。自1984年创立，海尔品牌的发展至今经历了五个发展阶段。1984—1991年：名牌战略阶段；1991—1998年：多元化品牌战略阶段；1998—2005年：国际化品牌战略发展阶段；2005—2012年：全球化品牌战略阶段；2012年至今：网络化品牌战略阶段。在历经五个阶段的发展进程中，海尔成长为世界知名的中国品牌，成为中国品牌发展的典型代表，海尔历年的营收规模如图4.7所示。

一、海尔品牌的五大发展阶段

第一个阶段是名牌战略阶段（1984—1991年）。1984—1991年，是海尔"零缺陷、高品质"的名牌战略阶段。以张瑞敏砸冰箱事件为里程碑，从1984到1991年的7年间，海尔致力于冰箱生产，口号是"海尔冰箱为您着想"，海尔冰箱成为当时中国唯一的家电驰名商标。

---

① 摩根士丹利：中国正在重置其经济底层逻辑［EB/OL］. 腾讯新闻，2021-08-14.
② 感谢黄升民教授对本案例的指导，以及北京易华录数据资产研究院张允竞博士对本案例的贡献。

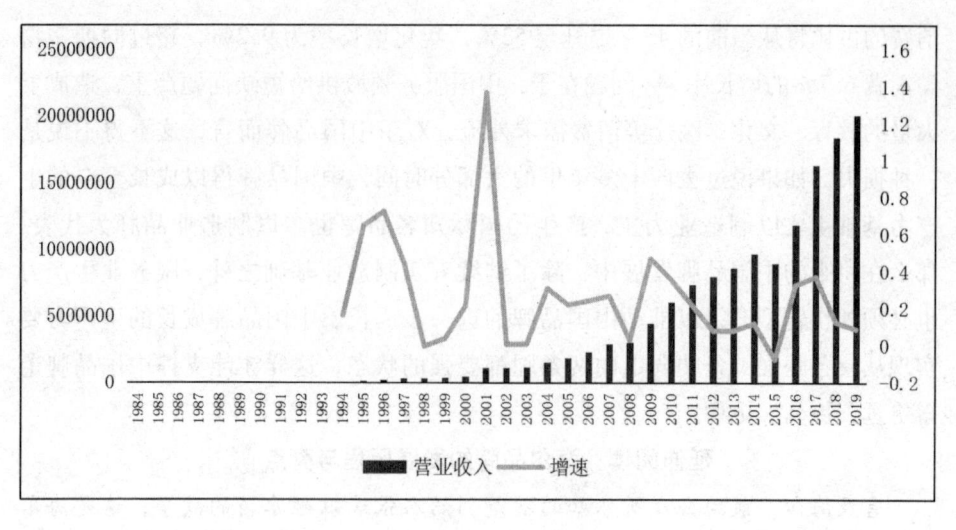

图 4.7　海尔智家历年营收情况（单位：万元人民币;%）
（资料来源：海尔历年年报）

第二个阶段是多元化品牌战略阶段（1991—1998 年）。在冰箱领域斩获中国第一品牌之后，海尔步入了 1991—1998 年的多元化品牌战略阶段。海尔于 1991 年兼并青岛空调器厂推行多元化业务探索，在 1991 年底开始生产电冰柜、空调器。用了三年时间，便成功地占领了冰柜和空调市场，空调迅速取代春兰成为该领域的龙头，冰柜也打入了行业前三名的位置，海尔成为中国制冷家电行业的领导者。此后，海尔又开始进入洗衣机、微波炉、热水器等小家电领域，用了三年时间，在洗衣机领域迅速取代小天鹅成为消费者的首选，当上了洗衣机行业的领导者。自此，海尔建立了白色家电品牌的公众印象。冰箱、空调、洗衣机、冰柜四驾马车成为拉动海尔快速发展的龙头产品。同时，海尔也因这一系列的成功运作，成为中国知名企业。除了产品端的发力，海尔还通过并购的方式延展业务版图，将海尔文化注入新公司的管理流程中。

第三个阶段是国际化品牌战略发展阶段（1998—2005 年）。多元化探索之后，是海尔的国际化品牌战略发展阶段。1998—2005 年，海尔大踏步迈向国际化新征程。1999 年海尔在美国设立工厂，在当时引起了国内家电界的热议，从一开始，海尔的国际化战略就主打自主创牌，这在当时的年代着实是一次颠覆常规的冒险。在国际化品牌发展阶段，海尔也将营销做到国际化的水平，例如，在申奥成功的历史时间点，投放央视祝贺广告；2001 年在米兰揭牌海尔广告牌；将美国总部设立在世界地标建筑格林尼治银行大厦旧址；冠名墨尔本老虎棒球

<<< 第四章 中国品牌成长的动力机制：历史分析与实证检验

队……持续深入海外业务与营销探索。这期间，海尔的企业文化也传播出国，站上了世界级商业学术殿堂哈佛商学院。

第四个阶段是全球化品牌战略阶段（2005—2012年）。2005—2012年，海尔进入全球化品牌战略阶段，成为全球白电第一品牌。这一阶段最为明显的特征是海尔高端产品矩阵的初步形成。2006年，创立卡萨帝品牌；2011年并购三洋白电业务，同年将统帅打造成为"定制家电品牌"面向年轻消费者推出；2012年收购新西兰国宝级电器品牌斐雪派克（Fisher & Paykel）。与此同时，海尔坚持探索"人单合一"双赢商业模式，并在世界范围内取得了良好的成效。

第五个阶段是网络化品牌战略阶段（2012年至今）。2012年至今，是海尔的网络化品牌战略阶段。2012年，海尔构建出互联网时代的新型管理模式——共创共赢生态圈；2016年国家制造强国战略委员会发布的《制造强国研究》指出，海尔互联工厂模式对中国的家电产业甚至整个制造业的结构升级具有十分重要的借鉴意义，而海尔在智能制造方面的初步效果已得到国务院、工业和信息化部等的认可。此外，海尔致力于将传统制造业全面转型为面向全社会开放的创业孵化平台，以五大研发中心为节点，通过开放创新平台 HOPE（Hair Open Partnership Ecosystem）连接世界各地资源，实现了创新生态系统内各方的共创和共赢。

为适应家电市场的智能化新趋势，海尔提出"智慧家庭"战略，提出"4+7+N"全场景定制化成套解决方案。2016年，海尔全球化进程又开启了历史性的一页，收购通用电气家电业务。自此，海尔在全球共拥有六大品牌（海尔、卡萨帝、日日顺、AQUA、斐雪派克、统帅），10大研发中心，21个工业园，66个营销中心，108家工厂，成为全球唯一拥有品牌最多、产品最全、最具国际化特质的"世界第一家电集群"。近年来，海尔着力在全球范围内积极推进"5+7+N"智慧家庭场景解决方案的转型升级与落地，致力于为用户提供"设计一个家、建设一个家、服务一个家"的全流程解决方案。2019年是海尔全面落地智慧家庭战略的关键一年，青岛海尔正式更名为海尔智家；9月，智慧场景交互体验中心——海尔智家001号体验中心在上海投入运营，为打造中国智能家居领域最佳解决方案的现实样本；12月，海尔智家APP上线，集成设计、建设、服务全流程方案。通过一系列着力打造智慧家庭场景的举措，促进场景销售代替单品销售，推动智家战略的实施。2020年推出"三翼鸟"品牌，落地智家体验云战略。

二、海尔品牌的发展亮点

经过三十余年的发展,海尔形成了自身独特的品牌亮点。

第一,作为中国家电巨头之一,多年来形成的规模化生产制造能力和产业供应链优势,使海尔在国内外市场均占有强大的市场份额。多年来,海尔的主品牌冰箱和洗衣机两大品类一直占据国内市场的头把交椅。2019年,海尔智家营业收入2007.62亿元,同比增长9.05%。得益于海外自主创牌、坚持高端产品引领与渠道网络升级,2019年,海尔智家国外地区营业收入达933.19亿元,同比增长21.71%,毛利达248.95亿元,同比增长30.07%。海尔的海外营收占比46.78%,达历史最高水平。海尔的海外市场开拓与国内家电巨头相比具有相当大的优势,国际化水平优势明显。根据欧睿国际(Euromonitor)数据,海尔已连续十一年蝉联全球大型家电第一品牌,冰箱、洗衣机、酒柜、冷柜继续蝉联全球第一。美国《财富》杂志于美国东部时间2020年1月21日,公布了"2020年全球最受赞赏公司"榜单,海尔智家再次上榜,海尔是家电家居领域在美国本土外的唯一入选企业。海尔海外市场的自有品牌产品销售收入常年占据半壁江山,远超国内同类企业。

第二,高端品牌的打造较为成功,自主品牌卡萨帝占据重要市场份额。高端品牌曾经被看作是海尔的一着险棋,如今从阶段性成果来看,海尔高端品牌打造确实显现出了一定优势。2014年海尔培育的高端品牌卡萨帝,在近年来持续扩大市场优势,各品类均取得较好表现。2019年,卡萨帝营收同比增长30%,卡萨帝在万元以上冰箱、洗衣机市场份额分别达到40%、75.5%;在15000元以上家用空调市场,份额达到40%。中国其他家电企业在高端品牌的打造上均乏善可陈,未有卡萨帝撼动了三星、西门子等外资高端家电的市场地位。

第三,得益于互联网端的持续性前期投入,海尔"智家"战略成效初现。2019年6月,青岛海尔更名海尔智家,提出"在物联网时代,公司推进企业从家电到成套家电、到智慧家庭、再到衣食住娱全生态服务的业务升级,为消费者提供智慧家庭解决方案,创造全场景智能生活体验,满足用户定制美好生活的需求,打造智慧家庭生态品牌","智家"战略布局明晰。2020年9月,推出全球首个场景品牌"三翼鸟",提供阳台、厨房、卫浴、全屋空气、全屋用水、视听全场景生态解决方案。同时依托智家体验云平台,连接用户、企业、生态方,创造因需而变的个性化方案。从"青岛海尔"到"海尔智家",再到推出"三翼鸟",是海尔锚定并深耕高端化、智能化、科技化的智慧家居产品与服务业务的体现。多年来海尔持续在互联网端的投入，为海尔智家战略的布局与落地奠定了重要基础。2020年总营收2097.26亿元，同比增长4.46%，位居三大家电品牌之首。

三、故事永续，品牌长青

然而，作为改革开放以来国内第一批崛起的家电企业，海尔在经过三十余年的发展后，在家电市场竞争日趋激烈的新时代，其应对竞争与挑战的"状态"与"打法"却稍显乏力与困顿，这一点与许多中国品牌极易面临的传播困境类似。海尔发展至今，其品牌形象也存在模糊化和品牌老化的倾向。海尔最初的品牌故事是创始人砸冰箱，砸出了高质量、值得信赖的海尔品牌，然而发展至今，海尔的品牌故事依然无法超越当年的创始人砸冰箱，在品牌故事的讲述上缺乏新意，缺少新故事的延续。如今，"中国的海尔"已然成长为"世界的海尔"，海尔品牌的发展环境也发生了巨大的变化，那么新环境中"世界海尔"的品牌故事如何再续？这是海尔必须要面对的时代课题。

回顾过往，张瑞敏"砸冰箱"砸出了一个以质量为重的海尔家电品牌帝国，完成了海尔产品可靠和值得信赖的品牌故事讲述。品牌从故事开始，也借由着故事延续。在未来的发展中，海尔需要在新的发展环境中继续延伸并讲述四个品牌故事。第一个故事是海尔"大"的品牌故事。海尔经过三十余年的奋斗已经成为世界上最为知名和规模最大的家电品牌之一。海尔在风风雨雨三十余年里完成了从小到大、从低到高、从弱到强、从国内到国际的品牌发展，当下的海尔已经站在了一个新的高度和起点，成为真正强势的世界性的大品牌；第二个故事是海尔"高"的品牌故事。海尔在过去的发展中完成了辉煌而璀璨的海尔家族品牌的打造，自创的卡萨帝品牌以及收购的众多高端国际品牌意味着海尔已经拥有了高端品牌的战略优势。未来的海尔需要继续将"高端"的故事说深说透；第三个故事是海尔"智"的品牌故事。海尔是家电企业中较早开始智能化转型的企业，成为中国品牌智能制造的代表，未来的海尔不仅是智能产品的更新换代，更要深度引领、链接和融入每一个人的智慧家庭生活。在打造智慧家庭生态系统的同时，完成海尔品牌的"智能"故事的叙说；第四个故事是海尔"人"的故事。品牌需要基业长青，核心在于照顾到千千万万的有血有肉的消费者，关键在于以人为本，海尔的品牌长青则需要打造"人"的海尔。"大、高、智、人"构成了海尔未来发展的四个联动永续的品牌故事，也将是一个可以继续延续的故事。

第二节　消费力与中国品牌成长

消费力是中国品牌成长的第二大基座，没有与生产力相呼应的消费力，品牌的发展以及多元化繁荣便无从谈起，这一点从中华人民共和国成立后到改革开放前品牌发展的情况可以看出。生产与消费互为促进、互相引导。推动中国品牌成长的消费力基础同样有着自身的特点。第一，推动中国品牌成长的消费力构成不仅包括国内市场的消费能力，还包括国外市场的消费能力；第二，中国品牌的国内消费力经历了一个从改革开放前的人为阻隔或压抑到改革开放后迅速爆发的过程；第三，国内消费市场在时空维度上的"喷泉效应"为中国品牌的发展提供了足够的回旋和发展空间，是形成中国品牌多样性的重要因素；第四，从国外消费市场来看，短期来看其相对重要性在下滑，但是长期来看是中国品牌实现进一步发展的必要基础。

一、品牌成长的消费力基础：双重双轮驱动结构与规模化扩张

消费力的构成按照需求来源是否在中国本土可以粗略地划分为国内消费和国外消费，国内消费又可以大致划分为居民消费和政府消费。回顾改革开放以来中国品牌的发展史可以发现，迅速发展的国内消费市场和不断主动融入的国外消费市场共同推动了中国品牌的快速发展。从下图4.8所示的增长曲线可以看出，1992年之后支撑中国品牌发展的消费力开始起飞，进入新世纪以后体量实现了质的飞越。

首先，无论是国内消费还是来自国外的消费在这四十余年里实现了规模化的快速扩张。从国内市场来看，社会消费品零售总额从1978年的1558.6亿元增加到2020年的391981亿元（2020年由于疫情冲击下滑3.9%，2019年社会消费品零售总额是408017亿元）。① 就消费市场的规模而言，中国已经成为与世界第一大消费国美国不相上下的第二大消费国。据测算，在2018年我国中等收入

---

① 国家统计局.中华人民共和国2020年国民经济和社会发展统计公报［EB/OL］.国家统计局网站，2021-02-28.

群体已经超过 4 亿人，世界第一。① 世界银行的数据还显示，2010—2017 年，中国贡献了 31% 的全球家庭消费增长额。在汽车、酒类、手机等消费品类中，中国都是全球第一大市场，消费额约占全球消费总额的 30%。在世界银行考察的 20 个行业中，中国有 17 个行业的消费份额在全球总消费中占比超过 20%。到 2030 年中国消费增长可能高达 6 万亿美元，相当于美国与西欧的总和。② 规模庞大和不断增长的中产阶级，稳定的国内环境和规模巨大的和文化及语言相对统一的市场为中国品牌的成长提供了最有效的助力。从国际市场的需求来看，我国出口总额从 1978 年的 167.6 亿元增加到 2020 年的 179326 亿元，疫情之下再创历史新高，增加了愈万倍。1978 年来，中国出口占全球出口比重从 0.75% 提升到 15.8%，出口规模连续多年稳居世界首位。

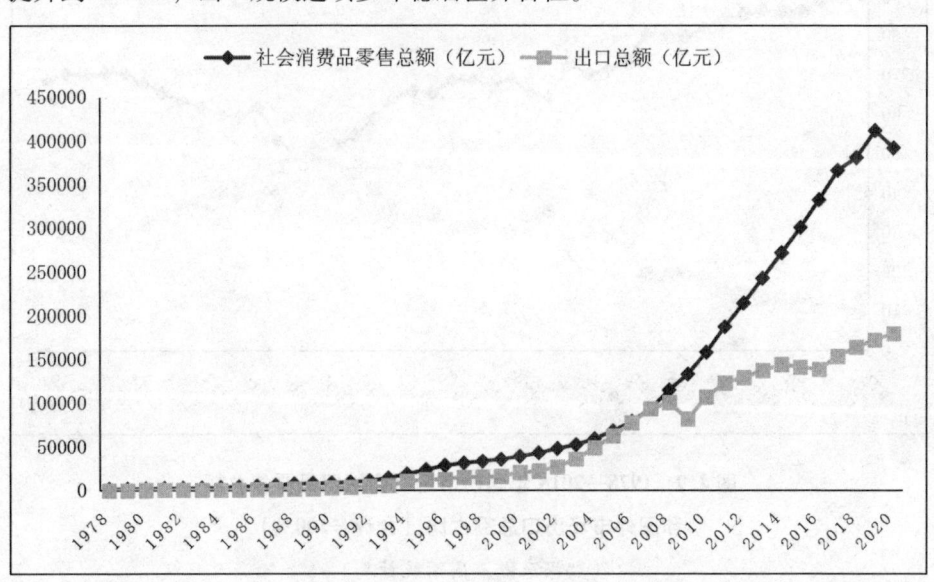

图 4.8　1978—2020 年国内市场社会消费品零售总额和国外市场出口总额

（数据来源：国家统计局）

其次，从国内、国外的消费力对比上看，消费力大致呈现出一个以国内市场消费为主的"剪刀"状的形态。其中 2008 年是一个重要节点，2008 年金融危机之前，我国出口额占消费力的比例从 1978 年的 9.7% 上升到 2007 年的 50%，

---

① 孔德晨. 恩格尔系数再创新低对中国意味着什么 [N]. 人民日报海外版，2019 - 02 - 20 (011).
② 李晓喻. 世界更加依赖中国经济意味着什么? [N]. 企业家日报，2019 - 07 - 12 (001).

占比达到了历史最高点，2008年开始下滑，2018年占比为30.1%。反观社会消费品零售总额占消费力的比例则从1978年的90.3%震荡下滑至2007年的低点50%，2008年占比重新回升，2018年占比回升至69.9%（如图4.9）。中国品牌成长的前二十余年里，外需市场越来越重要，在近十多年里，内需市场越来越重要。2020年中央基于国内外环境的重大变化，提出了国内国际双循环的战略，从内外市场变化来看，早在2008年以后中国实际上就已经更加注重内循环的价值，这是大国经济体发展的一个必然。

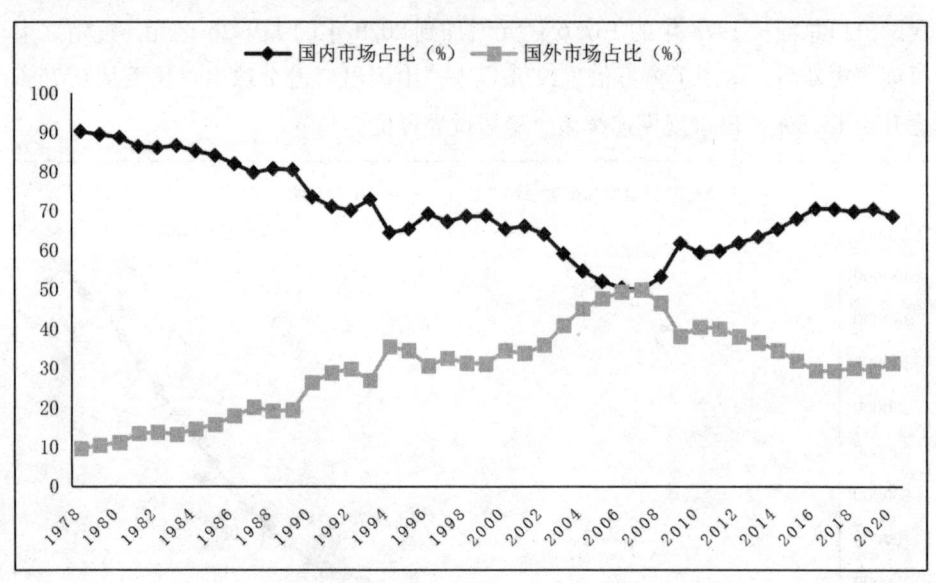

**图4.9　1978—2018年国内市场社会消费品零售总额
和国外市场出口总额占比（合计＝100%）**

（数据来源：国家统计局）

最后，从国内消费市场的结构来看，居民消费一直占据主体，政府消费居于次要地位。我国居民消费从1978年的1759.1亿元增加到2020年的387176.1亿元，政府消费从1978年的473.8亿元增加到2020年的169810.3亿元。居民消费和政府消费的比例从1978年的78.8∶21.2变化为2018年的69.5∶30.5（如图4.10）。从四十余年的变化来看，居民消费占比呈现出小幅下滑的状态，相应地政府消费的占比小幅上升。但是居民消费的占比一直稳定在70%左右或者更高，是中国国内市场的主要构成，政府消费虽然增加，但是规模仍相对较小。

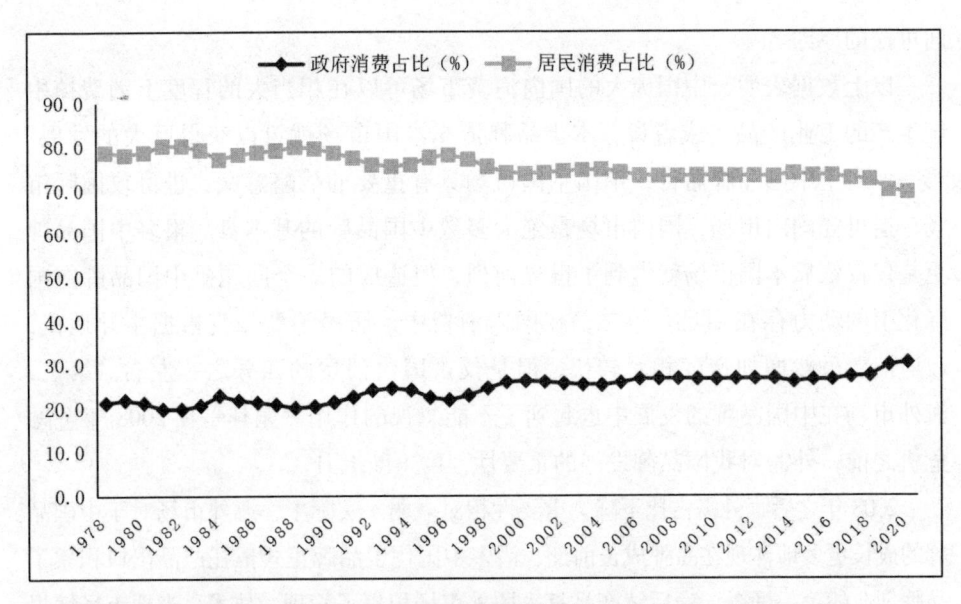

图 4.10　1978—2020 年政府消费和居民消费的比例变化①（合计 = 100%）

（数据来源：国家统计局）

从双轮驱动的结构变化中我们可以得出三点：第一，国内消费始终是我国品牌成长消费力中最重要的组成部分，是支撑我国品牌发展的基石市场。诸多中国品牌也正是依靠本国消费市场获得品牌成长而后谋求国际市场。如前文所述，三分之二的中国品牌 500 强依靠中国市场（含港澳台地区）创造了其品牌总价值的 95%，大部分中国品牌从海外市场获得的品牌价值不到总价值的 10%。2018 年入选财富 500 强的中国企业其主要收入依旧来自国内市场，海外营收仅占 18%，远低于美国标准普尔 500 企业的平均比例的 44%②。2007 年中国工业产品的出口率高达 17%，2017 年降为了 9%，下降了 8 个百分点。2017 年中国的工业出口率远远低于德国（34%）、韩国（28%）和日本（14%），这也是为什么日本在 20 世纪 80 年代末达到了增长极限，而中国依然大有增长空

---

① 在支出法国内生产总值中，最终消费 = 居民消费（包括城镇居民消费和农村居民消费）+ 政府消费。最终消费与社会消费品零售总额的统计对象和方法具有差异，具体数值相近，既有联系也有区别，但都能够反应国内消费力的变动。
② 麦肯锡. 中国与世界：理解变化中的经济联系［EB/OL］. 互联网数据资讯网，2019 - 07 - 08.

间可挖的原因。①

以上数据表明，中国庞大的国内消费市场可以在相当大的程度上消费掉中国生产的工业产品。或者说，本土品牌依靠本国市场就可以获得巨大的发展。第一，对于中国品牌而言，中国本国市场具有重要的战略意义：进可攻国际市场，退可守国内市场，国内市场是绝大多数中国品牌的基本盘。很多中国品牌更是仅仅依靠本国市场就做到了世界前列，但造成的一个问题是中国品牌在国际化上的动力存在不足。第二，在国内消费中，居民消费一直占据主导地位，政府消费虽然增加速度相对较快，但是仅占国内消费的四分之一左右。第三，海外市场在中国品牌的发展中也起到了不能忽视的作用。尤其是在2008年金融危机之前，外需对我国品牌发展的重要性程度不断上升。

2008年之后，外需占比下降，重要性相对减弱。实际上，海外市场对于中国品牌的成长更多地体现在品牌成长前期，诸多中国代工品牌正式依托产品出口积累了品牌创业的第一桶金，为后续产品打入国外市场积累了管理、技术、当地市场情报等经验，依靠着代加工出口产品逐步走向自主品牌建设，从产品输出开始走向品牌输出。福建的一众服装品牌，广东的一众家电、电子品牌均很鲜明地体现了这种特点。不同品牌对于内外需侧重程度的不同导致了不同品牌的成长特点。有些品牌一开始走的是出口路线，随后开始打造自主品牌，在国内建立品牌之后再开始将品牌打入海外市场，而不仅是产品出口。有些品牌则一开始就主要依靠国内市场，在国内市场建立品牌之后，再谋求海外。总体来看，中国品牌的大多数是第二种成长路径。无论哪种路径，国内市场都是很关键的。可以说，绝大多数在国际市场上有所作为的中国本土品牌，一定是在本土市场上属于领头羊类型的品牌。

综上，我国品牌成长的消费力具有两个双轮驱动结构，第一个结构是国内消费和国外消费的结构，第二个结构是政府消费与居民消费的结构。从数据上来看，国内消费中的居民消费是支撑我国品牌成长消费力的主要构成，国外消费也对中国品牌的成长起着重要作用，不过由于我国的政府消费体量较小，虽然对于品牌的发展有一定的影响，但是相较之下比较有限。

---

① 德著名中国问题专家：中国经济增长空间被低估 [EB/OL]. 中华人民共和国驻德意志联邦共和国大使馆官网，2019 – 07 – 25.

二、国内消费力的"压抑—喷发"效应和时空维度上的"喷泉扩散"效应

如前文所言,中国的国内消费市场在四十余年里是下了高速的规模化扩张,成为世界第二大消费市场,逼近美国。短短四十余年里中国的消费市场何以迅速庞大至此?具有什么样的特点呢?对于品牌的发展又有哪些影响呢?

首先,中国的消费具有"压抑—喷发"的特点。改革开放是中国消费的一个分水岭,改革开放前中国不存在真正意义上的消费者,存在的只是单纯从事生产的劳动者,消费者的消费意愿和消费能力都受到极大的人为抑制和阻隔。改革开放前,中国长期实行"高积累、低收入、低消费"的重工业优先发展战略。消费因此受到严重限制,居民的消费被隔离在工业化的进程之外[①]。改革开放后,居民收入提升,限制消费的各类制度性因素被逐步解除,伴随着消费品供应的快速增加,消费者压抑多年的消费欲望得到释放,消费者的消费热情也高涨了起来。在改革开放的头十年甚至发生了数次抢购风潮,"最疯狂的"1988年的抢购风潮正是这种消费热情极端而鲜明的表现。改革开放初期的消费行为具有制度变迁中补偿性增长的性质,被压抑的消费欲望及供给不足和凭票供应形成的强迫购买在改革开放后猛然被释放出来,促使消费需求猛增,消费者消费支出增长几乎与GDP同步,个别年份增长幅度甚至大于GDP的增长(如图4.11)。[②] 消费品零售总额的增长直接反映了消费者消费支出的增长,从改革开放前十年(1978—1988年)的社会消费品零售总额和GDP增速的对比中可以发现消费者消费欲望被强烈释放的特点。

其次,改革初期"喷发"后的国内消费力并不是就此中断或者逐渐萎靡的,而是源源不断地喷薄而出。其中的原因可以从两个方面理解。其一,中国消费在时间维度上的喷泉扩散效应。所谓时间维度上的喷泉效应指的是,中国消费者在四十余年的历史尺度中消费者的需求不断升级,主要包括总体消费结构上的升级和原有消费对象的升级。从消费结构上来看,我国居民基本的吃穿消费占比不断下滑,其他方面的支出增长明显,总体上消费结构得到了很大的优化,当下居民除了重视基本的物质消费以外,也更加重视文化、健康、教育、旅游等层面的消费(见表4.6)。1978—2019年,城镇和农村居民的恩格尔系数分别

[①] 中国社会科学院经济研究所居民行为课题组. 居民的消费选择与国民经济成长 [J]. 经济研究,1988(01):26-42.

[②] 唐兵. 建国以来中国消费者行为变迁研究 [D]. 成都:西南财经大学,2010.

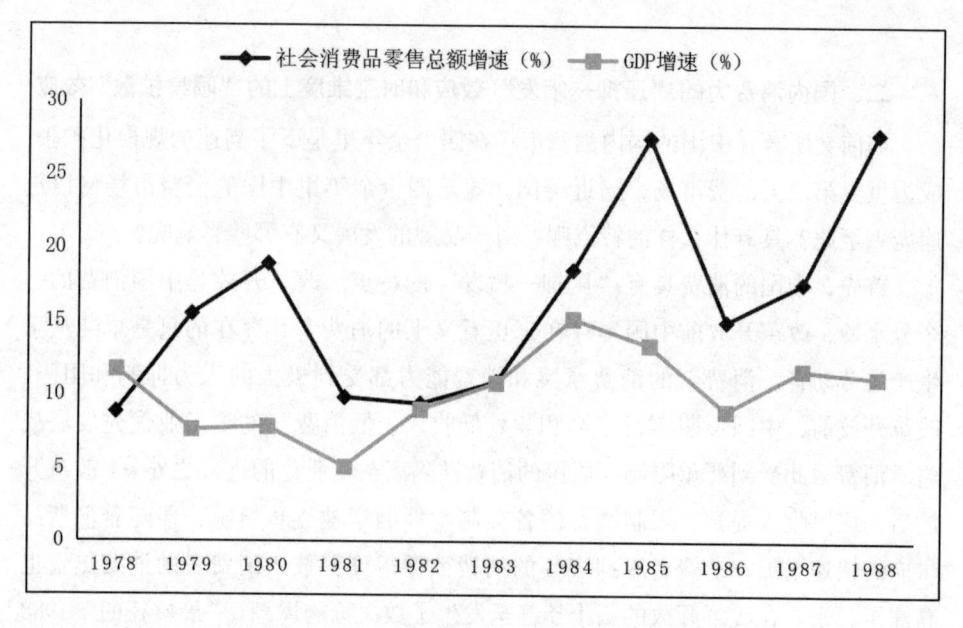

图4.11 改革开放最初十年（1978—1988年）社会消费品零售总额和GDP增速对比
（数据来源：国家统计局）

由57.5%、67.7%下降至27.6%、30%。后由于疫情影响，2020年恩格尔系数有所抬升，城镇和农村分别上升至29.2%和32.7%。① 恩格尔系数的大幅下降表明我国居民消费能力的提升以及消费升级的转变。

表4.6　1978年和2019年居民人均消费支出的构成②

1978年农村（%）		2019年全国（%）	
食品	67.7	食品烟酒	28.2
衣着	12.7	衣着	6.2
燃料	7.1	交通通信	13.3
住房	3.2	居住	23.4

---

① 根据联合国粮农组织的估计，个人或家庭的恩格尔系数，在19%及以下为最富裕，在20%—29%为富裕水平，在30%—39%为相对富裕水平，在40%—49%为小康水平，在50%—59%为温饱水平，在60%以上为贫困水平。
② 由于全国层面的统计数据不够全面，因此1978年采用农村居民的数据代替进行估计。1978年中国城镇化率为17.92%，农民居民的消费情况可以在很大程度上反映出全国的整体情况。

续表

1978年农村（%）		2019年全国（%）	
日用品及其他	6.6	生活用品及服务	5.9
文化生活服务支出	2.7	教育文化娱乐	11.7
——	——	医疗保健	8.8
——	——	其他用品及服务	2.4
合计	100	合计	100

（数据来源：国家统计局）

此外，原有的消费类型也在不断更新换代，在四十多年的耐用品、日化、食品等各个行业的发展中都能够看到这种一直在持续的升级趋势。如我国城镇居民的耐用品消费就经历了1978—1981年贫困—温饱时期的"老四件"（缝纫机、自行车、手表、收音机）时代；1982—1992年温饱—小康时期的"新六件"（电视机、洗衣机、电冰箱、电风扇、照相机、录音机）；1991—2000年小康—总体小康水平时期的"现代三件"（空调、电话、家用电脑）；2001年至今的总体小康—全面小康的"多元化"（汽车、家电、手机、笔记本电脑……）消费阶段。①

正是这种不断升级的消费引导推动了中国市场上一波接一波的品牌产生和发展。消费者的消费会鲜明地反映在广告上，从不同时间点的行业广告投放规模可以看到各阶段中国品牌热点行业发展大致轮廓（如表4.7）。80年代，居民在满足基本的吃穿用消费后，偏向吃得更好、穿得更好，用得更好，因此食品工业、家电工业、纺织工业等迅速发展了起来，并初步涌现出了一批代表性的品牌；90年代，随着居民收入水平的进一步提升，居民消费更加多样化和品质化，家电、食品等行业继续高速发展的同时，药品、酒类、房地产、汽车、化妆品等行业开始兴起，药品行业更是发展迅速；进入新世纪以后，汽车、房地产消费开始进入快速发展期，金融业、信息产业的消费开始起步；进入2010年后，房地产消费爆发，消费更加繁盛多元，互联网消费、服务型消费快速增长，带动了相关行业的发展。

---

① 蒋红云，尹清非. 我国城镇居民耐用消费品消费的发展历程及趋势［J］. 企业经济，2018（09）：43-45.

表 4.7　不同时点广告投放排名靠前的行业变化①（单位:%）

排名	1983	1988	2000	2008	2019
1	生产资料	生产资料	药品	房地产	食品
2	日用品	日用品	家用电器	药品	房地产
3	文化类	食品	食品	食品	汽车
4	药品	药品	房地产	汽车	化妆品及卫生用品
5	食品	文化类	化妆品	化妆品	信息传播、软件及信息技术服务
6	——	——	汽车	服务业	家用电器及电子产品
7	——	——	医疗服务	医疗服务	药品
8			酒	家电	金融保险
9			医疗器械	保健食品	酒类
10			服装服饰	信息产业	金融保险
11			旅游	服装服饰	服装服饰及珠宝首饰
12			烟草	酒类	

（数据来源：国家市场监督管理总局）

其二，除了时间上的以消费升级为核心的喷泉扩散效应之外，空间上的喷泉扩散效应同样明显。可以说中国市场是世界上消费者群体最为复杂、变化最快的市场，这是由于中国市场的多层次性和分散性所造成的。经济学家情报社曾经调查了 22 家在华经营的跨国公司，将中国市场看作是四个或多个市场的占比高达 39%，② 可见中国市场的复杂性。随着中国城市化率的逐步推进，中国农村居民消费在中国居民消费的总盘子中的占比逐步下降，城镇消费特点逐步增强，这也是中国消费社会形成的表现。正是中国市场的多层次性才为中国品牌在面对强大成熟的外资品牌竞争中得以从低端、边缘甚至是山寨市场起步，许多中国品牌在发展初期采取的都是"农村包围城市"的市场策略。随着中国农村的逐步城镇化，上述策略的空间越来越小，中国品牌的发展需要采取更加成熟现代的品牌经营手法，从而完成真正的品牌蜕变。

---

① 根据国家市场监管总局发布的数据整理，随着时代的发展，历年统计的类目的具体名称有所变动，统计内容也有所变化，但是不影响分析结论。
② 经济学家情报社. 跨国公司在中国——赢家和输家[M]. 北京：新华出版社，2000：9.

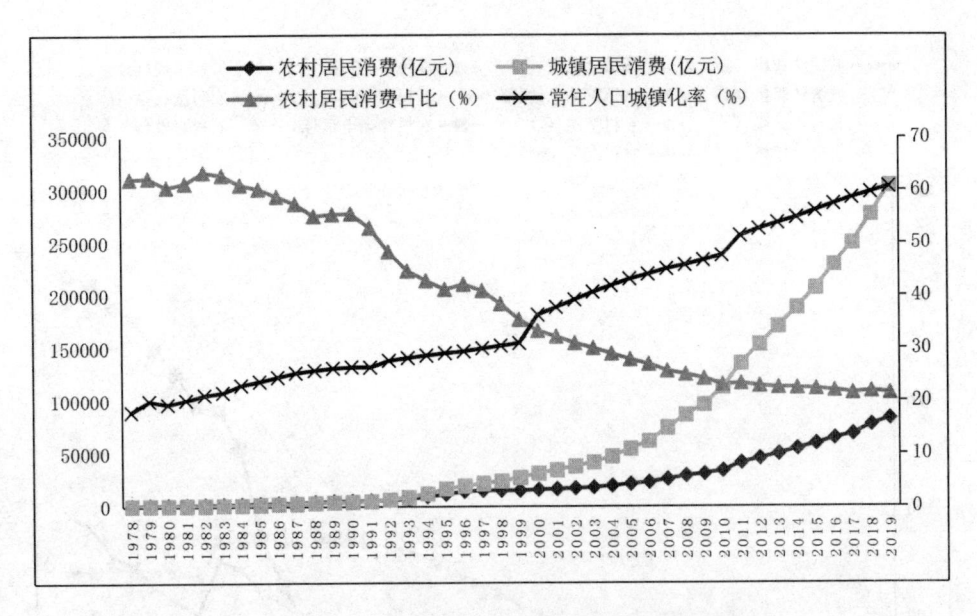

图 4.12 1978—2019 年农村居民和城镇居民消费等情况

（数据来源：国家统计局）

从最基本的层次看，中国存在农村和城镇两个市场（如图 4.12），这种市场特点可以形成最基本的喷泉扩散，即城镇消费者的消费需求升级之后，相对低层次的农村市场会随之跟进填补城镇市场需求留下的空缺，消费需求始终存在，带动品牌的持续发展。从农村和城镇耐用消费品的消费上可以显著地看到这一特点（如图 4.13）。城镇市场的耐用品消费往往先于农村，在城镇消费市场得到满足之后，农村的消费需求开始腾飞，带动产业和品牌的再一次发展。如果将市场进一步细分，中国的一些企业还将中国市场分为一线、二线、三线、四线乃至五六线市场，不同层级的市场有着不同的需求，企业可以针对不同的市场制定不同的策略来满足不同的消费需求。随着需求和流行向相对边缘的市场扩散，品牌在满足中心市场的需求之后，可以继续满足相对低层级的市场需求。

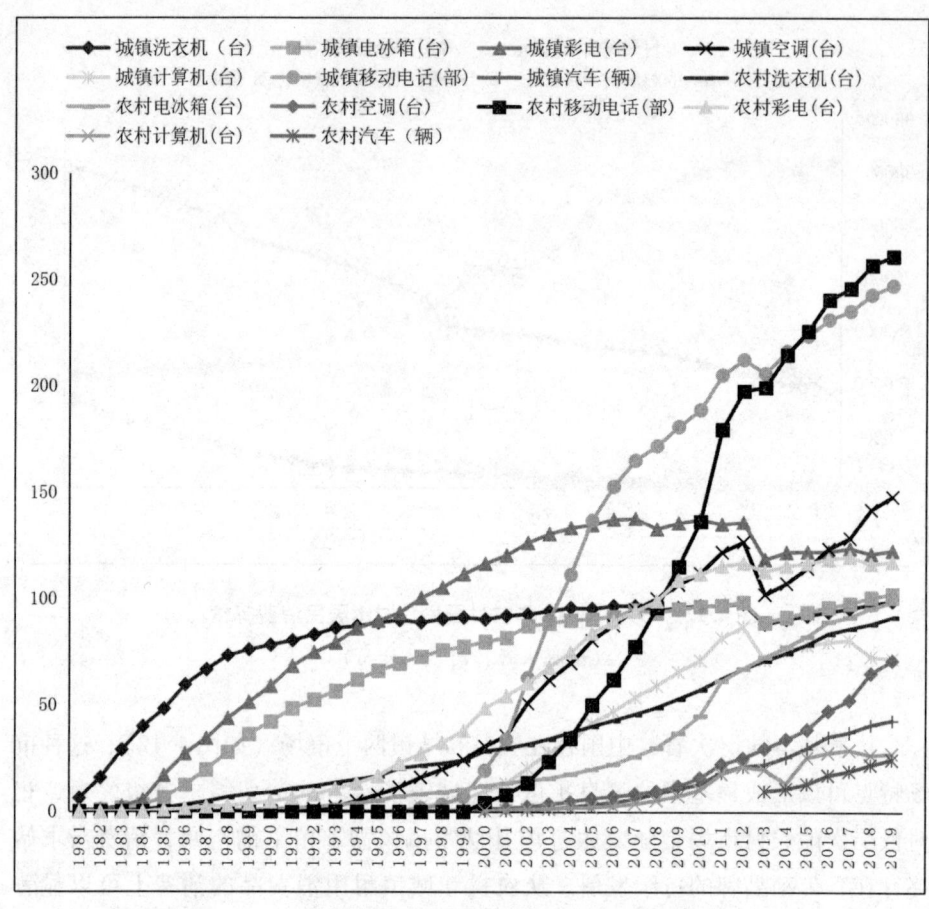

图 4.13 农村和城镇居民家庭每百户耐用品拥有量①

（数据来源：国家统计局）

  正是由于中国消费市场的多层次性和巨大性，让支撑中国品牌成长的消费力一方面可以源源不断地产生，始终维持一个扩张的状态，为中国品牌的发展创造了海量需求；另一方面又可以像喷泉一样喷洒出覆盖"生存—发展—享受"或"物质—服务"的各个层级的消费需求以满足不同品牌发展所需的市场空间。正是这种原因形成了中国丰富多样、大小各异的品牌构成。总而言之，中国是大国经济，大国经济的内需市场一方面具有规模效应，足够支撑品牌发展；另一方面，大国市场又存在多样化和差异化，能够支撑品牌的多样化。"在中国改

---

① 根据国家统计局公开数据整理。2013 年开始统计方法有变化，因此有些类别出现了下降，但随后的年份中重新增长。

革开放的过程中，解放生产力和解放消费力实际上是同时进行的，在解放的过程中，生产和消费通过市场机制达到了强烈而紧密的互动，在这种互动的过程中培育了不同的企业、形成了不同的品牌"。①

三、国外消费力对于中国品牌成长的拉动

改革开放以后，中国利用廉价劳动力以及土地等要素获得了价格的比较优势，并迅速融入了全球价值链中，促使经济得以快速发展。经济的快速发展为企业和品牌的发展营造了良好的宏观环境。具体来看，国外消费力对于我国品牌成长的推动作用可以从以下几个方面进行剖析（如图4.14）。

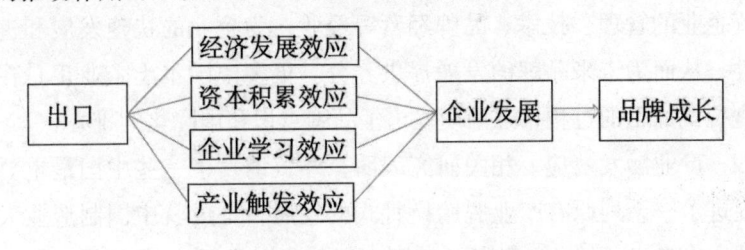

图4.14 出口推动品牌发展示意图

其一，经济发展效应。我国经济增长的三驾马车之一就是出口，出口对于我国宏观经济发展起着重要的推动作用。改革开放以后，我国大力发展以加工贸易为主的出口贸易。通过对我国比较优势和后发优势的充分发挥，我国经济得以快速发展，成为出口导向型经济的代表。李计广等人通过对贸易弹性系数（出口增速/GDP增速）的分析，认为出口在我国经济的发展中扮演着重要角色，不同阶段起到的作用也有区别，但总体上出口不失为我国经济增长的一个发动机。具体来看，1978—1991年出口贸易是经济增长的发动机；1992—2001年出口贸易对经济增长的影响出现波动；2002—2008年出口贸易再次对经济增长起到发动机的作用；2009年以来出口贸易对经济增长的作用出现了减弱的趋势。②出口对于我国经济增长的作用是不能忽视的。经济的增长为我国企业的发展提供了良好的环境，企业和品牌也因此得以快速发展。

---

① 黄升民，张驰. 改革开放四十年中国企业品牌的成长动力考察［J］. 现代传播，2018（09）：4.
② 李计广，王红梅，张娟. 改革开放四十年对外贸易在我国经济中的角色变迁和展望［J］. 国际贸易，2018（07）：7.

其二，资本积累效应。改革开放后，我国在劳动力、土地、资源等方面具有一定优势，但在资本和技术上具有劣势。外方企业进入中国大力发展"三来一补、两头在外"的代加工出口型企业的同时也为中方的企业带来了资本。中方的企业在这个过程中得以积累企业自身和品牌发展所需的资本，从而为品牌将来的发展打下良好的基础。

其三，企业学习效应。改革开放初期中国企业的技术和管理等是一个巨大的洼地，与外资企业存在巨大的鸿沟。中国出口导向的经济发展模式客观上为中外企业创造了接触的机会，从而让外资相对先进的技术、管理等得以溢出到中国市场。由于技术、管理等的溢出效应，中国企业在与外资企业的合作中学习了外资企业的管理、技术、品牌经营等经验，为企业的快速发展和进步提供了可能性，从而为未来品牌的发展提供养分。很多中国本土企业正是在按照外资企业进行代加工的过程中逐渐萌发出了品牌意识和国际化的雄心。

其四，产业触发效应。相关研究表明，外贸诱发了一些中国最重要行业的产生，促进了一系列原有产业脱胎换骨式的发展，是成就中国制造业大国地位的触发器和发动机。[①] 如果仔细考察历史资料可以发现，80年代初期主要出口的产业与当时国内率先孕育出品牌的行业具有很大的重合性。其中的原因不仅仅在于本国居民消费的需求，还在于出口的需要。如从加工贸易的产品结构来看，初期的加工贸易主要以纺织品、服装和轻工业产品等劳动密集型产品为主，进入80年代中后期，加工贸易产品开始多样化，并开始转向资本密集型产品，如机械设备、各类工具、电子产品、家用电器等。产品结构的变化反映的正是当时国内品牌发展的特点：轻工业品牌率先发展，家电行业产生了一批如海尔、长虹等典型品牌。此后，总体的商品出口结构中，初级产品占比越来越低，工业制成品、机电产品出口和高技术产品出口比重不断上升（如表4.8），这也反映了国内品牌发展的高级化，国外市场相对高端的需求客观上也促进了国内品牌的高级化。

[①] 赵伟. 中国对外贸易40年：政策回顾与展望[J]. 世界经济研究，2019（02）：33 - 34.

表 4.8 我国出口商品结构的变化（单位:%）

年份	初级产品出口比重	工业制成品出口比重	机电产品出口比重	高技术产品出口比重
1980	50.3	49.7	6.7	——
1985	50.5	49.5	6.1	——
1990	25.6	74.4	17.9	——
2000	10.2	89.8	42.3	14.9
2010	5.2	94.6	59.2	31.2
2017	5.0	95.5	58.4	29.4
2020	——	——	59.4	29.9

（由于各类目数据存在重合，所以年度百分比之和高于100%。数据来源：国家统计局）

四、消费力的变动趋势与中国品牌的未来

回顾改革开放以来宏观经济的发展历史，可以发现，国内消费[①]一直起到压舱石的作用。相较于投资和出口，消费对于经济发展的贡献率一直为正，长期贡献率高于50%，高点甚至接近90%（1990年为89%），低时也超过30%（1994年为35.1%）（如图4.15）。相关研究表明，相较于投资和出口，消费具有惰性和刚性，也更加稳定，一般不会出现大的变动。[②] 2013年以来，随着中国经济转型压力的加剧，投资和净出口动力减弱，消费总量始终维持了稳定的增长，消费对于经济的拉动作用变得更为明显，2019年对于中国经济的拉动率达到了58.6%（由于疫情的冲击，2020年最终消费支出消费对经济增长的贡献率出现了1978年来的首次负值，为-22%）。虽然消费对于国内经济发展的支撑性作用不断凸显，但也有投资和净出口占比由于各种不利因素走低导致消费占比被动走高的情况发生。消费，尤其是居民消费的相对不足依旧困扰着中国经济和品牌的进一步发展。以美国这个典型的消费驱动的国家为例，美国居民消费占GDP的比重在2020年达67.1%，而中国这一数值仅为37.7%，相差近

[①] 这里的消费指的是最终消费支出，包括居民消费支出和政府消费支出。
[②] 臧旭恒.如何看消费对我国经济增长的作用[J].消费经济，2017（02）：5.

30个百分点。① 可见，中国消费市场虽然巨大，但是在结构上，尤其是居民消费上依然还有很大的提升空间。这也是"十四五"规划和2035年远景目标纲要强调构建新发展格局要以扩大内需为战略基点的内涵所在。空间意味着潜力，摩根士丹利预测，中国的消费市场规模将在下一个十年中翻倍，年化增长率达到7.9%，将达12.7万亿美元。②

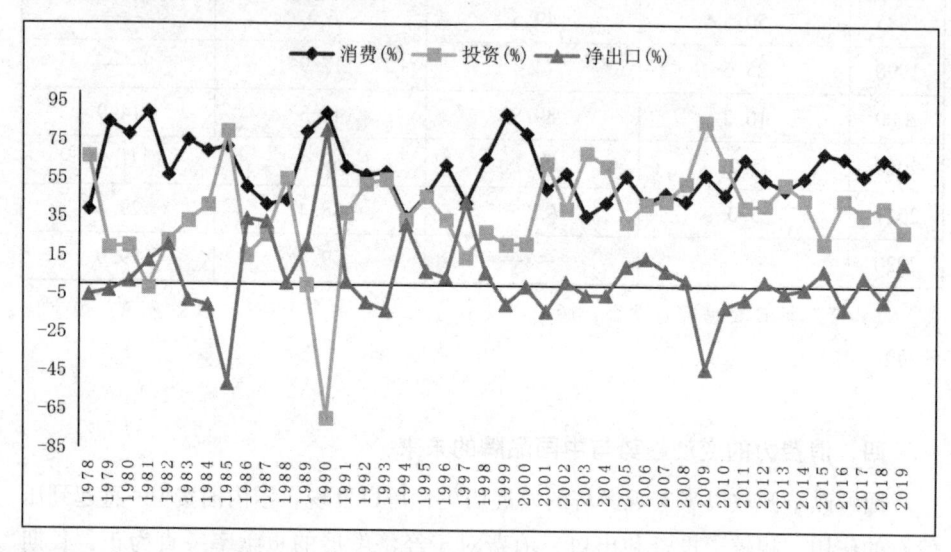

图4.15 1978—2019年消费、投资和净出口"三驾马车"对于经济发展的贡献率
（数据来源：国家统计局）

生生不息的国内消费为中国品牌的成长提供了发展方向和市场的基本保证。当下，中国的消费总体上呈现出消费升级的特点，同时消费更加个性化、理性化和数字化。过去主导国内消费市场多年的随大流的排浪式消费的特点正在逐步成为历史，消费者对于品质、个性、文化价值观层面的要求越来越高，对于品牌的认识趋于理性。未来中国品牌的成长既需要把握住这些正在发生的趋势；同时也要警惕当下消费趋冷的倾向。国际市场对中国品牌的发展起到了加速器的作用，全球化时代下中国品牌面临着全球竞争和全球机遇，中国品牌要结合我国"一带一路"倡议、经济高质量发展的要求，不断加快国际化布局，将自身打造成真正在全球具有影响力的强势品牌。

---

① 分别根据美国经济分析局（Bureau of Economic Analysis）以及中国国家统计局公布的数据计算整理得出。
② 摩根士丹利：中国正在重置其经济底层逻辑［EB/OL］. 腾讯新闻，2021-08-14.

延伸阅读：花西子——生意好做，品牌难做

3年销量30亿，成立于2017年的花西子在短短几年就已打响名头，成为国潮化妆品的领头羊。

花西子能够在整体市场增长放缓和疫情的冲击之下实现快速突破主要得益于三点。一是品牌定位的成功。花西子自创立之初就明确了东方美学彩妆的差异化国风定位，并在后续的产品和营销布局中一以贯之，在市场中形成了极高的品牌知晓度；二是踩中了新平台和新渠道的营销红利。梳理花西子的发展历程不难发现，2019年是花西子的关键节点。正是在2019年，直播电商开始走热，疫情之下，直播电商进一步爆发，花西子也在这期间与头部主播李佳琦形成深度绑定。借助直播电商和头部主播的流量红利，花西子的成功有其必然性。此外，花西子在抖音、小红书、B站等平台上利用KOC和KOL广泛种草，渗透多圈层用户。近来，花西子还通过广泛开展代言人营销、开屏广告、电梯广告等多方位投入加深品牌形象；三是聚焦化的产品策略。与同样是新锐品牌的完美日记相比，花西子的产品种类较少，它主要是将有限的品牌资源聚焦于面部彩妆和唇部彩妆，打造雕花口红、空气散粉等爆品。聚焦化的同时，花西子根据消费者的需求不断快速迭代旗下产品，不少代表性的单品经历了多轮升级。

花西子的品牌突破也与更大的社会背景相联系，这也是近年来元气森林、三顿半、完美日记等新锐品牌爆发的共同因素。首先，中国发展快速、规模庞大的数字经济产业为新兴品牌的崛起提供了温床。中国通信院的数据显示，2020年我国数字经济规模达到39.2万亿元，占GDP比重的38.6%，同比名义增长9.7%，远高于GDP的增速。数字经济孕育了诸多数字平台，疫情之下品牌对于数字平台的依赖程度加深，阿里巴巴、字节跳动、小红书等互联网平台均维持良好增长。花西子自诞生之初就高度依赖互联网平台开展品牌传播和市场销售活动。互联网平台的传播销售具有一体化和品效合一的特点，有力助推了初创品牌的快速规模化；其次，以Z世代为代表的新一代消费者对本土品牌的好感度日渐上升，推动了国潮的风行。以95后和00后为代表的Z世代消费者登上中国消费大舞台是中国消费市场上最重要的结构性变化之一。相关研究认为，Z世代的中国消费者更加具有个性和圈层化，是数字化生长的一代。他们长于物质相对丰裕的环境，更愿意以消费表达自身的价值观及个人兴趣，更具文化自信等。更为重要的是，他们对于中国品牌的喜好度更高，对于西方品牌不再盲目从众；最后，中国完整而统一的产业链为新品牌的快速创出和跨品类创新提供了生产制造前提。花西子没有自己的工厂，其产品全部依靠代工。

代工的基础在于，中国是全世界唯一拥有联合国产业分类中全部工业门类的国家。

　　花西子的成功有自身的原因也有社会结构的支撑。但就一个新创品牌而言，如何在当下巨变的环境中构建体系化的品牌能力才是决定未来生死的关键，未来花西子的发展至少会面临以下四个问题。

　　问题一，如何实现市场空间的突破，从小众品牌走向大众市场。总的来看，花西子仍是一个带有浓厚网红色彩的小众品牌，如果想寻求更大的市场空间就势必要调整现有布局，从而融入中国当前 5000 亿左右规模的化妆品大市场中。品牌层面则意味着花西子要从一个小众的网红品牌转变成为一个国民品牌，面临着定位的取舍平衡，这种跨越不是一朝一夕可以完成的，也充满了风险。

　　问题二，如果花西子要寻求更大的市场空间，那么就会面临产品线和销售渠道布局的调整。如前文所述，产品线的聚焦策略让花西子能够集中有限资源迅速出街，然而如果想实现进一步的发展，除了提升现有产品之外，还需要应时而动进入其他相关品类，这又会涉及品牌多元化、品牌延伸以及品牌架构等问题。花西子目前推出了护肤品类的中高端 OGP 时光肌，正处在培育阶段，未来发展如何还有待观察。此外，花西子高度依赖线上渠道，线下渠道的销售可以忽略不计。然而中国依旧有七成左右的化妆品依靠线下销售完成，线下市场是不能够被忽视的，线下终端对于品牌形象的塑造价值也应重视。此外，由于电商平台的强势以及流量成本的日趋增加，花西子实际上将会面临着越来越大的压力。但目前花西子并无布局线下渠道的举措，未来发展可能会受限。先行的类似品牌如三只松鼠等已经开始转型。

　　问题三，产品质量的把控。产品是品牌的根基和生命线，当下花西子走的更多的是一条轻资产运营的道路，着力于品牌运营和产品设计，生产交由代工完成，这也是许多国际品牌的通行做法。然而，此种模式对于产品质量的把控能力以及产品原创设计能力要求很高，也需要技术创新能力的支持，目前网络上已经出现了不少关于花西子产品的负面口碑。如果撇开营销和品牌，产品本身没有稳定的质量，也缺乏创新能力，那么花西子大概率会成为品牌潮流中的一颗流星。

　　问题四，传播和销售层面如何走出李佳琦依赖症。花西子的成功离不开李佳琦和直播电商的红利加持。关键在于，未来可持续吗？答案显然是否定的。实际上，花西子也在进行调整，试图摆脱李佳琦依赖症，如加大电视、电梯等媒体的投放，寻找新的主播等，但是成效不尽如人意。从更深层次来看，花西子品牌目前过度依靠营销，尤其是过度依靠难以可持续的流量焦点，而不是依靠体系化的品牌能力支撑，九十年代广告标王的速生速死以及淘汰品牌的衰落是前车之鉴。

花西子虽是一个成立仅四年的年轻品牌，但是也需有打造百年品牌的理想。品牌是一个长期工程，未来花西子要转换动力，从营销驱动走向真正的品牌驱动和根本上的创新驱动。

生意好做，品牌难做。

第三节 传播力与中国品牌成长

品牌传播是品牌建设的关键[1]，是所有品牌的生命线[2]，品牌传播是联结品牌与消费者之间关系的桥梁，品牌信息在传播中得以沟通，品牌资产、品牌忠诚、品牌认同等在传播中得以实现，品牌形象的建立、品牌战略的实现都离不开品牌传播的过程[3]。纵观改革开放后中国品牌传播力的发展，同样呈现出中国的特色。第一，改革开放后中国品牌的传播力经历了一个快速恢复和扩张的过程，这种恢复和扩张可以从广告业和媒体业的快速发展中体现出来；第二，中国品牌的传播力经历了一个从政治属性转变为经济属性的过程，但是依旧沿袭着一脉相承的"宣传观"；第三，中国媒体的特殊属性成为形塑中国品牌高速成长的一个关键要素。

一、由弱到强：中国品牌传播力的快速扩张与结构变化

改革开放以后，我国品牌的传播力得到了极大的提升，这一点从服务于企

---

[1] 余明阳，舒咏平．论"品牌传播"[J]．国际新闻界，2002（03）：63．
[2] KELLER K. Consumer research insights on brands and branding: a JCR curation [J]. Journal of Consumer Research, 2020（5）: 997.
[3] 姚曦，李娜．中国品牌传播研究的学科知识可视化分析[J]．现代传播，2018（05）：116．

业品牌传播的广告产业和媒体产业①的发展就可以看出。改革开放后，广告业和媒体业恢复经营，在企业发展需求的推动和自身发展压力的倒逼下，广告产业和传媒产业迎来了快速发展的新阶段。

改革开放初期，人们对于广告的认识从"资本主义市场兜售商品、欺骗顾客的行径"转变为"一种传播经济信息的手段"，"社会主义宣传工作的一种形式，既要为建设社会主义的物质文明服务，又要为建设社会主义的精神文明服务"。② 广告得到正名，破除了意识形态上的发展枷锁，顺应着市场化的大潮迅速发展了起来。总的来看，1979 年至今中国广告业的发展大致经历了四个发展阶段，分别是 1979—1991 年的恢复重生与探索发展阶段；1992—2001 年的快速发展阶段；2002—2009 年的持续发展阶段以及 2010 年至今的数字化转型升级阶段。③ 从数据上看，经过四十多年的发展，中国广告市场规模从 1979 年的 1000 万元增长到 2019 年的 8674.28 亿元，占 GDP 的比重从 0.002% 上升至 0.88%。目前中国广告市场已经成为世界第二大的广告市场。中国国际公关协会从 1998 年开始统计公关经营额的数据，当年为 0.1 亿元，到 2019 年这一数字已经增长至 668 亿元，广告市场也成为中国品牌传播力的重要组成部分（如图 4.16）。

---

① 广告产业在本书中更多指的是以从事广告、公关等传播相关经营活动的代理公司（主要包括广告公司和公关公司）所形成的产业。户外广告经营相对特殊，更多地呈现出的是广告公司（如分众传媒、航美传媒等）而不是媒体平台（如中央电视台、人民日报、中央人民广播电台、时尚芭莎、腾讯新闻等）的形式。但如果仅仅从媒体这一角度来说，电视、报纸、广播、杂志、户外、互联网是我国的六大媒体平台。在中国，各大媒体平台主要依靠广告经营支撑媒体发展，因此媒体产业与广告产业有很大的重叠性和融合性，但又有区别。
② 丁俊杰，王昕. 中国广告观念三十年变迁与国际化［J］. 国际新闻界，2009（05）：5.
③ 姚曦，翁祺. 中国广告产业四十年的回顾与思考［J］. 新闻爱好者，2019（04）：16 - 21.

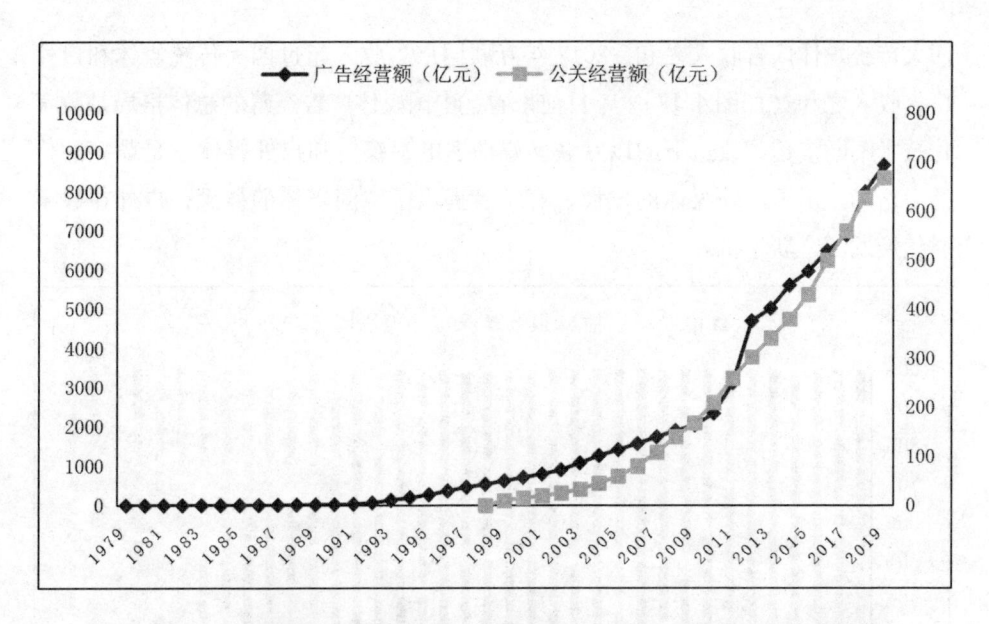

图 4.16 广告经营额与公关经营额（左轴为广告经营额，右轴为公关经营额）
（数据来源：国家市场监督管理总局、中国国际公共关系协会）

　　1979年，《天津日报》、上海电视台等媒体先后恢复广告经营，媒体的产业化之路开启并在随后的实践中逐步得到确认，作为品牌传播平台的媒体依托以广告经营为主的多种媒体经营手段在市场化的大潮中迅速发展。在资本、技术和政策三大要素的博弈之中，四十余年的中国传媒产业的发展大致可以划分为5个阶段，1979—1984年为经营恢复期，1985—1991年为初步探索期，1992—2000年为产业化浪潮期，2001—2008年为颠覆与转型期，2009—2018年为融合移动互联期。① 经过四十余年的发展，中国的传媒传播平台不断扩张，这一点从各大媒体的广告经营额的增长上可以得到初步的印证。从媒体间广告收入的对比上来看，大致以电视媒体为代表的传统媒体称霸企业品牌传播主流平台三十余年，互联网成为第一传播平台是近五六年的趋势；20世纪80年代是报纸的天下；20世纪90年代电视兴起之后占据了中国广告市场收入第一的位置并长达二十三年（1991—2013年）；互联网媒体发展迅速，2008年中国互联网用户梳理位居全球之首。2011、2013年互联网广告收入分别超过报纸和电视，成为第一大广告媒体（2013—今），2015年互联网广告收入超过电视、报纸、广播、杂志

---

① 王薇. 中国传媒产业40年发展历程及动因［J］. 未来传播，2019（01）：71-77+122.

四大传统媒体广告收入之和，2017年互联网广告收入超过四大传统媒体和户外广告收入之和（如图4.17）。① 目前来看，中国媒体广告经营的总体格局是数字化技术不断渗透和改造下的以互联网媒体、电视媒体和户外媒体三足鼎立的传播力格局。由于户外媒体的发展，有学者提出了空间媒体的概念，户外在数字时代焕发了全新生机。

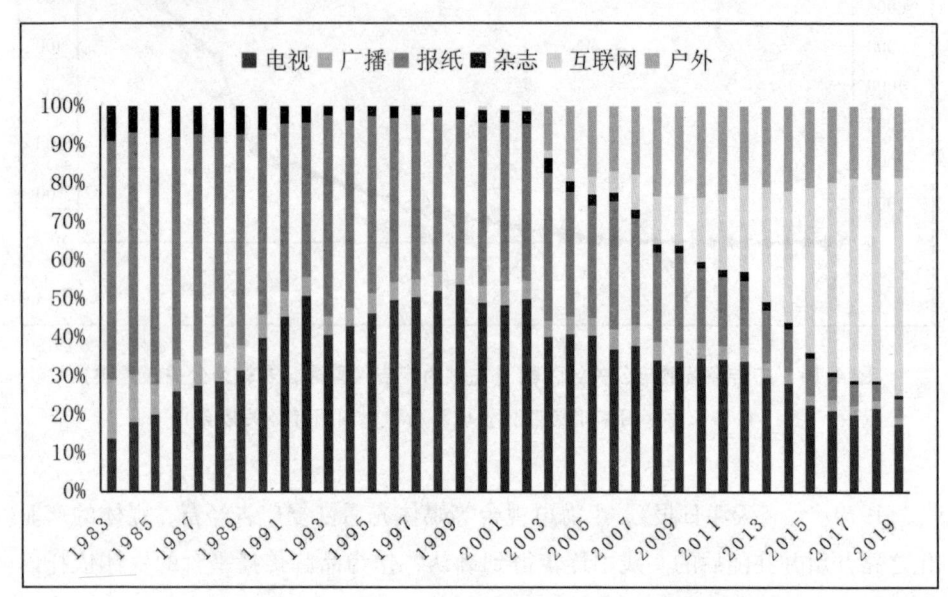

图 4.17　六大媒体平台广告经营额的变化趋势②
（互联网从 1998 年开始统计，户外从 2003 年开始统计）
（数据来源：国家市场监督管理总局、艾瑞咨询、中关村互联网实验室、中天盈信）

传播力除了在规模层面实现了大幅度扩张之外，如果以四十余年的历史尺度来看，无论是广告业还是媒体产业都发生了很大的变化。由于广告业与媒体产业紧密相关，某种程度上两者的变化趋势也呈现出一定的相似性，传播介质的变化也深刻影响了我国的品牌传播。

其一，数字化转型以及初露曙光的 AI 化趋势。在互联网快速发展的大潮

---

① 由于数据来源不同，这种对比的合理性也受到质疑，但是互联网广告份额逐步增加的大趋势不变。
② 电视、广播、报纸、杂志的广告经营额数据来源于国家市场监督管理总局，互联网广告经营额数据来源于艾瑞咨询以及中关村互联网营销实验室，户外广告经营额的数据来源于中天盈信（CODC）。

下，原有的传统媒体开始了自身的数字化转型，媒体融合如火如荼，无论是电视，还是报纸、杂志、广播、户外，都开始依靠互联网的技术和思维进行数字化转型。随着大数据、深度学习、云计算等的技术突进，媒体也开始将人工智能融入到转型之中。媒体平台的巨变，带动广告产业的同步变化，广告产业也开始注重数据、算法和互联网技术的运用，人工智能相关技术也被运用到广告业实际业务的操作中。关于人工智能如何改造和重构广告产业和媒体产业的研究也开始展开，相关论文井喷。

其二，技术和数据支撑下的产业间、媒体间的融合化趋势。随着互联网技术对于各行各业的渗透，产业间的边界正在变得模糊化，跨界成为一种常态，对于广告产业和媒体产业同样如此。可以说，在中国广告产业和媒体产业的前三十年里，产业发展较为稳定，边界也相对清晰。互联网加速发展之后，尤其是2013年移动互联网起飞之后，广告产业和媒体产业迎来了剧烈的大变革、大转折时期。首先是传统平台和新兴平台之间的冰火两重天的生存状态。传统媒体平台及其代理公司，尤其是传统4A巨头迎来了转型的阵痛期；依托全新互联网媒体的代理公司则依靠对大数据、数据、算法的熟悉和掌握迅速占据了广告市场；互联网时代，创意和策略依旧重要，也有一批依靠创意和策略的小而美的代理公司获得了广告主的青睐。其次是产业间的相互渗透和融合，互联网技术公司和咨询公司"入侵"广告业，广告主的"in house"广告团队呈现出扩张的趋势，各大媒体平台之间也在融合发展。总而言之，技术进步不断打破产业间的壁垒，广告产业和媒体产业依托数据和技术在进化中走向融合。

其三，品牌的营销传播也因此呈现出新的特点，进入了"数算力"时代。① 互联网改变了消费者的生活方式，改造了传播平台本身。与传统媒体时代一对多的、单向的广播式传播不同，互联网时代的传播和消费者沟通更加强调多对多的、互动的、体验的、场景的传播方式。随着人工智能三个支撑，即"数据、计算力、算法"的发展，品牌的营销传播正在缓缓步入与人工智能相互促进的"数算力"时代。

---

① 刘珊，黄升民. 人工智能：营销传播"数算力"时代的到来 [J]. 现代传播，2019 (01)：7-15.

二、从政治到经济，从宣传到传播："一脉相承的宣传观"的痕迹

广告是一种特殊的传播活动，① 大多数企业的品牌传播活动也主要由各式各样的广告活动构成。从传播活动的分类上看，有学者将与社会领域相关的广义社会传播分为经济及产业传播、政治传播、法律传播、教育传播等，② 也有学者以人类活动的性质为依据将传播活动划分为政治传播（宣传说服、舆论、政治选举）、经济传播（广告营销、公共关系）、文化传播（新闻、大众文化）和医疗传播（健康传播、医疗传播）。③ 企业的品牌传播活动属于经济传播的范畴。

改革开放前中国实行计划经济，是缺乏市场意义下的经济传播，经济传播的典型表现广告也消失了。政治传播在改革开放前的中国是一种很普遍和强势的存在，改革开放后主要的企业界对政治传播的理念、技巧和手段是熟悉的。中国的企业品牌传播其实与中国的政治传播一脉相承。"因此，他们从意识形态的宣传运作中，学习和领会广告的精髓。在他们看来，广告，说到底，就是宣传。而产品和宣传，就是打天下所用的枪杆子、笔杆子。而关键的问题，是有没有钱做广告，有多少钱做广告。至于如何做广告，那是另外的一码事情。广告所有的秘密，是要么不做，要么大做，轰轰烈烈地做，铺天盖地地做。"④

改革开放以后，中国开始以经济建设为中心，市场化的改革催生了市场经济的再次发展，包括广告在内的经济传播以此为契机重新出现。从本质上来说，无论是政治传播还是经济传播都属于传播，遵从并共享传播的基本规律。从政治到经济、从宣传到传播，改革开放后的企业经营者在传播力面临的无非是一种转型问题。但这种转型不是一蹴而就的，需要一个过程，在转型过程中我们依旧能够看到时代所留下的印记。改革开放初期，中国的企业经营者对于广告以及其他品牌传播手段的认识并不深刻，大多依旧依循着舆论或宣传的概念进行广告操作，由于长期政治传播的传统，加上消费者长期在政治传播环境中所形成的天然的信任感，这种手法的效果奇好，造就了20世纪80年代"广告一响黄金万两""一条广告救活一个厂"的广告效果奇观。

---

① 丁俊杰，康瑾. 现代广告通论（第3版）[M]. 北京：中国传媒大学出版社，2013：21.
② 申光龙. 整合营销传播战略管理[M]. 北京：中国物资出版社，2001：75.
③ 李少南.《传播学在中国的一些观察》，参见：张国良，黄芝晓. 中国传播学：反思与前瞻——首届中国传播学论坛文集[M]. 上海：复旦大学出版社，2002：142.
④ 黄升民. 黄升民自选集——史与时间[M]. 上海：复旦大学出版社，2004：317.

<<< 第四章 中国品牌成长的动力机制：历史分析与实证检验

20世纪90年代，广告、公关的奇招妙招不断，点子热、策划热风行一时，企业屡屡进行密集式、地毯式的广告轰炸。进入21世纪以后，企业的传播理念虽然在升级，但是依然能够看到改革开放前政治传播的痕迹。从不少中国企业的实际品牌战略中，也时常能够发现"农村包围城市""持久战""游击战"等充满中国特色的革命战略术语的影子。在企业的实际品牌传播操作中，新闻记者往往将宣传的力量转化为广告和公关的力量，公关、广告、新闻这三者在中国的界限从来都是模糊的，20世纪80年代健力宝的"中国魔水"品牌故事的形成正是这一时期中国现实状况地鲜明体现。① 直到现在，新闻记者在媒体单位、企业和广告、公关等公司间的流动也是一个普遍的现象。再如民营企业发展早期争戴"红帽子"②，用政治资源寻求庇护的同时以政治宣传自身。其实，从更长的新中国成立以来的时间来看，我国的政治传播和品牌传播是一个互动过程，经历了一个二者合一、被动适应、主动改变、相互博弈和良性互动的曲折发展历程（如表4.9）③。这一过程正是中国品牌传播力转型过程的体现。

表4.9 新中国成立至今国内品牌传播与政治关系发展的五个阶段④

阶段	特点
计划经济时期	品牌与政治合一，企业宣传只是政治宣传的一部分，还不能被视为真正的"品牌传播"
1978—1990	品牌传播萌芽的同时被动适应政治、广告科出现，开始与政治传播相分离
1990—2000	品牌传播发展壮大，对政治的关系从"被动适应"走向"主动改变"

---

① 关于"中国魔水"的故事的形成以及其中的讹传，详见：赵新利. 对"中国魔水"品牌故事的考证与思考［J］. 品牌研究，2018（06）：12-15+19.
② "红帽子"现象就是一些本是属于纯粹私营的企业，却在企业注册时想方设法登记成为"集体企业"，为企业的经营发展找一把保护伞。但"红帽子"的负面作用也很大，如当时的联想、四通等著名大企业都曾因"红帽子"问题饱受产权不清之苦。参见：朱先春. 民营企业的"政治营销"战略［J］. 港澳经济. 1999（9）：82-83.
③ 荆学民，冯涛. 探索品牌传播与政治传播良性互动的新境界［J］. 新闻大学，2016（01）：40.
④ 荆学民，冯涛. 探索品牌传播与政治传播良性互动的新境界［J］. 新闻大学，2016（01）：39-40.

续表

阶段	特点
2000—2010	品牌传播与政治相互博弈，一系列企业广告触犯政治底线，如丰田霸道广告辱华事件
2010 至今	品牌传播与政治传播的良性互动，如总理出访推销高铁，主席出访众多企业家随行等

（本书整理）

三、中国媒体的独特性与中国品牌的非常规成长路径

改革开放后，迫于巨大的财政压力，政府允许媒体开展广告经营，并确认了"事业单位、企业管理"的新闻体制。就这样，媒体单位一边遵循市场规律开展以广告经营为代表的市场经营活动，一边履行宣传功能。无论是宣传功能的有效发挥还是广告经营的成功，都离不开媒体传播能力的提升。传播能力的重要构成就是媒体的覆盖率，广播和电视的覆盖率在改革开放后是显著提升的（如图4.18）。在互联网媒体形成挑战之前，广电媒体长期成为品牌打造的主要媒体。高覆盖率，辅以党和政府所形成的高公信力，在中国市场上以电视，尤其是以央视为代表的媒体成为品牌传播的绝佳和主流平台。大企业往往结合大媒体形成大品牌。

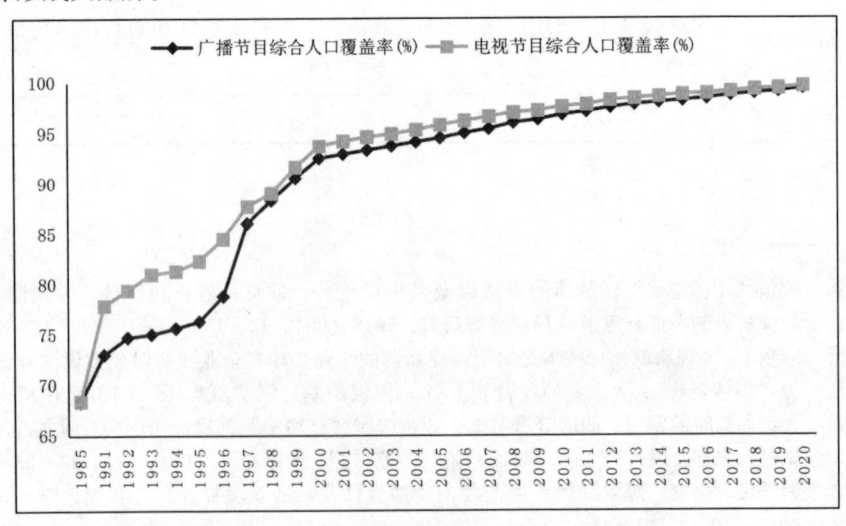

图 4.18 1985—2020 年广电媒体节目的综合人口覆盖率

（数据来源：国家统计局）

在这样的条件下，大企业或者愿意进行大额传播投入的企业依靠大的媒体平台能够迅速完成自身品牌的初步构建，甚至能够依靠大媒体形成品牌发展优势迅速压倒原有竞争对手，形成一批批的"黑马"企业和品牌。"大投入＋大媒体＝大品牌"是很长一段时间内中国品牌得以迅速成长甚至是赶超行业领先者的"秘密"所在。在这一过程中，中央电视台所造就的品牌成长故事最具典型性和代表性。如果仔细考察改革开放后形成的代表性的中国企业品牌的成长历程可以发现，企业投放央视广告不一定造就品牌成功，但是如果不投放央视广告则品牌大概率不会成功。从引起企业极大热情的历次央视招标到"国家品牌计划"再到"品牌强国工程"，央视一直在中国企业的品牌成长中发挥着不可替代的特殊作用，这是中国独有的一个品牌成长事实。在传统媒体经营整体陷入困境时，央视广告收入却能够实现逆势增长，这也与其独特的媒体地位和传播作用有关。2018年央视广告收入实现了历史性的突破，2019年上半年更是实现了两位数的增长。① 与此同时，电视媒体广告在2018年是－0.3%的增长，2019年上半年依旧延续着负增长的趋势，对比明显。作为西方成熟品牌经营典范的外资品牌宝洁一开始对于央视巨额的广告投入十分谨慎，但其后迅速调整策略，成为央视标王的三连冠，稳住市场的同时也造就了上世纪宝洁在中国增长的黄金时代。也许有专家学者诟病中国企业这种"品牌传播＝广告＝宣传""大投入＋大媒体＝大品牌"的传播理念和操作方式不科学、简单且粗放。但是正是这种模式在很长一段时间内帮助中国企业成功构建了品牌。直到现在，在很多企业的传播方式中依然可以看见这种打法的最初特色。央视推出的国家品牌计划以及品牌强国工程受到欢迎正说明了这一点。

延伸阅读：改革开放以来央视广告经营回顾②

一、不得不说的央视广告

回顾中国品牌自改革开放以来的发展史可以清晰地看到中央电视台（央视）在其中发挥着举足轻重的作用。作为国家级媒体的央视是中国品牌成长核心要素之传播力的重要构成和实现手段。1978年后的很长一段时间，央视广告被视为国家经济的晴雨表和广告市场的风向标。此前历时数年的央视广告招标更是吸引了社会各界的高度关注。央视的广告经营流变不仅是中国特殊的媒体产业

---

① 根据央视广告部主任任学安2019年7月11日在"中国广告发展四十年学术论坛暨2019全国广告学术研讨会"的发言整理。
② 感谢黄升民教授的指导以及张允竞博士对本部分内容的贡献。

化曲折进程的鲜明体现，也是观察中国经济发展、产业变迁以及广告市场和品牌异动的一面镜子。以1979年央视恢复广告经营为时间起点，结合央视广告经营中的重要举措、市场环境的变化以及品牌的发展情况等因素，将1979年至2019年的央视广告经营分为三个历史时期，即前央视广告经营的发轫与塔尖媒体位置的初步确立时期（1979—1993），央视广告招标的狂飙突进时期（1994—2012），招标的弱化与"国家品牌计划"和"品牌强国工程"提出的后招标时期（2013年至今）。

二、第一阶段（1979—1993年）：央视广告经营的发轫与塔尖地位的初步确立

（一）央视广告经营的发轫

1978年之前，作为国家事业单位的央视由国家拨款，并不开展广告经营活动。1978年之后，媒体单位逐步确立了"事业单位，企业管理"，从单一的事业属性走向兼具"产业"和"事业"的双重属性。央视也一改此前的全额预算为差额补助，广告经营走入央视决策者的视野，由此开启了央视广告经营的产业化发展之路。1979年3月15日，中央电视台首次播出外商西铁城手表广告，同年10月，央视成立广告科。1979年央视还曾播出第一条自制广告，广告主是首都汽车出租公司。央视曾为河北蓟县暖气片厂制作并播出广告，引发了"一条广告救活一个厂"的传播效果。① 此后随着市场的快速发展，单薄的广告科已经不足以管理和服务企业日益旺盛的广告传播需求，于是央视在1987年的7月成立了广告部。

（二）作为塔尖媒体地位的初步确立

改革开放后中国媒体产业迅猛发展。首先，报刊媒体中掀起了一股恢复潮和创办潮，与此同时，广播、电视媒体纷纷大干快上。1982年第十一次广播电视工作会议提出"四级办台"，此背景下广播电视数量激增。1983年报纸、杂志、电视、广播的数量分别是305家、633家、57家、115家，十年后的1993年分别增至2054家、3324家、1606家、834家。从广告经营额上看，这一时期报纸和电视占据媒体广告经营的主导地位，两者远超杂志和广播，1991年电视广告经营额首次超过报纸，成为当时中国市场上的第一大广告媒体。② 结合广告

---

① 国际广告杂志社，北京广播学院广告学院，IAI国际广告研究所.中国广告猛进史（1979—2003）[M].北京：华夏出版社，2004：9.
② 范鲁彬.中国广告30年全数据[M].北京：中国市场出版社，2009：13-20.

媒体的数量和各媒体广告经营额的情况来看,当时中国的媒体格局其实已经初步呈现出一种金字塔形态,顶级的电视和报纸媒体构成了金字塔的塔尖。而塔尖高位之中,央视又占据了极其重要的位置。可以说,经过十多年的发展,央视已经初步确立其作为中国媒体塔尖的地位以及与之相伴的巨大的商业传播价值。央视之所以能够迅速确立了在媒体格局中的塔尖位置主要得益于两个因素。

第一个因素来自市场的发展。一是,家电产业的迅速发展为央视传播力的提升奠定了物质基础。改革开放后,政府着力调整畸形的工业结构,包括家电产业在内的轻工业得到了优先发展。在蓬勃的市场消费引导下,家电产量快速攀升,1993年,城镇居民家庭平均每百户彩色、黑白电视机拥有量分别达到了79.46台和35.92台,农村居民家庭平均每百户黑白、彩色电视机拥有量分别达到了58.30台和10.86台,在电视机逐步普及的基础上,电视人口覆盖率达82.3%[①]。一直到90年代初期,在当时除了央视可以做到全国覆盖之外,其他层级的电视如卫视尚未上星,尚不具有覆盖全国的能力。因此,可以得出一个比较可靠的结论是,90年代初期央视的综合覆盖率约等于电视整体的覆盖率。也就是说,央视在当时可以覆盖八成左右的全国居民。无与伦比的市场覆盖率使央视成为当时中国企业传播效力最大化的最佳选择。二是,企业自身广告传播意识的觉醒和品牌营销需求的快速膨胀。改革开放后市场快速发展,原来的短缺经济面貌基本消失,进入80年代中期市场上甚至出现了局部过剩,企业间的竞争由此出现并强化。企业的传播意识被迅速激发,企业传播产品、商标和品牌的需求不断膨胀。广告市场的快速发展从一个侧面反映了彼时企业传播需求的快速增加。中国广告经营额从1979年的0.1亿元增加到1993年的134.09亿元,其中电视广告经营额从1983年的1624.4万元增加到1993年的29.4亿元。

第二个因素来自政府公信力和权威性的支撑。单纯的高覆盖率并不意味着高影响力,由于我国独特的宣传体制和央视的地位及属性,央视得以兼具。媒体本身的高规格与作为电视媒体的天然优势使央视获得了远超其他类型如《人民日报》等中央媒体和非中央媒体的影响力与渗透力。独一无二的"高覆盖+权威性"形成了央视对于企业的高吸引力,这一点是央视与其他媒体进行广告竞争的核心资本,也是央视能够作为塔尖媒体的基础所在。在接下来很长的一

[①] 国家统计局编.中国统计年鉴1995 [M].北京:中国统计出版社,1995:263、287、650.

段时间里，央视还将依靠"高覆盖＋权威性"帮助企业解决品牌传播的高度、广度和深度的问题。此外，央视的权威性带来的品牌背书效应不仅体现在对消费者的影响，对于企业发展品牌所需的供应商和经销商的吸引、政府关系的维护、内部员工的凝聚力等资源聚集与整合也有着相当重要的作用。

（三）从"补贴收入"到呼之欲出的"产业化"问题

央视恢复广告经营活动，其主要目的是为了弥补财政拨款的不足，广告只是一个次要的、具有补贴性质的收入来源，谈不上具有重大意义和战略价值。80年代中期，央视曾经和电视观众讨论过该不该播放广告的问题，面对一些观众的批评，央视的解释是，经费不足，所以好节目就要带广告。这一点与当时开广告经营风气之先的上海电视台类似，当时上海电视台上报主管部门的理由是"（收入）充作进口电视设备器材之用"。但进入90年代之后到央视招标之前，央视已经逐步发展成为塔尖媒体，在市场经济大发展的背景下，广告收入节节攀升，已经远远超出80年代"弥补财政拨款之不足"的范畴。但当时中国的主流媒体，包括央视对于自身经营活动的解释，并没有超越80年代那种"出于无奈搞经营"的条条框框，对于经营少说多做，或者不说已经成为一种共识。① 这种认知上的滞后导致了央视广告经营上的扭曲，突出表现为央视广告资源无法按照市场规律最大化实现其价值，并因此产生了很多"灰色地带"。彼时的经营环境已经发生了巨变，1992年的"十四大"确立了社会主义市场经济的改革目标，市场经济进入了发展的快车道。同年6月，政府出台了《关于加快发展第三产业的决定》。在这份文件中，明确了媒体产业的三产属性，并且指出"现有的大部分福利型、公益型和事业型第三产业单位要逐步向经营型转变，实行企业化管理"，这是指导我国媒介产业化的重要政策依据之一。② 这意味着央视广告市场经营环境和政策环境的重大变化，对于央视广告经营的媒体产业化理论解释已经呼之欲出。

三、第二阶段（1994—2012年）：央视广告招标的狂飙突进

1994年，为了解决作为稀缺资源的央视《新闻联播》后、《天气预报》前一分钟的标版广告供需矛盾问题，同时减少人为因素的干扰，央视广告部将招标这种方式引入到广告经营中。从此，一年一度的央视广告招标成为社会各界津津乐道的话题。央视的广告招标被视为经济的晴雨表和广告市场的风向标。

---

① 黄升民. 黄升民自选集：史与时间[M]. 上海：复旦大学出版社，2004：147.
② 丁俊杰，刘珊. 中国传媒产业经营的40年流变[J]. 新闻与写作，2018（12）：15.

从中标额上看，标王中标额从1994年的0.31亿元增加到2012年的6.09亿元，中标总额从3.6亿元增加到158.8亿元，增幅不可谓不大（如表4.10）。央视招标总额占中国广告市场规模的比例从1.79%上升到3.16%，高点时超过5%；招标总额占中国电视广告市场规模的比例从8.04%增加到14.42%，高点时超过20%。从中标的企业类型上来看，在招标开始长达十年的时间里没有国际品牌的参与，直到2004年宝洁才首次参加招标并蝉联三届"标王"；中标的企业也大多以酒类、食品、日化、家电、电子等大众消费品的传统产业为主。根据历年的招标情况以及国家经济和社会环境的变化，我们重点将1994—2012年的招标时期细分为三个阶段以便更好地进行分析。分别是1994—1997年的企业"冒死投标"时期、1998—2001年的反思与调整时期和2002—2012年的重回巅峰的"豪门盛宴"[①]时期。

表4.10 1995—2013历年央视标王及中标额

时间	中标企业	标王中标额（亿元）	招标总额（亿元）
1995	孔府宴酒	0.31	3.6
1996	秦池酒	0.67	10.6
1997	秦池酒	3.2	23
1998	爱多VCD	2.1	28
1999	步步高	1.59	26.8
2000	步步高	1.26	19.2
2001	娃哈哈	0.22	21.6
2002	娃哈哈	0.2	26.3
2003	熊猫手机	1.08	33.1
2004	蒙牛	3.1	44.1
2005	宝洁	3.8	52.5
2006	宝洁	3.94	58.7
2007	宝洁	4.2	68

[①] 黄升民，王春美. 回顾与解读：CCTV广告招标十三年[J]. 广告研究（理论版），2006（06）：4-7.

续表

时间	中标企业	标王中标额（亿元）	招标总额（亿元）
2008	伊利	3.78	80.29
2009	纳爱斯	3.05	92.6
2010	蒙牛	2.04	109.7
2011	蒙牛	2.31	126.7
2012	茅台	4.43	142
2013	剑南春	6.08	158.8

（本书整理）

（一）企业"冒死投标"时期（1994—1997年）

1994年央视开启广告招标，这在当时的电视广告经营中是一次创新，后来部分卫视也纷纷效仿央视进行广告招标。广告招标一经推出，中国企业的参与热情颇高，孔府宴酒、二度中标的秦池以及爱多在成为标王后名噪一时。事实也证明，招标让央视的广告收益达到了最大化，1994年首次招标总额为3.3亿元，仅第二年就猛增至10.6亿元，增长两倍多；到1997年，招标总额已经增长了近7.5倍。央视采取招标以实现媒体广告经营产业化扩张和利益最大化的需要，这一内在逻辑很容易理解。然而企业参与招标的行为则受到了多方质疑，标王的大起大落和从未有外资品牌参与更是加剧了当时舆论的批评，当时人们认为央视招标不过是一场本土企业的自娱自乐和巨大的资源浪费。但企业参与招标又有其合理性，黄升民和畅榕认为合理性有三：一是市场经济的快速发展与竞争的空前激化带动企业广告费用激增；二是企业快速创牌与纵向整合的需要；三是处于挑战者位置的品牌实现传播差异化和弯道超车的一种竞争战略决策。可以归结为"倒金字塔的传播效果"和"CCTV＋企业的捆绑式品牌传播模型"（如图4.19）。[1]

然而，由于当时中国企业片面地将品牌视为名牌，忽略了品牌背后所蕴含的系统性整合的要求，这种整合既包括对内的产品、技术、管理等的有效整合，也包括对外部消费者、经销商、供应商等利益相关者的关系整合。由于缺乏内外整合，缺乏关系建构的意识和能力，只是通过强大传播平台短时间内所形成

---

[1] 黄升民，畅榕. 品牌创出与投标反思——中央电视台广告招标机制解析. 现代广告[J]，1999（10）：11-16.

的品牌是十分脆弱的，因此这些名噪一时的标王企业最终走向衰败也就不足为奇了，孔府宴酒、秦池和爱多无一幸免。

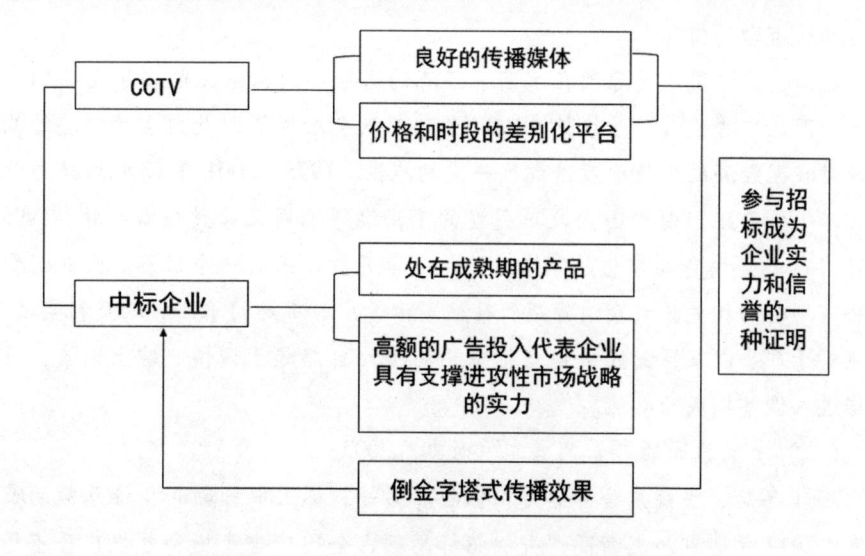

图 4.19　CCTV+企业的捆绑式品牌传播模型

（二）反思与调整时期（1998—2001 年）

1998 年开始，央视的广告招标进入了调整期。1998 年的标王中标额和招标总额相较于 1997 年均有所回落，一直延续到 2001 年。虽然在此期间，央视对于招标的机制进行了一系列的调整以适应企业需求的变化，但并没有即时的实现好转。

首先，最直接的原因可以归结为前四届标王的迅速败落，引发了企业的怀疑和反思。从孔府宴酒到秦池再到爱多，无一不像流星一般划过中国市场的星空。标王的速生速死引发了企业对于央视传播效果的怀疑和巨额广告投入的反思，"质疑"和"冷静"逐渐成为这一时期中国企业对待央视广告招标的主流态度。加之当时主要的 4A 公司及其主要客户——跨国品牌认为参加央视招标以及中国本土企业争夺标王的行为并不符合市场规律，以致跨国品牌从不参与央视招标，这种示范效应加剧了本土企业的反思。

其次，电视广告竞争格局发生变化，城市台和卫视台崛起。虽然央视广告仍位居第一，但也逐步感受到来自地方卫视和城市台的竞争压力。90 年代中后期开始，各地卫视纷纷崛起，央视的全国覆盖这一优势亦不再独有。据 90 年代末学者根据实力媒体集团提供的数据研究发现，在市场竞争力方面城市台居然高于央视，而1998央视招标总额占电视广告的份额更是跌破20%，并一路下滑到2001年的11.39%。媒体购买公司认为，央视虽然贵为中央台，但也受到省级台和城市台的挤压①。

最后，更深层次的原因在于宏观经济的遇冷和内需不足削弱了企业的市场信心，因此广告投入趋于谨慎。1997年的亚洲金融风暴以及内生的经济结构性问题对我国经济的发展速度造成了一定的拖累，1998—2001年GDP增速与此前存在不小的差距。由于国企改革引发的下岗潮等原因又导致内需疲软，1998—2001年的社会消费品零售总额增速陷入改革开放以来的一个低谷。大众消费与广告市场密切相关，大众消费疲软往往预示着广告市场的承压。双重利空之下，企业对于广告以及巨额的央视招标费用的投入自然趋于谨慎。综上因素，央视招标进入调整期成为必然。

(三) 重回巅峰的"豪门盛宴"时期（2002—2012年）

2001年后，央视广告开始走出低谷。第一，标王中标额和招标总额的节节走高。2012年达到历史新高，央视招标总额占全国广告市场和电视广告市场的比重也稳步提升；第二，国际品牌的加入。2004年之前的十年央视招标从未有跨国品牌的参与，这也被国内一些专家学者视为质疑央视招标的重要依据。但2004年起，著名跨国品牌集团宝洁开始加入央视招标，并且蝉联三届标王，"洋标王"事件引发社会热议的同时也刺激了本土企业参与招标的热情。"豪门盛宴"主要由以下因素支撑。

其一，宏观经济的繁荣发展和产业结构、竞标企业主体构成的变动为央视广告招标的回暖创造了良好的外部条件。首先，2001年中国加入WTO，促进了我国经济的发展。2002—2012年是1949年以来经济发展最为繁荣的时期，也是中国大国崛起的关键性时刻。早在2001年中国就被日本通产省誉为"世界工厂"，2010年中国已经成为世界第一的制造大国和第二的经济大国。其次，从产业发展方面看，这一时期我国经济重新重型化，能源、汽车、钢铁、电力等产业提升迅速，涌现出一批大型企业集团。与此同时服务业和新兴产业快速发展，航空、金融、房地产、通信、互联网产业进入了发展的新阶段，为央视广告招标提供了新的动力。最后，从参与竞标企业的构成上看，除民企外，21世纪以

---

① 黄升民. 网络与组织的双轨整合——解读中国电视媒介经营走向 [J]. 现代传播, 2000 (01)：55.

来走出经营困境并实现了前所未有的大发展的"新国企"①日益注重品牌建设，并在这一阶段越来越多地参与到央视招标之中。如2008年国有企业中标总额比上年增长51.08%，占该年度招标总额的26.94%。金融、保险、电信、航空等国有企业纷纷中标。②

其二，消费市场被重新点燃。国家为此出台了一系列政策提振内需，尤其是房地产和汽车两大消费品类崛起，极大地带动了中国居民消费的整体提升。此外，诸如旅游、教育、金融、互联网等消费品类也在快速的兴起之中。新的消费热点的形成和原有基本消费的更新换代，让大众消费市场呈现出蓬勃的发展态势。企业对于未来的市场预期良好，广告的预期投入也因此而增加。中国广告经营额从2002年的903.15亿元增加到2012年的4698.28亿元，增长超过5倍，房地产、汽车、家电等行业往往位居行业投放排行榜的前列。其三，央视自身广告经营机制的调整升级。为了应对来自地方卫视和城市台的竞争以及适应企业需求变化，央视不断调整招标机制，使其更加多元、灵活。主要表现在招标标的物的变化、主题口号的推出、招标模式和招标方式的升级等方面，③如央视广告招标标的物的核心资源《新闻联播》《天气预报》《焦点访谈》一直在调整，广告产品愈发多样。

然而，在标王和招标总额公布的最后几年里，央视招标的走弱趋势已经开始显现。2011—2012年虽然招标总额和标王的中标额依然在走高，但其招标总额占全国广告市场的比例已经出现下滑。虽然央视依然是毋庸置疑的第一媒体，但是随着互联网的发展，中国此前二十余年较为稳定的媒体格局即将进入巨变的前夜。

四、第三阶段（2013年至今）：招标的弱化与"国家品牌计划"和"品牌强国工程"的提出

2013年开始，央视不再公布标王中标额与招标总额，这也预示着央视广告招标的走弱，央视广告经营由此进入了新一轮的调整期。随后，央视于2016年提出"国家品牌计划"，2019年推出"品牌强国工程"，标志着其广告经营乃至整个媒体经营思路的转变，央视也逐步走出了广告经营的困境。

---

① 金碚，黄群慧."新型国有企业"现象初步研究 [J]. 中国工业经济，2005（06）：5-14.

② 史更. 展示国家企业形象，国企中标额增长51.08% [J]. 广告大观（综合版），2007（12）：52.

③ 张倩. 央视广告招标十八年传播策略分析 [D]. 太原：山西大学，2013.

（一）招标的弱化与广告经营的徘徊（2013—2015年）

2013年，百度以319.44亿元的收入取代央视，成为国内收入最多的单一广告媒体。2013年开始，传统广告市场呈现疲软和下行态势，传统媒体的广告份额不断缩减。2014年互联网广告收入达1546亿元，超越电视广告收入，成为第一大广告媒体，结束了电视长达二十余年的统治地位。2013—2015年，与传统媒体展现的兼具波动性和整体下滑颓势形成鲜明对比的是互联网媒体的高速增长。媒体格局发生巨变，央视广告经营亦陷入徘徊。总的来看，原因包括如下几点。

第一，传统产业整体转型困境与经营压力增加，使广告主对广告投入，尤其是大额的央视广告投入更为谨慎。2012年以来，我国经济增速持续放缓，当年GDP增速为7.9%，创13年以来最低值。2014年我国宣告进入经济发展"新常态"阶段，企业营销投入更加谨慎，直接表现为企业营销投入占比的下滑。数据显示，2012年广告主营销推广费用占销售额的比例降至历史的最低点8.5%，首次跌破9%。① 企业营销预算紧缩的后果是媒体广告市场的遇冷。企业营销预算的占比在此后几年虽有一定恢复，但一直维持低位运行的状态。CTR数据显示，2014年央视广告刊例收入增速从2013年的12.2%转变为-11.3%，2015年依旧为负增长，增速为-5.4%②，统计数据可能与实际情况有所出入，但遭遇困境是很明显的，"2015年央视广告经营进入有史以来最为艰难的时期"。③

第二，部分企业的品牌传播思路陷入了单纯倚重数字化媒体传播的怪圈，而典型企业的示范效应更是加剧了这一趋势。随着互联网、移动互联网的高速发展，2014年"互联网思维"风靡产业界，2015年"互联网+"上升为国家战略。企业的媒体投放策略纷纷向数字媒体倾斜，用新媒体替代传统媒体的论调与做法流行开来。全球快消品巨头宝洁的品牌营销活动长期以来一直被视为营销典范，2012年宝洁宣布调整广告预算，2013年宝洁在数字媒体上的广告费比例大约占整体营销费用的25%至35%，而当时其最大的美国市场已经基本达到了35%的最高比例。这已经远远超出了一般公司常规上占比20%到25%的普通

---

① 黄升民，邵华冬. 2012—2013年中国媒体广告市场现状与趋势[J]. 新闻与写作，2013（02）：21.
② 根据CTR媒介智讯公布的2015及2016年《中国广告市场回顾》整理。
③ 任学安. 突破[M]. 北京：中国传媒大学出版社，2018：1.

标准①。相隔不久，2014年，海尔更是高调宣布全面停止杂志硬广，成为首家放弃杂志硬广，转向新媒体广告的传统家电企业。②全国广告预算明显呈现出从传统媒体向新媒体分流的态势，企业的品牌传播认知陷入了以新媒体为优、以传统媒体为劣，忽视两者之间差异性与互补性的"非此即彼"的错误倾向。加之传统媒体广告营收不断下滑的事实，央视传播的价值受到企业前所未有的质疑，唱衰央视和电视的声音此起彼伏。相关数据显示，广告主在不同级别电视媒体上广告费用的分配情况，央视占比由2010年的34.0%下降到了2014年的25.7%。③然而，宝洁、海尔等企业的数字广告投放效果并不尽如人意，广告投放媒体策略的转变并未有效提振销售。2015年与2016年，宝洁年度销售额分别下降5%与8%，2016年宝洁宣布削减移动互联网等新媒体的推广费用，同时回归传统媒体。2017年的前5个月宝洁的数字广告预算比2016年同期下降了41%。④

第三，消费者媒体接触习惯转变与同类媒体竞争加剧。2013年移动互联网用户数首次超过互联网用户，我国正式进入移动互联网时代。消费者媒体接触习惯的互联网化，表现为网民的急速增加和互联网广告市场的扩张。除了来自网络媒体的强势挑战，各具特色的省级卫视也进一步分流了企业的广告预算。浙江卫视、江苏卫视和湖南卫视作为彼时卫视中的翘楚，成为央视的强劲对手。2015年独家冠名过亿的10家栏目中，除一家出自央视以外其余9家皆出自上述三大卫视。以上因素加之央视自身的数字化融媒体转型成效尚未完全凸显，导致央视广告进入艰难时期。

（二）从"国家品牌计划"到"品牌强国工程"（2016年至今）

2016年央视推出"CCTV国家品牌计划"，此举改变了传统的招标机制，预示着央视广告经营思路的重要调整。该计划一经推出便受到社会各界广泛关注，包括华为、碧桂园、美的、伊利、北汽、万达等各行业主流品牌纷纷加入。国家品牌计划产生的实际效果有两点。其一，受到企业的广泛认可，传播效果良好。入选国家品牌计划的企业其销售价值与传播价值均被证明得到了显著提升。

---

① 佚名. 占比35%：宝洁加速数字媒体的投入 [EB/OL]. 现代广告网，2013-08-07.
② 海尔集团战略调整：停止投放杂志硬广投放 [EB/OL]. 第一财经网，2014-01-21.
③ 杜国清，邵华冬，张驰. 2014—2015年中国媒体广告市场现状与趋势 [J]. 新闻与写作，2015（02）：25.
④ 王玉昊. 因为对数字营销不满，宝洁CBO做了这些事情 [EB/OL]. 第一财经周刊网，2017-10-25.

这一点从参与企业的市场表现可以看出。① 其二，挽救了央视的经营困境，央视广告经营回暖。数据显示，2016 年央视广告刊例收入恢复 3.5% 的正增长，2017 年增长率达 31.8%，2018 年依旧保持着 17.8% 的增长速度。② 2019 年上半年继续保持两位数的增长。③ 不仅大企业回归央视，中小企业也出现了增加央视广告投入的趋势，中小企业投放央视广告的预算占比从 2018 年的 19% 提升到了 2019 年的 21%。④ 2019 年，央视宣布启动"品牌强国工程"，该方案是一个融媒体传播服务方案，涵盖中央广播电视总台电视、广播、新媒体等各类资源，尤其加大了新媒体资源所占比重。服务方案中除了品牌打造之外，也推出"电视+电商"的直播带货和转化类的服务。可见，央视在继续延续品牌打造的优势之外，也开始探索品效合一的营销服务方案。央视广告经营创新得到了市场的认可，2020 年品牌强国工程预售同比增加 27%，央视广告经营实现逆势上扬。

（三）央视广告实现逆风突破的背后：市场与政府的相互顺应

2000 年初，央视能够迅速实现经营回暖的一个重要原因是宏观经济的趋好，以及媒体格局的相对稳定。而国家品牌计划和品牌强国工程带来的经营回暖却是央视在"逆风"中的突破⑤。新常态中经济下行的压力依旧较大，企业处在转型升级的阵痛期，媒体格局巨变下传统媒体整体走弱的趋势未变。此次央视的广告经营显然面临着更为严峻的环境变化。表面上看，央视广告经营回暖有其自身努力和企业思路转变的原因。

一方面，就央视自身而言，其融媒体转型成效开始显现，适应性的调整升级顺应了企业数字化传播的需要以及自身应对媒体间竞争的需要，如据 CTR 媒体融合网络传播评估体系监测，2020 年前三季度，中央广播电视总台位居网络传播力综合榜单第一名⑥，在抖音号、快手号、自有 APP 等的建设上可圈可点。

另一方面，央视国家品牌计划与品牌强国工程实现了对之前广告经营的超越，这一点从二者主动与国家战略、重大工程、公益事业等的贴合中即可看出。

---

① 佚名."2017 国家品牌计划"上半年成绩单出炉——"国家品牌计划"影响力评估报告摘要［J］.中国广告，2017（11）：126－127.
② 根据 CTR 媒介智讯公布的 2017 及 2018 年《中国广告市场回顾》整理。
③ 根据中央电视台广告经营管理中心主任任学安于 2019 年 7 月 11 日在"中国广告发展四十年学术论坛暨 2019 全国广告学术研讨会"上的发言整理。
④ 根据 CTR《2019 中国广告主营销趋势调查报告》整理。
⑤ 黄升民.谁人在唱大风歌.中国广告［J］.2018（02）：135.
⑥ CTR. CTR 年终特稿：疫情重压下奋力撑起的中国主流媒体［EB/OL］.央视市场研究官网，2021－01－07.

此外，无论是国家品牌计划还是品牌强国工程，都不是单纯的广告招标，在产品和服务设计上更加注重品牌传播的一揽子整合服务，更加注重在互联网的碎片化时代帮助企业重新聚拢品牌价值和讲述品牌故事。就企业而言，企业在复杂、多变、碎片化的时代中对于品牌建设的重视和渴求也更加强烈。在经历了一段时间的摸索之后对于数字媒体的认识逐渐趋于理性，企业开始调整营销传播策略，重新审视包括央视在内的电视媒体的独特价值。在信息泛滥的环境中，除了传播的广度和深度之外，传播平台所处的高度对于企业同样至关重要，央视集聚其核心资源，作为顶部媒体有助于解决企业品牌的话语权问题。

深层次来看，央视广告经营之所以能够实现逆风翻转，是市场和政府双重发力的结果。第一，央视广告得以恢复的最大基础在于中国大众消费市场的稳定增长。这一时期，我国经济增速下行，消费增速虽然也趋缓，但依旧保持在高于GDP增速的水平之上。消费是我国经济增长的压舱石，也是企业发展的最大动力。大众消费与广告市场密切相关，消费的稳定增长是这一时期中国广告经营额超过8000亿元量级的根本基础所在，也是央视广告经营能够实现逆风突破的前提条件。第二，国家意志的驱动，这一时期政府既强调企业的品牌建设问题，也强调媒体的融合转型问题。一方面，品牌成为国家战略，以央视为代表的主流媒体对于品牌强国战略做出积极响应，除央视推出了国家品牌计划和品牌强国工程外，新华社也开展了"民族品牌工程"，人民日报社启动了"品牌强国计划"。2016年，习近平总书记指出"广告要讲导向"，这是国家领导人首次提及广告的导向问题，国家品牌计划与品牌强国工程的服务设计和具体执行中也体现出对这一点的呼应。另一方面，媒体融合成为中央对于传统媒体的大政方针。2014年8月18日，习近平同志指出要"着力打造一批形态多样、手段先进、具有竞争力的新型主流媒体，建成几家拥有强大实力和传播力、公信力、影响力的新型媒体集团，形成立体多样、融合发展的现代传播体系"。央视也在这一方针的指引下加速转型，走向媒体深度融合，实现了广告经营的突破。

五、结语

回顾央视广告经营40余年的发展历程，可以发现。第一，央视广告经营经历了一个从无到有、从小到大的曲折发展之路。央视的广告和产业经营意识有一个逐步清晰化和强化的过程。在经营的过程中也经历过两次低谷，但总体上呈现出不断增长的趋势。此外，央视广告经营还展现了多重社会镜像，这是中国国家经济、产业变迁、大众消费、企业发展、广告市场的集中反映。这是由央视本身地位的特殊性和庞大的经营体量所决定的。第二，央视广告经营的40

年历程也是中国特殊的媒体产业化历程的鲜明体现。80年代,央视出于弥补财政拨款的不足而开展广告经营,广告只不过是一种次要的收入来源;进入90年代后,以广告为核心的媒体产业经营渐成规模,产业化的问题走向前台。然而由于官方理论的滞后,导致央视的广告与产业经营处在一种"左脚踩右脚"的尴尬状态之中;进入2000年后,政府正式提出"文化产业"的概念和分类,并将发展文化产业作为重要的国家战略,传媒相关产业被纳入其中。以文化产业为突破口,官方理论虽然没有明确提出媒体产业化理论,但不再排斥,包括央视广告在内的传媒产业得到进一步的发展,规模日益庞大;2012年十八大之后,政府提出了国家品牌战略、媒体融合国家战略和广告导向等问题,随着总台的成立以及国家品牌计划和品牌强国工程的推出,表明官方对于媒体经营的产业和市场属性已经趋于清晰,媒体的"工具属性"进一步明确,产业经营得到承认和支持,央视的广告与产业经营也进入了新阶段。当下,国家意志、国家媒体和国家品牌三者汇流,市场与政府在品牌发展和媒体产业经营上实现了相互顺应,达到一种平顺的状态。但未来央视广告经营面临的挑战依旧严峻。首先,捉摸不定的疫情和复杂的国际形势将是包括央视在内的所有媒体都需要长期面对的两大基本课题;其次,数字化背景下央视如何推进媒体深度融合将直接关系到未来央视广告经营的成败,在推进媒体深度融合的过程中,体制机制的改革始终是央视需要解决的问题,三台合并要警惕合而不并;最后,在日益开放竞争的环境中,央视如何有效实现国际化全媒体传播平台的建构,如何融入更庞大的文化产业以求广告经营的新突破,同样值得深入思考。

第四节　创新力与中国品牌成长

创新是品牌能够持续发展的一个根本动力。创新不仅可以在短期内改变消费者的品牌感知和品牌形象,而且从长远来看,创新对未来的创新活动以及其他营销活动也会产生间接影响[1]。正如国家政府文件常常强调创新是发展的第一动力,其实从长远来看,创新也是品牌发展的第一动力。改革开放以来,中国

---

[1] Brexendorf T O, Bayus B, Keller K L. Understanding the interplay between brand and innovation management: findings and future research directions [J]. Journal of the Academy of Marketing Science, 2015 (5): 554.

品牌所依托的创新力基础得到了长足的发展，中国品牌的创新力也有着自己的特点。第一，企业研发投入不断增加，企业创新的主体性越来越强；第二，中国品牌走出了一条低成本的模仿式创新之路，却也越来越强调自主创新；第三，中国品牌发展除了依靠技术创新之外，市场、组织等方面的创新同样不可小觑。由于技术创新在企业创新中的核心地位，本节的主要内容将围绕着企业技术创新进行讨论，同时也兼顾企业核心技术创新之外的市场创新、组织创新等。

一、企业创新能力的增强：研发强度的增加与企业创新主体地位的确立

改革开放后，我国企业的创新能力显著增强。一般而言，决定某国或某企业创新能力的因素主要在于其研发投入情况。从全国数据来看，1995年我国研发投入了348.69亿元，2020年已增长至24426亿元。我国的研发投入目前来看仅次于美国，位居世界第二。2018年我国的研发强度（研发投入占GDP的比重）就达到了2.19%，已超过欧盟15国的平均水平，2020年研发强度达到2.4%，为历史最高（如表4.11）。据相关研究测算，到2024年前后中国在研发的整体资金投入方面就将超越美国，成为世界第一。[1] 如同中国经济发展一般，中国如此大规模的科研经费投入和增速同样世界罕见。但需要注意的是，虽然中国的研发支出位居全球第二，但知识产权进口额是出口额的6.4倍[2]，我国目前对于国外技术的依赖性依旧很强，卡脖子技术亟待突破。有数据显示，中国的本土厂商有能力生产六到八成的技术，其余技术需要跨国企业输入[3]。可见，我国企业的技术创新能力，尤其是核心技术方面依旧薄弱，这也是中国品牌未来发展的阻碍。

---

[1] 任泽平，连一席，谢嘉琪. 中美科技实力对比：全球视角 [EB/OL]. "泽平宏观"微信号，2019-05-22.

[2] 知识产权就是指"权利人对其智力劳动所创作的成果和经营活动中的标记、信誉所依法享有的专有权利"，可以理解为"专利"。根据国家知识产权局公布的数据显示，2018年中国的专利进口额约为358亿美元，出口额约为56亿美元。

[3] 麦肯锡. 中国与世界：理解变化中的经济联系 [EB/OL]. 互联网数据资讯网，2019-07-08.

表 4.11 全国和企业研发费用、专利申请相关数据一览表[①]

年份	企业研发投入（R&D）（亿元）	全国研发投入（R&D）（亿元）	企业研发投入占全国研发费用比重（%）	研发强度（%）
1995	——	348.69		0.57
1996	——	404.48		0.56
1997	233.9	509.2	45.94	0.64
1998	247.0	551.1	44.82	0.65
1999	336.7	678.9	49.59	0.75
2000	540.6	896.0	60.33	0.89
2001	630.0	1042.5	60.43	0.94
2002	787.8	1287.6	61.18	1.06
2003	960.2	1539.6	62.37	1.12
2004	1314.0	1966.3	66.82	1.21
2005	1673.8	2450.0	68.32	1.31
2006	2134.5	3003.1	71.08	1.37
2007	2681.9	3710.2	72.28	1.37
2008	3381.7	4616.0	73.26	1.45
2009	3775.7	5802.1	65.07	1.66
2010	5185.5	7063.0	73.42	1.71
2011	6579.3	8687.0	75.74	1.78
2012	7650.9	10298.4	74.29	1.91
2013	9075.8	11846.6	76.61	2.00
2014	10060.6	13015.6	77.30	2.03
2015	10881.3	14169.9	76.79	2.07
2016	12144.0	15676.8	77.47	2.12
2017	13660.2	17606.1	77.59	2.15

[①] 1998年以前也有对企业R&D经费投入进行统计，但是统计口径不一样，因此无法横向比较。1998年国家统计局科学技术部开始发布全国科技经费投入统计公报，1997年数据根据1998年数据及增长率计算得出。专利相关数据根据国家知识产权局公布的数据计算得出。

续表

年份	企业研发投入（R&D）（亿元）	全国研发投入（R&D）（亿元）	企业研发投入占全国研发费用比重（%）	研发强度（%）
2018	15233.7	19677.9	77.42	2.19
2019	16921.8	22143.6	76.4	2.23
2020	——	24426	——	2.4

（数据来源：国家统计局、国家知识产权局，部分数据尚未公布）

从企业层面来看，我国企业的研发投入也在迅速增加。2019年相较于1997年企业的研发投入增加了72倍多，从233.9亿元增长到16921.8亿元，这一时期企业研发投入的增速高于同一时期国家研发整体投入的增速。根据相关研究统计，2000年我国企业研发支出排名世界第九，2010年已经快速跃升至世界第三。[1] 企业研发投入占全国研发投入的比例从也从1997年的45.94%上升到2019年的76.4%。从专利申请看，我国企业发明专利申请占全国专利申请量的比重从20世纪90年代不足20%上升到2020年的66.8%。可见，企业已经成为我国创新的主体。2020年国内发明专利授权量前十名如下表4.12所示。

表4.12 2020年国内发明专利授权量前十名

企业名称	专利件数
华为	6371
OPPO	3588
中石化	2853
腾讯	2767
京东方	2629
格力	2513
VIVO	1686
中兴	1337
小米	1329
联想	1166

（数据来源：国家知识产权局）

---

[1] 玄兆辉，吕永波.中国企业研发投入现状与问题研究［J］.中国科技论坛，2013（06）：5-10.

二、中国式品牌创新：从低成本的模仿式创新到自主创新的跃进

研发投入激增的背后表明我国政府和企业对于创新的日益重视。那么自改革开放以来我国企业创新的大致轮廓是什么样的呢？由于中国政府对于科技的重视，企业的创新也受到国家相关政策的引导和影响。国家战略与政策引导，企业参与践行共同促成了中国品牌独特的创新之路。从某种程度上而言，中国企业创新之路的40年就是中国国家创新体系建设和技术政策演进的40年。不少学者分别站在科技政策、科技成果转化、科技与对外开放、国家创新体系建设等不同角度对我国的创新之路做了以下梳理（如表4.13）。

表4.13 关于改革开放以来创新历程回顾的相关文献

作者	阶段划分	角度
王娟	初步开放阶段的技术创新（1978—1988）、融入全球生产网络阶段（1998—2008）、融入全球创新网络阶段（2009—2017）[1]	对外开放与技术创新
王春法	用对外开放拥抱科技全球化（1978—1992）、用国际化应对全球化（1992—2001）、用全球化应对全球化（2001—2012）、走向创新全球化（2012—）[2]	应对科技全球化
方炜、郑立明、王莉丽	认识了解，引进（1978—1990）、探索机制，重视（1991—1998）、实践为主，战略（1999—2007）、评价对比，改进（2008—2018）[3]	技术转移体系
杨忠泰	面向经济建设的追超战略（1978—1994）、科教兴国战略（1995—2005）、建设创新型国家（2006—2011）、创新驱动战略（2012—）[4]	科技创新战略

---

[1] 王娟. 对外开放与技术创新——基于改革开放四十年的经验 [J]. 经济体制改革, 2018 (05): 12-17.

[2] 王春法. 中国科技全球化政策40年 [J]. 科学学研究, 2018 (12): 2148-2150+2169.

[3] 方炜, 郑立明, 王莉丽. 改革开放40年——中国技术转移体系建设之路 [J]. 中国科技论坛, 2019 (04): 17-27.

[4] 杨忠泰. 改革开放40年科技创新演进脉络和战略进路 [J]. 中国科技论坛, 2019 (04): 8-16.

续表

作者	阶段划分	角度
王钦、钟文松	技术引进和消化吸收的起步阶段（1978—1991）、技术引进和消化吸收的加速阶段（1992—2005）、自主创新阶段（2006—2011）、创新驱动发展阶段（2012—）①	工业技术创新
于文浩	政府计划型创新起步阶段：成套技术引进与模仿（1978—1984）、政府主导型创新重塑阶段：市场换技术与模仿创新（1985—1996）、市场导向型自主创新过渡阶段：集成创新和二次创新（1997—2005）、市场导向型自主创新启程阶段：集成创新、二次创新、协同创新和原始创新并举（2006—）②	国家创新体系
张永凯	重建阶段（1978—1985）、系统发展阶段（1986—1994）、调整阶段（1995—2005）、提升阶段（2006—2108）③	科技政策
朱云鹃、李颖、李丹	技术驱动阶段：引进与消化吸收（1978—1985）、市场驱动阶段：模仿基础上的二次创新（1996—2005）、创新驱动启程阶段：自主创新启程（2006—2013）、创新驱动阶段：大众创业、万众创新（2014—）④	技术创新与大众创业、万众创新

---

① 王钦，钟文松．改革开放40年中国工业技术创新——回顾与展望［J］．中国发展观察，2018（22）：17-21．
② 于文浩．改革开放40年中国国家创新体系的路径选择与启示［J］．南京社会科学，2018（09）：18-24．
③ 张永凯．改革开放40年中国科技政策演变分析［J］．中国科技论坛，2019（04）：1-7．
④ 朱云鹃，李颖，李丹．"大众创业、万众创新"战略溯源研究——改革开放以来中国技术创新演变脉络［J］．科技进步与对策，2017（01）：9-14．

续表

作者	阶段划分	角度
梁正、李代天	对外开放和技术引进（1979—1998）、深化改革、发展高科技及实现高新技术的产业化（1999—2005）、逐步走向自主创新的过渡阶段（2006—2011）、推动产业升级，强调内需拉动和明确"创新驱动发展"的新阶段（2012—2018）①	科技创新政策与产业发展
薛澜	拨乱反正和酝酿改革阶段（1978—1985）、科技创新体制重大改革阶段（1985—1998）、国家科技创新体系的布局建设阶段（1998—2006）、国家科技创新体系的系统运行和提高阶段（2006—2013）、创新驱动发展战略实施阶段（2013—）②	科技创新体制
吴寿仁	全面开花（1978—1988）、全面深化（1988—1998）、加速发展（1998—2008）、重点突破（2008—）③	科技成果转化
安琪、张驰	技术引进阶段（1978—1991）、以市场换技术阶段（1992—2003）、自主创新起步阶段（2002—2011）、自主创新深化阶段（2012—）④	企业技术创新

（本书整理）

从以上不同角度的历史梳理可以发现，中国的创新具有很强的国家主导属性，中国企业的创新很长一段时间里是在国家创新的政策和战略引导甚至是"主导"下进行的，国家为此也投入相当的费用，国家主导的特点在改革的前20年表现得尤其明显。在国家实打实的经费投入和政策引导下，在市场竞争的催化下，中国企业才慢慢萌发了创新意识，并逐渐取代政府相关单位成为创新的真正主体。在2000年之前，企业在国家总体研发费用中的占比不超过50%，

---

① 梁正，李代天. 科技创新政策与中国产业发展40年——基于演化创新系统分析框架的若干典型产业研究［J］. 科学学与科学技术管理，2018（09）：21-35.
② 薛澜. 中国科技创新政策40年的回顾与反思［J］. 科学学研究，2018（12）：2113-2115+2121.
③ 吴寿仁. 中国科技成果转化40年［J］. 中国科技论坛，2018（10）：1-15.
④ 安琪，张驰. 改革开放以来中国品牌技术创新历程回顾［J］. 国际品牌观察，2019（02）：25-29.

直到2000年之后才超过50%，并在2006之后超过70%，创新的主体地位才算是得到了真正确立。2000年以前，中国企业在国家宏观创新战略的指引下，技术创新以大规模引进后的模仿、消化和吸收为主，为求得技术的快速进步，不惜"以市场换技术""以空间换时间"。

20世纪80年代，出于"快速补课"的需要，技术引进更多地呈现出全套技术和设备的引进，甚至大规模地重复引进，如20世纪80年代的家电行业"阿里斯顿九兄弟"。20世纪90年代，中国确立市场经济，国家鼓励外资进入中国的同时带来技术，这时，中国企业模仿和学习的速度加快，主动性更强。进入2000年以后，中国企业的自主创新意识和创新的主体性显著增强，主要是因为市场竞争的加剧，国外技术外溢效应的减弱、核心技术的难以获得，以及中国企业也不再满足于单纯的引进和模仿，而是开始发力进行自主创新。2010年以后，自主创新战略不断深化并取得一定成效，比较有代表性的就是中国在ICT产业、高速铁路、航空航天、电力、石油、互联网等领域涌现了一批技术水平高、国际竞争力较强的企业和品牌。

中国企业的创新特点也是中国品牌的成长特点。在2000年以前，中国企业主要依靠的是技术引进，有自主研发能力或者重视自主研发的企业少之又少。相应地，中国品牌也多以代加工为主，或者从事技术门槛较低的行业，品牌占据的市场份额也多以中低端市场为主。进入2000年之后，企业自主创新速度加快，自主创新能力提升，在技术创新能力增强的支撑下，中国品牌的发展也出现了强调自主品牌建设的风潮，并在这一过程中涌现出一批以技术创新为特色的品牌，甚至引发了西方某些领先国家的警惕、不安乃至制裁。中国品牌自主创新的典型企业就是华为。在欧盟委员会发布的2020年欧盟工业研发投入记分牌2020 EU Industrail Research and Development Scoreboard中，唯一上榜前十的中国公司是华为，排名第三。华为的研发投入约等于阿里巴巴+腾讯+百度+富士康+台积电。[①] 相较之下，2021年第二季度手机市场份额首次超越苹果成为世界第二的小米在2020年的研发支出仅为93亿元，与华为相差甚远。从2009年到2020年华为累计研发投入超过7000亿元，研发强度长期超过10%，近几年稳定在14%左右，始终维持着较高的研发投入水准（如表4.14）。华为的高额研发投入带来的是高回报的品牌发展，2014年华为首次入选Interbrand世界品

---

① 2020年记分牌统计了2019—2020年度，全球研发投入（R&D）最多的2500家公司公布的经营数据，包括2500家母公司及80多万家子公司的关键指标。

牌100强排行榜,到2020年连续7年入选,华为是该榜单中唯一连续入选的中国品牌。但遗憾的是,由于美国的不断制裁,以及在自身技术和中国产业链存在短板的背景下,华为的消费者业务遭受了严重损失。①

表4.14 华为历年的研发投入

	研发投入（亿元）	研发强度（%）
2009	133.4	8.9
2010	165.56	8.9
2011	236.96	11.6
2012	300.9	13.7
2013	306.72	12.6
2014	408.35	14.2
2015	596.07	15.1
2016	763.91	14.6
2017	896.9	14.9
2018	1015.09	14.1
2019	1317	15.3
2020	1418.93	15.9

（根据华为历年财报整理）

中国企业的创新道路一开始以引进和模仿为主,这是当时的历史条件所决定的。改革开放提供了中国企业与外国企业技术交流良好的大环境和可能性,外资企业看好中国市场,中国企业希望获得技术进步,非核心技术的转让不伤及外企的核心利益,对中国企业而言,获得的成本也相对较低,并且节省了所需要的研发投入的时间。外企则可以借此机会进入中国市场,实现市场收益。两方一拍即合,互利共赢。正是依靠着这种低成本的模仿、学习,甚至是"复制和抄袭",中国企业才能够在短短20年的时间内大大缩短与西方的技术差距,同时在学习西方技术的过程中完成自我发展,为新世纪以后的20年中国企业的自主创新和自主品牌建设打下了基础。然而,技术学习也有一个"阈值",在基

---

① 2021年上半年,由于美国的持续打压以及荣耀的分出,华为消费者业务同比下滑47%,近乎腰斩。

本的非核心技术引进学习完之后,中国企业面临学无可学的境地,外方企业对于核心技术一直严防死守。那么这时候局势就翻转了,中国企业能够选择的只有自主创新这一条路。这也正是当下中国企业和品牌乃至国家发展所面临的最大挑战:在核心的高技术领域能否实现领先,能否在夯实从1到100的创新的同时,把从0到1的创新能力补强。最终的结果将会决定中国品牌乃至中国发展的未来。中国企业以及中国品牌能否实现"从大到强"的跨越,以及能否实现高质量发展,其中的关键就在于能否掌握核心技术。

三、市场、组织等层面的创新同样推动了中国品牌成长

除了技术创新这一企业创新的硬实力和"硬创新"之外,市场、组织等层面的"软创新"[1] 同样重要。在改革开放后的很长一段时间里,中国企业的整体技术并不占优势,甚至是一个很大的短板。但是中国企业为何能够在中国市场上逐渐壮大甚至是能够挑战在技术、管理、品牌、资金等领域均占优势的外资品牌?其中很重要的原因就在于中国企业和中国品牌的"软创新"。

在市场创新方面,中国企业并非完全按照西方市场营销学的操作进行实践,而是有着自己的创新。市场营销学在80年代被引入中国时被称为"市场学",虽然部分学者和相关组织举办了一些学习和培训,但是绝大部分的中国企业家和品牌经营者并不熟悉也缺乏对西方理论和经验的运用。80年代中国企业界甚至没有"品牌"的概念,仅有部分企业有商标或名牌的意识,企业对于商标的保护也很薄弱。

20世纪90年代,西方品牌理论和经验得到大规模的引介,中国品牌经过10多年的自我探索和发展也有了一定的积累,在与外资品牌的市场竞争中,中国品牌并未完全依循西方经验,而是另辟蹊径地探索出一条属于自己的市场道路。如在渠道建设上,娃哈哈90年代中期开始构建"联销体"的渠道模式,并大力进行央视和卫视广告轰炸,娃哈哈在短短几年内实现高速发展,成为中国饮料界的第一品牌。格力在1995年发明了"淡季返利"并在1996年又开创了"年终返利"模式,这种经销商的管理模式支撑格力走向空调第一的位置。1996年格力依靠淡季返利政策获得15亿元的销售额。1996年的行业价格混战,格力并

---

[1] 企业在市场、组织等方面的创新不像技术创新那样明显、可见和容易衡量,企业在市场和组织等方面的创新往往难以衡量,缺乏如技术创新一般明显的标志,更有弹性,因此笔者称之为"软创新"。

没有参与。但当旺季来临的时候，格力宣布拿出1亿元利润的2%按销售额比例补贴给每个经销商。格力凭此实现销售增长17%，一举超过当时空调行业第一的春兰。在广告宣传上，中国企业为了能与外资品牌和行业进行竞争，为了能够在短时间内打造属于自己的品牌，因此在央视大额投放广告，甚至"冒死投标"①，中国企业经常出现一匹匹"黑马"式的企业。这在西方成熟品牌看来是不可想象的，直到2000年以后，宝洁为代表的外资品牌才在市场的挫败下开始接受这种只有中国企业才会采取的中国式打法，并连续3次中标央视标王；在价格策略上，中国依靠高频率、高幅度的价格战迅速倾轧外资品牌市场，实现了高速的品牌成长。再如，在总体的市场战略上，中国许多企业依靠着"农村包围城市"的办法一步步站稳脚跟、发展壮大，并对外资品牌形成了巨大的压力。

2000年以后，中国加入世贸组织，中国企业面临着更加强烈的外资品牌的竞争，然而，中国品牌在实际的市场竞争中成长了起来，并未像有些人所预测的那样节节败退，这其中也蕴含着中国企业创新的秘密。比如，由于中国市场的多层次性和丰富性，中国企业依靠着商业直觉和积累的经验，采用"渠道为王""决胜终端""深度分销"等具有中国市场特点的战略战术，依靠强大的适应性的分销体系，辅以具有中国特点的高额、高频的广告轰炸，以所谓"地面部队＋高空轰炸"的营销模式让中国品牌在家电、食品、消费类电子等多个领域形成了对于外资的市场挤压。互联网时代，一批中国品牌如小米凭借着本土互联网高速发展的东风出奇制胜，成长迅速。反观，不少外资品牌则面临着严重的水土不服问题，节节败退甚至是退出中国市场。可以想象的是，中国品牌如果按照西方教科书或者西方品牌的经验在中国市场与外资品牌搏斗，胜算并不会很高。20世纪90年代风光一时的奥妮、乐百氏的失败充分证明了这一点。在组织和管理等层面的创新上，中国企业同样在贡献着自己的智慧。中国的企业总是被批评管理水平低，理念落后。实际上并非如此，一些领头的中国企业早在20世纪90年代就开始实现了本土化的管理和组织创新，海尔的"激活休克鱼"就是一个很典型的案例。②1998年该案例进入哈佛大学课堂。互联网时代，海尔又提出了"人单合一"的创新管理模式，当然最终能否成功，还不能

---

① 黄升民，畅榕. 品牌创出与投标反思——中央电视台广告招标机制解析 [J]. 现代广告，1999（10）：11-16.

② 周建波. 海尔如何激活休克鱼 [J]. 经济管理，1998（07）：24-26.

下定论，需要时间的检验。

延伸阅读：华为品牌的发展历程与成功之道

过去几年，华为品牌的发展也深受社会各界的关注。华为的遭遇某种程度上成为所有中国品牌外部发展环境面临巨变的信号。有评论称，世界上从来没有一个企业像华为一样受到第一强国如此"厚待"，这是一种无奈，而且对华为品牌的发展而言也是一种极大的阻碍。回顾华为30余年的发展历程，可以将其划分为四个阶段，在这四个阶段的发展中华为完成了三次转型才走到了今天。在华为的发展过程中，虽然与众多其他中国品牌一样，也享受了改革开放和全球化带来的市场红利，但是华为能够在市场中脱颖而出有其独特的成功之处。华为历年营收及增长率如图4.20所示。

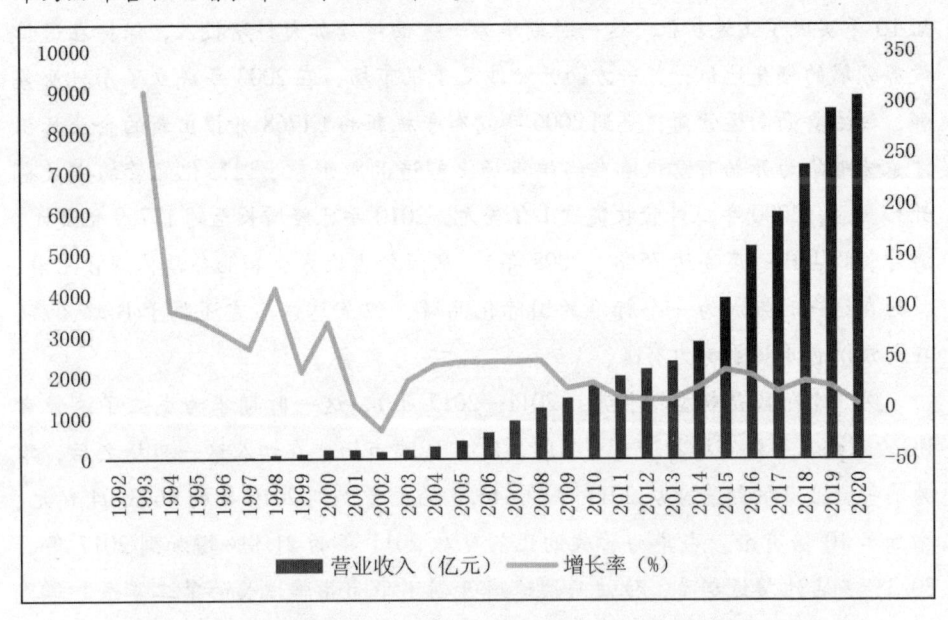

图4.20 1992—2020年华为历年营收及增长率

一、1987—2020年：华为品牌成长的四个阶段与三次转型

华为品牌的发展可以划分为四个阶段。第一个阶段积累发展期（1987—1999年）。这一时期华为完成了品牌创立以及品牌发展的初步积累。1987年任正非在深圳创立华为，以代理交换机为主要业务。1989年自主开发PBX交换机。1992年华为销售额首次突破1亿元，并破釜沉舟开始研发C&C08交换机，1993年研发成功投入市场。之后同年开发出万门交换机，华为走到了国内技术的最前沿。1996年，华为又推出了容量可达10万门的交换机。在技术上拉开了

与竞争对手的距离。与此同时，华为也在管理上下功夫，1995年管理运动起步，1996年起草《华为基本法》并于1998年定稿实施。1998年，华为斥巨资引入IBM的管理模式，极大地提升了企业内部管理水平。1999年华为的销售额突破100亿元达到了120亿元，并初步建立了全国七大区的代理销售体系。同时，华为还在这一时期参加了亚太地区的国际通信展（1994），成立海外市场部（1996），设立海外研发中心（1999，班加罗尔），奠定了华为发力海外市场的基调，标志着品牌国际化的起步。

第二个阶段是高速成长期（2000—2010年）。华为在这一时期完成了规模的扩张，国际市场的开拓以及B端品牌的成功打造。这一时期的华为销售额分别突破了500亿和1000亿元的大关，并在2010年完成近2000亿的销售额，短短10年实现了飞速扩张。这一时期华为一方面继续加大科研投入，保持在通信设备领域的领先地位；另一方面开始涉足手机市场，在2003年成立了手机业务部，但主要面向运营商，直到2006年发布手机新品C1768并推出新的企业标识才意味着华为开始有意识地在终端市场上塑造品牌形象。国际化经营的成效也开始凸显，2000年海外营收突破1亿美元，2010年已经增长至约177.9亿美元，海外营收占比一度高达75%（2008年）。从海外占比方面和业务总体规模上看，华为在这一时期成为一个标准的国际化品牌，但是总体而言还属于B端品牌，在大众消费市场影响力有限。

第三个阶段是转型增长期（2011—2017年），这一时期华为成立了消费者BG，正式在手机市场打造自有品牌，发力C端市场。在切入这一市场之后，华为消费者业务的销售额从2011年的446.2亿元增加到2019年的4673.04亿元，增加了10倍有余。占华为营收的比例也从2011年的21.9%增加到2017年的39.3%，占比接近翻番，稳健而快速地开创了华为品牌增长的第二赛道。华为总营收也相继突破2000亿、5000亿元并在2017年达到6036.21亿元。由于进军消费者市场，华为的品牌也在这一阶段为大众所熟知，从专门性的B端品牌成为大众所熟知的消费品品牌。2014年华为首次入选了标准极为苛刻的Interbrand世界品牌百强榜，并成为当时唯一入选的中国品牌。在品牌战略上，企业完成了华为和荣耀的双品牌布局，同时朝着精品化、高端化的方向发展，产品线得到优化同时盈利水平也得以提升。在海外市场上，也实现了突破，2017年海外收入达到近3000亿元。尤其是在海外主流市场之一的欧洲市场表现颇为亮眼。在政企业务上，华为于2017年宣布成立云BU，为企业提供云服务。

第四个阶段是巨变发展期（2018年至今）。进入2018年之后，华为依然在市场上维持着高歌猛进的状态,营收在2018年突破了7000亿元,增长率高达26%,这还是在全球市场和中国市场增速放缓下取得的成绩,相当不易。然而,2018年中美贸易战开打,华为被卷入其中并成为中美博弈的焦点之一,华为的发展环境遭遇巨变。之后加拿大在美国授意之下逮捕华为副总裁兼首席财务官孟晚舟,后将华为列入实体清单,并拉拢英澳等国打压华为。据2020年7月最新消息,英国宣布停止华为参与5G建设,台积电也宣布如果美国政策不变将于9月断供华为。在美国的打压下,加之疫情影响,华为接下来面临的挑战显然大于机遇。但是令人振奋的是,Canalys在7月30日发布报告称,2020年第二季度华为在全球智能手机市场首次夺冠,标志着9年来第一次有除三星或苹果外的厂商领跑市场。据悉,华为全球智能手机出货5580万台,同比略降5%。排名第二的三星智能手机出货量为5370万部,较2019年第二季度同比下降30%。

纵观1987年至今的企业品牌的发展历程,可以发现华为完成了三次重要转型。一是从B端硬件品牌转型为覆盖BC两端的、具有软硬通吃性质的综合品牌(如表4.15)。这一点从华为的营收结构、业务结构和产品结构的变化中可以看出。二是从本土化品牌迅速转型为全球化品牌。在成立的不到20年的时间里,华为的海外市场就迅速打开,销售占比超过同行业的半壁江山。就算在外部国际环境严重恶化的情况下,海外市场占比依旧超过40%。三是华为从借鉴、模仿、缺乏自主技术的企业迅速转变为拥有较强自主研发能力的企业。华为创立之初依靠代理交换机生存并不具备自主技术能力,其后迅速开展自主研发,并一步步确立了全球领先地位。

表4.15 华为当下的产品及解决方案

业务类别		产品及解决方案
个人及家庭产品——消费者业务		手机,笔记本,平板,智慧屏,VR,穿戴,音频,智能家居,EMUI,配件
商用产品及方案——运营商业务与政企业务	连接产品	运营商网络,企业无线,企业网络,企业光传送与接入
	云与计算产品	华为云,计算,数字存储,机器视觉,智能协作,鲲鹏通用计算产业,昇腾AI计算产业
	服务	运营商网络服务,企业网络服务,华为云专业服务
	行业解决方案	电信行业,智慧城市,智慧园区,交通行业,电力行业,金融行业等

(资料来源:华为官网)

二、战略思维与品牌思维驱动华为品牌成长

不可否认,华为的成功离不开时代的造就。但华为之所以能够在经历大浪淘沙之后迅速脱颖而出有其值得思考和研究的地方。本书梳理认为,华为之所以成功,得益于其具备的两种思维并在企业品牌实践中加以贯彻。一是具备长远的战略思维。二是较早树立长期品牌思维。

(一) 长远战略思维:极强的忧患意识+超前的战略布局

华为是国内少有的具有长远战略思维并坚持实践的企业,长远的战略思维让华为的发展超出市场竞争和单一逐利的牢笼,避免短期主义和机会主义,从而让企业和品牌能够长期专注于真正重要的任务。这一点与华为的领导人任正非有很大的关系,企业家的高度往往决定了企业的高度,企业家的上限往往决定了品牌的上限。主要表现为两点,第一点是极强的忧患意识。任正非曾在不同场合表达过"华为将死",或者"华为大限将至"等观点。《华为的冬天》是其中最有名的一篇,在业界广为流传。最近的例子是,在2016年全国科技创新大会上,任正非谈道:"随着逐步逼近香农定理、摩尔定律的极限,而对大流量、低时延的理论还未创造出来,华为已感到前途茫茫、找不到方向。华为已前进在迷航中。"这些话语的背后是华为始终保持着极强的忧患意识和进取意识,"生于忧患死于安乐"就是这个道理。

由于极强的忧患意识,激发了本书所说的第二点,即超前的战略布局意识。所谓凡事预则立不预则废,正是超前的战略布局让华为在应对变化的时候不会自乱阵脚,甚至能够引领行业的发展。华为超前的战略布局意识集中表现在以下几点。其一,超前重视科研投入,厚植自主创新实力。草创时期的华为依靠的是交换机贸易,并没有研发投入。其后华为意识到研发的重要性并开始大力投入。1992年,成立不久的华为就破釜沉舟将全部千万元利润投入自主交换机的研发中,其后大获成功,企业由此得以上了一个台阶。其后技术成为华为发展的底色。华为坚持每年将10%以上的销售收入投入研究与开发中,近7年科研投入超过7000亿元(如图4.21)。2020年华为研发投入超过BAT三家研发投入之和。华为是全球最大的专利持有企业之一,截至2019年年底,全球共持有有效授权专利8.5万余件,其中90%以上为发明专利。高强度的研发投入让华为的各类产品保持着高水平的市场竞争力。得益于华为的技术积累,使其即使在受到美国制裁时也能够及时启动"备胎计划"。

其二,超前重视企业内部管理。中国的许多知名企业品牌虽然规模大、名气大,但在管理上总是遭人诟病,与规模和名气并不匹配,20世纪90年代更是

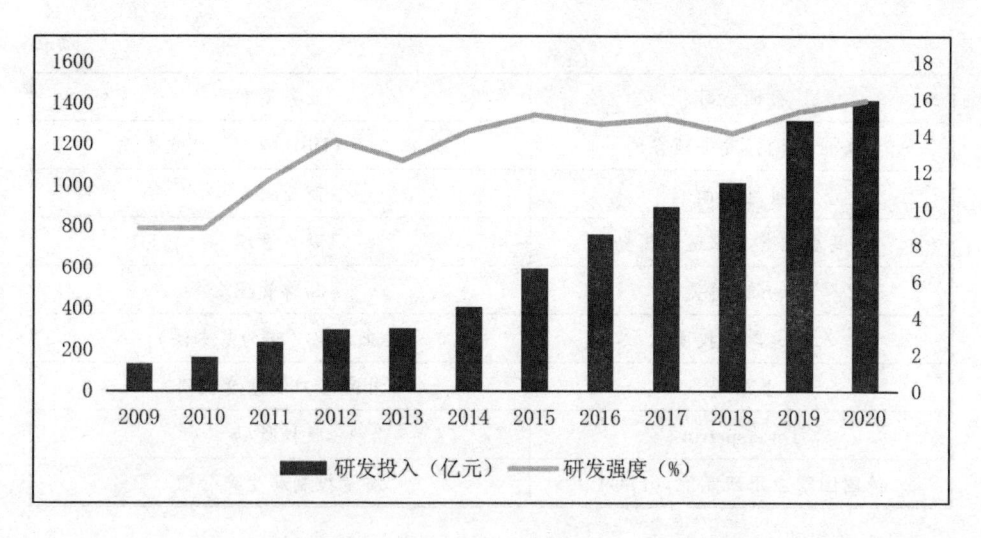

图 4.21 2009—2020 年华为的研发投入及研发强度

（资料来源：华为财报）

如此。然而早在20世纪90年代，华为就意识到企业管理对于企业发展的重要性，1998年成立仅10年的华为就导入IBM的管理体系，5年间花费4亿美元，对当时规模仅百亿元左右的华为而言是一项很大的投资。同时又制定并颁布了鼎鼎有名的《华为基本法》，确立了华为发展的"最高宪法"。其后又聘请诸如麦肯锡、埃森哲、波士顿、普华永道、德勤、毕马威等国际知名咨询公司花费数十亿美元补足企业在战略、业务流程管理、信息化建设、客户关系管理、人力资源管理、财务管理、股权制度安排等方面的短板（如表4.16）。华为重视管理并大力投入资源不断改善管理模式，这在中国企业中是不多见的。外脑辅以自身实践，华为从作坊式企业逐渐成为世界一流企业，当下华为的管理被不少中国企业视为标杆，市场上关于华为组织管理等方面的研究书籍更是多如牛毛。对任何品牌的发展而言，企业管理都是其重要一环。企业管理有效，支撑品牌发展的内部系统才能可持续，品牌也才能基业长青。

表 4.16 华为外脑

咨询公司	业务类别
IBM 咨询	流程管理变革，信息化建设
埃森哲	客户关系管理
合益（Hay）咨询	人力资源管理

续表

咨询公司	业务类别
美世咨询，波士顿咨询	战略工具 VDBD 模型，战略咨询
贝恩咨询	商业模式
毕马威，普华永道，德勤	财务管理
正邦，奥美	品牌管理
人民大学教授团队	企业文化（华为基本法）
盖洛普	外部客户满意度调研
Towersperrin	股权激励
德国国家应用研究院（FhG）	质量控制和生产管理

（本书整理）

其三，踩准时机进入消费电子行业，并适时拓展产品布局，形成软硬结合的发展格局。2010年后，中国智能手机行业在4G逐步普及的同时开启了飞速增长的阶段。华为看准行业发展趋势，果断切入并以此开创了华为规模增长与品牌增长的第二曲线，让华为成为世界知名的消费品品牌，2020年上半年消费者业务的收入占比达到54.2%（如图4.22）。同时又相继进入笔记本、平板电脑等品类并取得了良好的增长，在2020年第一季度的中国市场，大部分品牌厂商的平板电脑出货量都出现了较大程度的下滑，华为却逆势增长，在疫情冲击下仍实现了出货量4.3%的增长。华为平板电脑的市场份额从27%增长到40%，超越了苹果，跃居世界第一。而苹果的市场份额则从2019年同期的43%降到35%。其后华为进一步拓展生态链产品，逐步形成了以手机为中心的"1+8+N"的全场景战略。在硬件之外，华为还着手改造安卓系统，推出EMUI手机系统，同时为应对美国打压，华为着力开发推广自主的HMS套件以及鸿蒙OS，目前进展良好。从公开数据来看，目前入驻华为HMS的全球开发者达到140万，同比增长115%，而APP超过6万，同比增长67%。

图 4.22　2011—2020 上半年华为消费者业务收入及占总营收比例的变化

（资料来源：华为财报）

（二）长期品牌战略：打造 B 端 + C 端领先的强势综合品牌

品牌本身作为一种长期战略，品牌思维也是上文所述的长远战略思维的一种体现。华为从 B 端市场发家，通过技术领先的优质产品，较国际厂商相对低的价格，严苛的以客户为中心的经营理念等树立了良好的品牌形象，其在国内国际市场上的优秀表现就是最好的证明。在大众消费市场华为也不遑多让，品牌调研机构 Ipsos 报告显示，2019 年华为全球品牌知名度为 93%，比 2018 年增长 4 个百分点；全球消费者品牌考虑度则从 2018 年的 49% 提升至 2019 年的 58%。全球消费者对华为品牌创新、高端、年轻、时尚的品牌印象不断提升。而大众所熟知的华为以手机等终端品牌为主，这也是华为品牌近 10 多年来构建的主要载体，因此本部分重点在于简述华为在消费品市场品牌打造的成功之道。

第一，华为 + 荣耀的双品牌战略卓有成效，在市场上形成掎角之势。2013 年，华为独立荣耀品牌，从此形成了华为 + 荣耀的双品牌格局。从定位上看，华为更加专注于高端和商务系列，荣耀则更加偏向年轻时尚。两个品牌在市场中形成掎角之势，旗下各个产品系列则相对较好地覆盖了各个细分市场，对竞争对手形成了有效的防守与进攻。华为 + 荣耀的市场占比合计在 2020 年 5 月达 45.21%，华为（31.3%）品牌遥遥领先其他品牌，其次是 OPPO（15.91%）、vivo（16.43%）两家，荣耀排名第四（13.91%）。

第二，依托领先的科技实力，成功打造多元创新产品。华为历来重视研发，在进入手机等终端市场之后也同样重视该领域的技术研发。依靠高强度的研发投入，华为手机得以保持产品的不断创新，消费者对于华为的品牌也形成了产品可靠和技术领先的印象。华为也因此成为中国品牌走向高端化的代表，其中的一个重要表现就是产品价格往上走并蚕食了不少本属于苹果的市场份额。据 Counterpoint 数据显示，高端智能手机（出厂价格超 400 美元）在中国的销售额中，华为超过苹果成为第一。在手机产品成功的基础上，华为不拘泥于手机和硬件，继续朝着打造多品类的软硬结合的产品体系进发，如笔记本、平板、智能家居、智慧屏、HMS 等，其中不少业务都取得了不错的进展。

第三，在销售和服务渠道上迅速补足短板，形成线上线下一体化的销售与服务渠道。在正式进入手机市场之前，华为的手机产品主要供应给三大运营商，走的是 OEM 模式。在发力终端业务之后，开始着力建设线下线上分销渠道，做到全渠道覆盖。截至 2019 年年底，华为已经在全球建成超过 65000 家零售阵地，其中包含 6000 家体验店。华为消费者业务共建成超过 2600 家线下服务中心，覆盖了 105 个国家和地区。同时，华为的自建在线商城 VMALL，广泛入驻领先的第三方平台如京东、天猫等拓展销售。

第四，占据主流平台，传播品牌主流声音。数字化时代，传播渠道极大丰富，信息过剩，鱼龙混杂为品牌的打造增加了新的挑战。这时候有一个主流的平台传递主流的声音对品牌而言就显得十分关键。华为除了在数字媒体阵地上持续发声，营造品牌的粉丝群体之外，还通过与央视"国家品牌计划""品牌强国工程"合作，采取高举高打的方法打造品牌故事传递品牌理念，有力地提升了华为的产品和品牌形象。CTR 专项调查数据显示，相比日常看到的广告，消费者表示通过华为在央视投放的品牌行动可以获取更多关于华为品牌及产品信息，也更信任华为。

第五，重视国际市场的开发。华为尚未进入终端消费市场之前就十分重视国际化的问题，在切入终端消费市场之后也不例外。2019 年华为海外市场的销售额超过 3500 亿元，占比超 40%（如图 4.23）。华为通过事件营销、品牌人格化（以行践言的品牌故事片）、品牌赞助（意超等）、明星代言（如签下梅西、盖尔·加朵等）、联名设计（如与保时捷联名）、强强联合（莱卡+华为）等多种营销手段打造品牌，在部分重点市场如欧洲市场上迅速打开了品牌知名度和品牌销售，成为消费者业务的重要支撑。

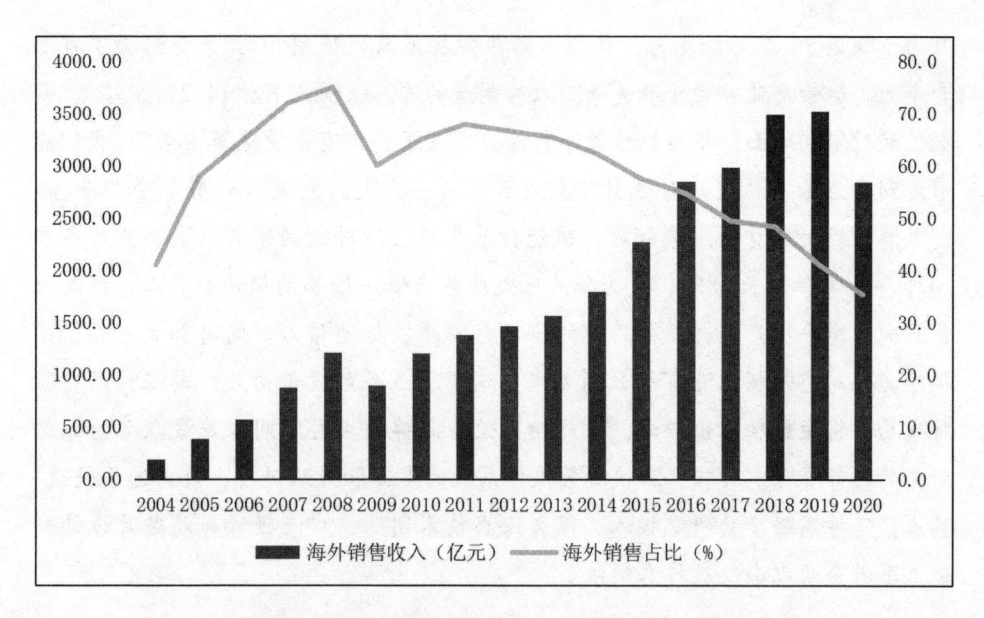

图 4.23　2004—2020 年华为海外销售收入及占比

（资料来源：华为财报）

二、美国制裁对华为的发展造成了严重的影响

然而，华为的发展遭受了最大的阻碍——来自美国的制裁。早在2012年，美国政府就开始有意识地调查华为等中国高科技公司。2012年10月，美国众议院发布报告，认为中国两家通信设备生产商华为及中兴可能会对美国国家安全构成威胁。调查近一年之后，在没有证据的情况下依旧最终认定中兴和华为会危害美国国家安全。近两年来，两国贸易摩擦加剧并最终朝着脱钩和冷战的方向发展。美国政府通过一系列措施打击华为的供应链和国际市场的销售，对于华为的发展造成了恶劣的影响。虽然华为依靠强大的企业韧性维持了企业的经营和品牌的发展，但是依旧不可避免地遭受了重创。

2020年，华为保持了增长，但营收增速和营业利润率出现了历史最低。业务增长主要依靠的是国内市场的强劲增长，海外各市场的收入全面下滑。其中，美洲市场下滑24.5%，亚太市场下滑8.7%，华为经营多年，占据国际市场增长最大份额的欧洲和中东非洲市场下滑12.2%。2021年上半年，制裁的影响进一步显现。2021年上半年华为收入同比下滑29%，净利润同比下滑24%。其中，消费者业务近乎腰斩，下滑47%，华为两个增长极之一丢失，对未来发展形成巨大隐患。华为一方面忍痛舍弃荣耀品牌，另一方面推出的新品也大幅减少，且由于缺乏5G芯片的支持，新推出的旗舰机型只能使用4G，严重影响了市场竞争力。运营商业务由于欧美等国人为制造的进入限制，下滑14.2%。

面对不利局面，华为轮值董事长徐直军表示要"有质量地活下来"。我们能够看到华为正在积极应对这种不利局面。其一，大力发展云计算等企业业务，进军潜力巨大的智能汽车领域，赋能行业发展，开辟新的增长点。企业业务在2021年上半年增长18%，成为华为三大业务中唯一增长的领域。其二，持续推出旗舰智能手机产品，保持品牌的市场存在感，传递信心。同时加大电脑、平板等其他对芯片制程没有那么高要求的消费者业务的发展力度。其三，调整品牌布局，将荣耀独立出华为，以此换得荣耀品牌的生存空间以及聚焦华为品牌所需的内部资源。其四，加快鸿蒙操作系统的发布和升级进度，目前进展较快；其五，保持高强度的研发投入，保留海思技术团队，广泛投资布局芯片设计制造上下游企业以求攻破技术短板。

第五节　中国品牌成长与四种动力的实证检验

本节希望通过数据实证的方法重点分析生产力、消费力、传播力和创新力这四大因素与品牌成长间的数量关系。本章首先在参考已有文献基础和本书分析需要的基础上对各个概念进行定义，然后进行概念的操作化，并引入相关统计数据，最后进行各个变量间的回归分析。

一、品牌成长等相关核心概念的界定与测量

本书认为，中国品牌成长的基本驱动力可以从宏观历史视角归纳为四种核心力量，即生产力、消费力、传播力和创新力，这些因素是一般品牌成长的基本要素，不同时期不同国家会致使四个基本要素发生方向、力度等的变化，进而形成自身的品牌成长特色。生产力和消费力是品牌得以存在的基本前提，而传播力则是锻造品牌的必要中介，创新力则决定了一个品牌发展的领先性和可持续性。本书将对这四种力量加以定义并测量。关于品牌成长、生产力、消费力、传播力和创新力有多重指标来衡量。本书将在综合考虑到数据的长期性、连续性及代表性等因素后有效选取量化指标。需要说明的是，所有的衡量指标均只能从一个侧面反映品牌成长和四大动力的情况，并不能完全反映中国品牌

成长这一复杂事实的全貌。

（一）品牌成长的界定与测量

由于品牌成长的一个典型表现是品牌价值的增加，因此大多数学者将目光放在了品牌资产的测量和评估上，以此实现对于品牌成长的测量，这也是市场对于品牌价值评估的需要。品牌成长的测量是以品牌资产的测量为第一步的。品牌资产的研究大约开始于20世纪80年代末和90年代初，由于企业界兼并浪潮的此起彼伏，品牌作为一种资产的概念被提了出来。广告界从品牌管理的角度提出了"品牌资产"这一概念。[1] 由于"品牌资产"强调品牌作为一种无形资产可以为企业带来财富和价值，让企业认识到品牌是一种可以获利的资产，在品牌的具体实践中具有重大的指导意义，因此这一概念一经提出就得到了业界和学界的热烈呼应，成为品牌研究一直以来的焦点和热点。中外学界关于"品牌资产"的研究主要包括品牌资产的概念、内部结构、来源以及测度等。当下中外品牌资产研究的主流认识是基于消费者的品牌资产，即消费者是品牌资产的根本来源。

不同学者对于"品牌资产"的理解并不一样，研究者主要先后从财务、市场和消费者三个角度来定义"品牌资产"。具体已有学者做了总结，本书不再一一赘述。[2] 关于品牌资产来源与形成过程的研究，凯勒等提出的品牌价值链模型[3]比较有代表性。2003年初步提出这一模型后，2006年又在此前模型的基础上提出了品牌价值链的扩展模型。[4] 他们解释了品牌资产的产生路径，即"公司行为—消费者感知—消费者反应—品牌市场表现和股东价值的实现"。该模型用一种简洁而系统的方式解释了品牌资产的形成过程，将消费者和品牌所有者统一了起来。从该模型中可以看出，品牌资产的形成主要在于企业行为及消费者反应间的成功互动，即品牌的塑造取决于企业营销等行为，但最终取决于消费者对于企业品牌的认知和反应，这可以视为品牌能够成为资产的"关键一跃"。经过多年的发展，品牌资产的评估基本上可以分为三类，第一类是基于顾客心智的集合，第

---

[1] Barwise P. Brand equity: snark or boojum? [J]. International Journal of Research in Marketing, 1993 (1): 94.

[2] 何佳讯. 品牌与品牌化研究的取向、格局及趋势 [J]. 品牌研究, 2016 (02): 8-9.

[3] K Keller K L, Lehmann D R. How do brands create value? [J]. Marketing management, 2003 (12): 26-31.

[4] KELLER K, LEHMANN D. Brands and branding: Research findings and future priorities [J]. Marketing Science, 2006 (6): 740-759.

二类是产品市场，第三类是金融市场。第一类聚焦于品牌资产的消费者来源的评价，第二类和第三类集中于公司从它的品牌资产中得到的结果或净利。①

综上，本书认为，企业品牌成长既是品牌依附主体——企业的成长，也是品牌自身的成长。这两种成长既可以表现为数量的扩张，包括企业/品牌数量、各类排行榜单中的入选的企业/品牌数量，也可以表现为资产价值的扩张，如企业资产规模的扩张、品牌资产的增值等。依循该思路，结合前人的研究成果，本书认为在衡量企业品牌成长时可以选取以下几种指标：（1）企业数量的指标，如中国企业数量、入选各类企业规模排行榜单的数量；（2）企业销售/经营规模的指标；（3）品牌资产数量的指标，如入选世界各大品牌排行榜单的中国品牌数量、中国企业的商标申请注册数量；（4）品牌价值测量的指标，如各大品牌排行榜榜单中中国品牌资产价值的评估额。

理想的情况下，最好的测量指标应当既满足本书的时间覆盖要求，也能够直接反映品牌成长的情况。本书为了覆盖尽可能长的时间段，在秉持与品牌发展直接相关的基础上，选取了中国企业商标申请注册量这一指标。商标是法律意义上的品牌标识，企业营造品牌的一个常规性动作便是申请注册商标。虽然该指标只是一个单纯的数量上的指标，不能直接反映品牌在实际资产规模上的扩张，但是也能较好地从一个侧面反映出中国品牌的成长。据此，本书选取自1980年开始到2020年的企业国内商标申请注册量的统计数据（如表4.17），并将世界品牌实验室公布的2009—2020年中国品牌500强价值总额的数额作为辅助验证（如表4.18）。

表4.17　1980—2020年商标申请注册数量

年份	申请注册数（件）	年份	申请注册数（件）
1980	26177	2000	223177
1981	23004	2001	270417
1982	18565	2002	371936
1983	20807	2003	452095
1984	29564	2004	587925
1985	49243	2005	664017

---

① 何佳讯. 品牌与品牌化研究的取向、格局及趋势［J］. 品牌研究，2016（02）：10.

续表

年份	申请注册数（件）	年份	申请注册数（件）
1986	50970	2006	766319
1987	44069	2007	707948
1988	47549	2008	698119
1989	48411	2009	830477
1990	57272	2010	1072187
1991	67604	2011	1416785
1992	90795	2012	1648316
1993	132323	2013	1881546
1994	142617	2014	2285358
1995	172146	2015	2876048
1996	151804	2016	3691000
1997	148755	2017	5748000
1998	157683	2018	7371000
1999	170715	2019	7837000
2020	9116454	——	——

（数据来源：国家市场监督管理总局）

表4.18　2009—2020年中国品牌500强价值总额

年份	品牌价值（亿元）
2009	34924
2010	42634.54
2011	42634.54
2012	65837.64
2013	81025.29
2014	92688.28
2015	108131.56
2016	132696.3
2017	155580.05

续表

年份	品牌价值（亿元）
2018	184459.11
2019	218710.33
2020	246920.58

（数据来源：世界品牌实验室2009—2020历年《中国品牌500强》榜单）

（二）生产力的界定与测量

马克思在批判亚当·斯密和李斯特"生产力"思想的基础上逐步确定了科学的生产力概念。① 本书在参考马克思生产力理论的基础上，聚焦于相对微观和具体的企业生产力范畴。改革开放后由于经济发展的迫切需求，关于生产力的研究日益多了起来，研究认为，生产力可以分为企业、部门、地区、国家、世界等多种类型或维度的生产力。其中，企业生产力处于比较基础的地位。②

关于生产力的定义，宋文彪认为在企业管理中，人们常将企业生产力表述为有效的产品制造，亦即以较少的投入生产出适量的产品。③ 杨皖苏和严鸿和认为企业生产力是一个企业，或企业的某一部分，如车间、班组或其他生产单元（Production Unit）以其产出量与其投入量之比表达的某种竞争力或活力。④ 徐晓林提出了较为系统的企业生产力指标体系，从中可以看出企业生产力的定义。他认为企业生产能力包括行政管理（组织框架、民主程度、执行运作的规范化程度）、生产营销（盈利能力、产出能力、发展能力）、企业文化（与时代的吻合程度、与行业的匹配程度、员工的认同程度）。⑤

可见，企业生产力是一个内涵十分丰富的概念，企业生产力包含多个方面的因素。本书关注的更多的是企业在同样条件下面向市场的产品/服务产出能力。本书认为，企业生产能力是指在一定的时间周期内，所能生产的产品或服务的数量。企业的生产能力可以是自有的，也可以是企业能够控制的外包或代工形式的。在

---

① 何海涛，梁爽. 对马克思"生产力"概念的再反思［J］. 中南民族大学学报（人文社会科学版），2018（03）：1.
② 于东. 生产力先进性的定量分析［J］. 生产力研究，2007（06）：48.
③ 宋文彪. 企业生产力的会计计量和分析［J］. 生产力研究，1997（05）：39.
④ 杨皖苏，严鸿和. 企业生产力衡量与分析［J］. 生产力研究，1997（03）：30.
⑤ 徐晓林. 基于属性坐标评估与决策法的企业生产力指标体系的研究［D］. 上海：上海海运学院，2002.

激烈的市场竞争中，企业能够提供一定数量的产品和服务来满足市场需求是企业所营造的品牌赖以存在的基本前提。没有产品或者服务作为支撑，就没有品牌的存在。制造业是国民经济的主体，是立国之本、兴国之器、强国之基。制造业不仅在国家经济发展和世界竞争中具有重要作用，回顾中国品牌发展历史，制造业也是中国品牌得以发展的重要基础。综上并且出于研究简便，本书选取1978—2020年中国制造业作为衡量中国企业生产力的指标（如表4.19）。

表4.19 1978—2020年中国制造业规模

年份	制造业规模（亿元）	年份	制造业规模（亿元）
1978	1475	2000	31867
1979	1624	2001	34690
1980	1829	2002	37803
1981	1874	2003	44615
1982	1976	2004	51613
1983	2169	2005	59694
1984	2544	2006	71079
1985	3131	2007	87662
1986	3594	2008	103176
1987	4155	2009	109934
1988	5205	2010	129725
1989	5829	2011	155000
1990	6097	2012	169414
1991	7076	2013	180389
1992	8814	2014	195866
1993	12003	2015	198487
1994	16208	2016	208467
1995	20459	2017	233571
1996	23852	2018	254813
1997	26206	2019	263399
1998	27102	2020	264059
1999	28330	——	——

（数据来源：国家统计局，世界银行）

（三）消费力的界定与测量

巨大的消费市场是孕育品牌的第二大重要基座，如果只有生产而没有消费，品牌则无从产生。现代意义上的品牌正是大工业时代大量生产和大量消费剧烈互动的产物。早在1776年亚当·斯密就关注到了消费力的问题，他认为消费力就是购买力。尹世杰基于马克思消费力理论认为，消费力即消费能力，是指消费者为了满足自己的消费需要对消费资料（包括劳务）进行消费的能力。[①] 这一概念得到了大多数学者的认同。

本书认为，消费力具体指的是一定人口规模的、具有一定购买（消费）意愿和购买能力的消费者所形成的消费能力，对消费力的形成而言，购买意愿和支付能力缺一不可。从具体分类上看，消费力不仅仅包括实体产品的消费也包括虚拟产品如服务消费，消费力的提升也不仅仅是消费规模上的扩张，也表现为消费结构和消费内容等质层面的不断升级。

就中国品牌发展的消费力构成而言，中国品牌的消费力主要由两方面构成，一是国内消费市场，二是国际消费市场。国内消费市场是中国品牌诞生的基石市场，国际消费市场则为中国品牌的发展提供了更为广阔的发展空间。将国际市场纳入中国品牌成长的消费力构成也符合中国品牌成长的历史事实。一般而言，衡量国内消费市场主要采用社会消费品零售总额这一指标[②]，而国际消费市场的规模则可以通过出口总额这一指标进行粗略的衡量。据此，本书将采用1978—2020年社会消费品零售总额和出口总额之和的数据作为消费力的衡量指标（如表4.20）。需要注意的是，企业的海外市场销售并不能完全表现为出口总额，有的在全球当地市场销售计入当地的社会消费总额，而不是表现为中国的出口额，本书为了研究方便故采用出口总额这一指标进行代替。采用出口总额主要有两点合理性：其一，除了少数领头品牌之外，大部分的中国品牌海外销售额占比十分有限；其二，出口总额数据的连续性有助于从历史维度考察品牌起步期时中国品牌是如何依托海外市场的需求进行成长的。

[①] 尹世杰. 消费力经济学（修订版）[M]. 成都：西南财经大学出版社，2010：1.
[②] 也有人认为应当使用"居民消费"或"最终消费"来反映国内市场的消费情况，三者既有联系又有区别，本书遵循研究惯例，同时便于与他国同类数据进行比较，故采用社会消费品零售总额这一指标。参见：许宪春. 准确理解中国经济统计[J]. 经济研究，2010（05）：21-31.

表4.20 1978—2020年社会消费品零售总额及出口总额

年份	社会消费品零售总额（亿元）	出口总额（亿元）	合计（亿元）
1978	1558.6	167.6	1726.2
1979	1800	211.7	2011.7
1980	2140	271.2	2411.2
1981	2350	367.61	2717.61
1982	2570	413.83	2983.83
1983	2849.4	438.33	3287.73
1984	3376.4	580.56	3956.96
1985	4305	808.86	5113.86
1986	4950	1082.11	6032.11
1987	5820	1469.95	7289.95
1988	7440	1766.72	9206.72
1989	8101.4	1956.06	10057.46
1990	8300.1	2985.84	11285.94
1991	9415.6	3827.1	13242.7
1992	10993.7	4676.29	15669.99
1993	14270.4	5284.81	19555.21
1994	18622.9	10421.84	29044.74
1995	23613.8	12451.81	36065.61
1996	28360.2	12576.43	40936.63
1997	31252.9	15160.68	46413.58
1998	33378.1	15223.54	48601.64
1999	35647.9	16159.77	51807.67
2000	39105.7	20634.44	59740.14
2001	43055.4	22024.44	65079.84
2002	48135.9	26947.87	75083.77
2003	52516.3	36287.89	88804.19
2004	59501	49103.33	108604.33
2005	68352.6	62648.09	131000.69

195

续表

年份	社会消费品零售总额（亿元）	出口总额（亿元）	合计（亿元）
2006	79145.2	77597.89	156743.09
2007	93571.6	93627.14	187198.74
2008	114830.1	100394.94	215225.04
2009	133048.2	82029.69	215077.89
2010	158008	107022.84	265030.84
2011	187205.8	123240.56	310446.36
2012	214432.7	129359.25	343791.95
2013	242842.8	137131.43	379974.23
2014	271896.1	143883.75	415779.85
2015	300930.8	141166.83	442097.63
2016	332316.3	138419.29	470735.59
2017	366261.6	153309.43	519571.03
2018	380986.9	164176.68	545163.58
2019	411649	172342	583991
2020	391981	179326	571307

（数据来源：国家统计局）

（四）传播力的界定与测量

品牌的打造离不开传播的构建，"传播力"这一概念主要运用在媒体研究的语境中。学者在传播力的定义上也大多从媒体角度出发。刘建明较早地提出了传播力的概念，他认为传播力是媒介传播力的简称，指媒介的实力及其搜集信息、报道新闻、对社会产生影响的能力。[1] 韦路认为传播力是传播主体通过各种传播行为影响传播客体的能力。从内涵上看，传播力特指通过传播行为产生影响的能力。从外延上看，传播力所适用的范围是一种能力，这种能力包括传播信息和影响公众的能力。[2] 学者大多认同传播力是一种主体通过传播手段影响客体的能力。因此，本书借用媒体传播力的概念，认为企业的品牌传播力指的是企业通过各种传播手段影响品牌目标消费群体的能力。

---

[1] 刘建明. 当代新闻学原理[M]. 北京：清华大学出版社，2003：37.
[2] 韦路. 传播力的概念与测量[J]. 网络传播，2016（08）：50.

从具体企业品牌实践上看，企业品牌的传播力主要体现在企业的品牌传播活动及其相关投入上，这也是相对容易衡量的指标。当下企业的品牌传播活动主要体现为大众媒体推广和各类公关活动，当然还包括各类售点广告、直接邮寄广告等。尤其是大众媒体广告，在现代品牌的形成中发挥着不可或缺的作用。仁科贞文认为，"现代广告即等同于品牌沟通（brand communication）"。[1] 约翰·菲利普·琼斯则将广告比喻为品牌这台"大机器"中与"大部分零件相连，有时甚至可以控制它们"的"小机器"，是"品牌附加价值的重要源泉之一"。[2]也有国内学者将广告比喻为品牌的"发动机"。[3] 除了广告之外，公关也是企业营造品牌重要且常用的手段。事实上，广告、公关是企业营造品牌最常用的两种手段。广告和公关就是企业传播的"左右两手"。[4]

因此，衡量企业传播力也主要从广告、公关为代表的企业品牌传播投入入手。根据研究惯例，本书选取的是国家市场监督管理总局发布的中国广告经营额的统计数据以及中国国际公关协会公布的中国公关行业经营额统计数据（如表4.21）。这两个指标的统计数据能够较好地反映中国广告和公关的发展情况，中国广告经营额统计数据最早可以追溯到1979年，公关经营额统计数据从1998年开始发布。

表4.21 中国广告经营额与公关经营额

年份	广告经营额（亿元）	公关经营额（亿元）	合计（亿元）
1979	0.1	——	0.1
1980	0.15	——	0.15
1981	1.18	——	1.18
1982	1.5	——	1.5
1983	2.34	——	2.34

---

[1] 仁科贞文，田中洋，丸冈吉人. 广告心理 [M]. 北京：外语教学与研究出版社，2008：1-2.

[2] 约翰·菲利普·琼斯. 广告与品牌策划 [M]. 孙连勇，李树荣，译. 北京：机械工业出版社，1999：16-17.

[3] 杜国清. 广告即战略——品牌竞合时代的战略广告观 [M]. 北京：中国传媒大学出版社，2004：106.

[4] 蔡放，黄升民. 阴阳互济鸳鸯剑——有的放矢地协调广告与公关 [J]. 市场观察，2006（03）：36.

续表

年份	广告经营额（亿元）	公关经营额（亿元）	合计（亿元）
1984	3.65	——	3.65
1985	6.05	——	6.05
1986	8.45	——	8.45
1987	11.12	——	11.12
1988	14.93	——	14.93
1989	19.99	——	19.99
1990	25.02	——	25.02
1991	35.09	——	35.09
1992	67.87	——	67.87
1993	134.09	——	134.09
1994	200.26	——	200.26
1995	273.27	——	273.27
1996	366.64	——	366.64
1997	461.96	——	461.96
1998	537.83	0.1	537.93
1999	623.41	10	633.41
2000	712.66	15	727.66
2001	794.89	20	814.89
2002	903.15	25	928.15
2003	1078.68	33	1111.68
2004	1264.56	45	1309.56
2005	1416.35	60	1476.35
2006	1573	80	1653
2007	1740.96	108	1848.96
2008	1899.56	140	2039.56
2009	2041.03	168	2209.03
2010	2340.51	210	2550.51
2011	3125.55	260	3385.55

续表

年份	广告经营额（亿元）	公关经营额（亿元）	合计（亿元）
2012	4698.28	303	5001.28
2013	5019.75	341	5360.75
2014	5605.6	380	5985.6
2015	5973.4	430	6403.4
2016	6489	500	6989
2017	6896	560	7456
2018	7991.48	627	8618.48
2019	8674.28	668	9342.28

（数据来源：国家市场监督管理总局、中国国际公关协会、智研咨询）

（五）创新力的界定与测量

品牌的本质在于实现差异化，然而差异化不是只要实现就能一劳永逸的，维持品牌的差异化要求企业不断创新。企业的创新力与品牌的本质在逻辑上是一致的，可以说，强势的品牌必定是创新的品牌，强势的品牌必定要求企业不断进行创新。创新的概念第一次出现在经济学研究的范畴，是由奥地利经济学家约瑟夫·熊彼特在20世纪初首次提出的。熊彼特认为"创新"是指企业家对生产要素的新组合，即把一种从来没有过的生产要素和生产条件的新组合引入生产体系之中。熊彼特所言的创新包括五种，即产品创新、工艺或生产技术创新、市场创新、材料创新、组织管理创新。[1] 熊彼特认为创新就是一个创造性破坏的过程。关于创新的定义，有学者认为如下定义较为完整：创新是生产或采用、吸收和利用经济和社会领域的增值新颖性；产品，服务和市场的更新和扩大；开发新的生产方法；建立新的管理系统。创新既是一种过程，也是一种结果。[2]

关于企业创新能力的研究主要有两个重点：一是对企业创新能力概念和内涵的研究，二是对企业创新能力构成与度量的研究。在企业创新能力的内涵方面，比较有代表性的是赵力田等人通过对30多年的美国社会科学文献索引（SSCI）中

---

[1] 约瑟夫·熊彼特. 经济发展理论 [M]. 何畏, 易家祥, 等译. 北京: 商务印书馆, 2017: 75–85.

[2] EDISON H, BIN A, Torkar R. Towards innovation measurement in the software industry [J]. Journal of Systems and Software, 2013 (05): 1400–1401.

关于企业创新能力和构成的文献的系统回顾和梳理，从认知基础的视角出发，认为企业创新能力概念内涵演进经历了"能力—核心能力—吸收能力—动态能力—创新能力"的过程。并且他认为，企业创新能力是企业搜寻、识别、获得外部新知识，或发现已有知识的新组合，或发现知识的新应用，进而产生能创造市场价值的内生性知识所需要的一系列战略、组织、技术和市场惯例。①

在企业创新能力的构成和评价测量方面，魏江等人认为创新能力包括研究和发展（R&D）能力、生产能力和市场营销能力。并以此为基础建立了企业创新能力的度量指标。② 张军等人基于知识创造的动态理论，以"知觉—响应"模型为框架，采用扎根理论的方法对企业创新能力进行构思开发，并利用419份国内企业数据进行实证检验。最后得出结论认为，企业创新能力由变异感知能力、信息诠释能力、创新决策能力与实施实现能力共同构成。③ 有不少学者将研究重心放在了企业技术创新能力的结构和测量上，根据唐炜等人关于企业技术创新能力评价的文献回顾的总结，企业技术创新能力评价指标体系模型包括基于要素观、过程观、系统观多种指标模型。④

通过梳理文献可以发现，关于企业创新能力的测量指标是多维度的，但毫无疑问的是，技术创新能力是企业创新能力的核心构成部分之一，这也是学者们研究的重点。无数中国和世界品牌发展案例表明，企业若缺乏技术创新能力，必然无法可持续发展并最终被市场淘汰。在当下国际竞争，尤其是中美之间日趋激烈的竞争中，对于核心技术的争夺是第一位的。出于研究方便，本书用企业技术创新能力来衡量企业创新能力，主要表现在企业科研投入（R&D）、企业申请专利的相关统计等数据中。根据我国专利法规定，企业可以获得专利保护的发明创造有发明、实用新型和外观设计三种，发明专利是其中最主要的一种，其申请难度高，对新颖性、创造性和实用性的审查比较严格。因此，本书同时考察企业研发投入和发明专利的情况（如表4.22和表4.23）。用R&D数据（创新的起点）及专利申请、授权和引用的数据（创新的终点）来测度企业创新也

---

① 陈力田，赵晓庆，魏致善. 企业创新能力的内涵及其演变——一个系统化的文献综述[J]. 科技进步与对策，2012（14）：156 – 157.
② 魏江，许庆瑞. 企业创新能力的概念、结构、度量与评价[J]. 科学管理研究，1995（05）：50 – 55.
③ 张军，许庆瑞，张素平. 企业创新能力内涵、结构与测量——基于管理认知与行为导向视角[J]. 管理工程学报，2014（03）：1 – 10.
④ 唐炜，蒋日富，鹿盟. 企业技术创新能力评价理论研究综述[J]. 科技进步与对策，2007（05）：195—200.

是当下学界形成共识的两类指标。①

表4.22 1997—2019年中国企业研发费用支出情况②

年份	企业研发费用支出（亿元）	年份	企业研发费用支出（亿元）
1997	233.9	2008	3381.7
1998	247	2009	3775.7
1999	336.7	2010	5185.5
2000	540.6	2011	6579.3
2001	630	2012	7650.9
2002	787.8	2013	9075.8
2003	960.2	2014	10060.6
2004	1314	2015	10881.3
2005	1673.8	2016	12144
2006	2134.5	2017	13660.2
2007	2681.9	2018	15233.7
2019	16921.8	——	——

（数据来源：国家统计局）

表4.23 1995—2020年企业发明专利申请受理量

时间	企业发明专利申请受理量（项）	时间	企业发明专利申请受理量（项）
1995	1086	2007	73893
1996	1725	2008	95619
1997	2239	2009	118257
1998	2480	2010	154581
1999	3490	2011	231551
2000	8316	2012	316414

---

① 安同良，魏婕，舒欣．中国制造业企业创新测度——基于微观创新调查的跨期比较[J]．中国社会科学，2020（03）：101．
② 数据来源于国家统计局。1998年以前也有企业R&D经费投入统计，但是口径不一样，因此可比性不足。1998年国家统计局科学技术部开始发布全国科技经费投入统计公报，1997年数据根据1998年数据及增长率计算得出。

续表

时间	企业发明专利申请受理量（项）	时间	企业发明专利申请受理量（项）
2001	9371	2013	426544
2002	14657	2014	484747
2003	21858	2015	582512
2004	27029	2016	735533
2005	40196	2017	788194
2006	56455	2018	896648
2019	807813	2020	999996

（数据来源：国家统计局）

二、成长动力与中国品牌成长的关联与拉动

（一）四种基本力量与中国品牌成长的相关性分析

首先，本书通过数据走势可以发现中国品牌成长与四种力量的高度正相关性。从以下两张走势图中可以清晰地发现这一特点（如图4.24和图4.25）。中国品牌价值总额与四大动力的相关性经过统计发现均在0.95以上，呈现出高度相关。由于篇幅，本书不再一一呈现数据走势图。

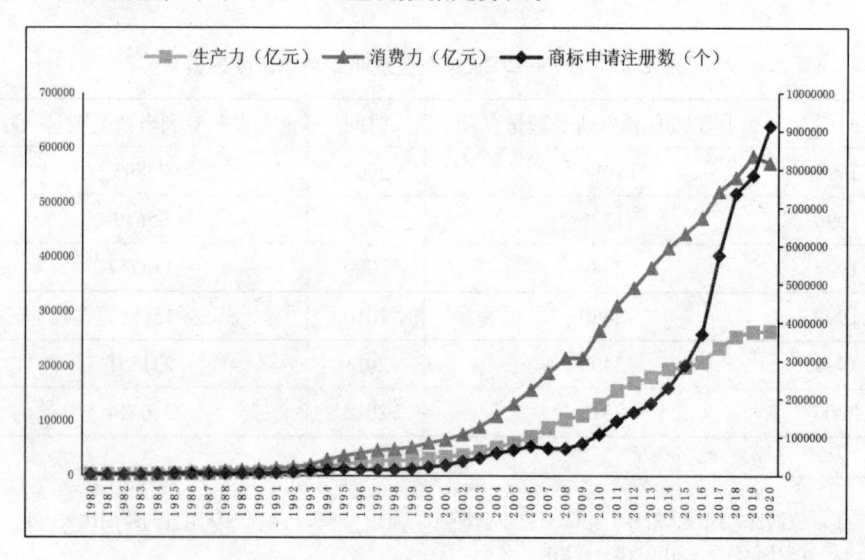

图4.24 商标申请注册数与生产力和消费力

（右轴是商标申请注册量，左轴是生产力和消费力。数据来源：国家统计局，国家市场监督管理总局）

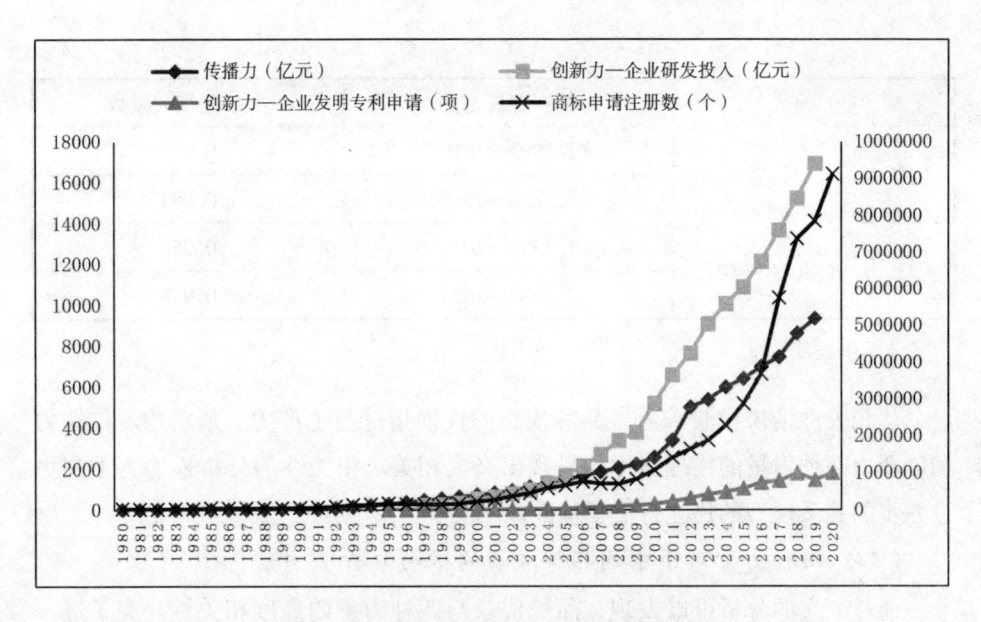

图 4.25 商标申请注册数与传播力和创新力

（右轴是商标申请注册数与创新力—企业发明专利申请，左轴是创新力—企业研发投入及传播力，部分数据缺失。数据来源：国家统计局、国家市场监督管理总局、中国国际公关协会）

其次，基于历年企业品牌成长情况（商标申请注册数量/品牌价值总额）和生产力（制造业）、消费力（社会消费品零售总额+出口总额）、传播力（广告经营额+公关经营额）和创新力（企业研发投入、企业专利申请）的数据，本书运用 SPSS23.0 统计分析软件对其中的相关性进行分析及进一步检验，结果如下（如表 4.24）。

表 4.24 品牌成长（1. 商标申请注册数量/2. 品牌价值总额）与四力相关性分析

	数据验证范围	皮尔逊相关系数
生产力	1. 1980—2020	0.889
	2. 2009—2020	0.952
消费力	1. 1980—2020	0.894
	2. 2009—2020	0.953
传播力	1. 1980—2019	0.934
	2. 2009—2019	0.966

续表

	数据验证范围	皮尔逊相关系数
创新力—企业研发投入	1. 1997—2019	0.932
	2. 2009—2019	0.984
创新力—企业专利申请	1. 1995—2020	0.950
	2. 2009—2020	0.958

(本书整理)

从相关性结果检验来看，品牌成长的代理指标与生产力、消费力、传播力和创新力四种力量的代理指标均呈现出高度相关。相关性的分析检验为下文更进一步的关系模型的建立打下了基础。

（二）四种力量对于中国品牌成长的推动分析

通过上文的分析可以发现，品牌成长与四种力量的高度相关性。为了进一步探究品牌成长与四种力量的关系，本书以品牌成长（企业商标申请注册数，标记为Y1；品牌价值总额，标记为Y2）为解释变量，以生产力（X1）、消费力（X2）、传播力（X3）、创新力（X4，企业研发投入；X5 企业发明专利申请数）为预测变量建立品牌成长与四种力量的回归方程。通过SPSS23.0统计分析软件进行计算，得出以下品牌成长与四种动力的关系模型（如表4.25）。

表4.25 品牌成长与四种动力的关系模型

	回归模型	P值
生产力	$Y1 = -474926.09 + 23.004 * X1$	
	$Y2 = -135750.73 + 1.273 * X1$	
消费力	$Y1 = -425496.66 + 10.708 * X2$	
	$Y2 = -117563.49 + 0.556 * X2$	
传播力	$Y1 = -210423.53 + 659.689 * X3$	均小于0.05
	$Y2 = -39671.875 + * 25.208X3$	
创新力—企业研发投入	$Y1 = -329437 + 392.174 * X4$	
	$Y2 = -40576.875 + 14.442 * X4$	
创新力—企业发明专利申请	$Y1 = -10957.988 + 7.477 * X5$	
	$Y2 = -6337.871 + 0.227 * X5$	

(本书整理)

从各参数检验值来看，品牌成长的代理指标与四种力量的代理指标的关系模型各种检验指标良好，能反映出品牌成长与四种动力的关系。计算结果显示，第一，生产力的规模每增长1亿元，国内企业商标申请注册数量就会增加8.465个，或品牌价值增加1.273亿元；消费力每增加1亿元，企业国内商标申请注册数量就会增加7.085个，或品牌价值增加0.556亿元；传播力每增加1亿元，企业国内商标申请注册数量就会增加597.544个，或品牌价值增加25.208亿元；科研投入每增加1亿元，企业国内商标申请注册数量就增加355.592个，或品牌价值增加14.442亿元；企业发明专利申请每增加1项，企业国内商标申请注册数量就增加6.048个，或品牌价值增加0.227亿元。第二，相较于生产力和消费力，传播力以及企业研发对于品牌发展的拉动更为明显，这也从侧面证明了传播和技术创新对于品牌发展的重要价值。

为了进一步探究四大动力对于提升中国品牌国际影响力的影响，本书依据Brandfiance的数据（如表4.26）[①]进一步考察品牌价值总额与四大动力因素之间的关系。通过相关性分析，品牌价值总额与四大动力高度相关，相关性均在0.93以上。

表4.26 2006—2020年入选世界品牌500强的中国品牌价值总额

年份	入选世界品牌500强的中国品牌价值总额（亿美元）
2006	209.23
2007	616.2
2008	775.72
2009	1240.91
2010	1672.58
2011	1918.19
2012	2559.54
2013	3051.30
2014	4286.33
2015	5735.06

[①] 由于Brandfiance公布的数据实际上是根据上年度的数据计算得出的，因此2021年的榜单实际上代表的是2020年的情况，因此本书往前推一年，如2020年的数据来自2021年该机构发布的榜单。

续表

年份	入选世界品牌500强的中国品牌价值总额（亿美元）
2016	7181.7
2017	9718.64
2018	13776.14
2019	14051.19
2020	14833.38

（资料来源：2007—2020历年Brandfiance《世界品牌价值500强》榜单）

如前文所述思路，本书以品牌成长（入选品牌价值总额，记为Y3）为解释变量，以生产力（X1）、消费力（X2）、传播力（X3）、创新力（X4企业研发投入；X5企业发明专利申请数）为预测变量建立品牌成长与四种力量的回归方程。通过SPSS23.0统计分析软件进行计算，得出以下品牌成长与四种动力的关系模型（如表4.27）。

表4.27 入选世界品牌500强榜单的中国品牌价值总额与四大动力的模型

	回归模型	P值
生产力	$Y3 = -7538.2 + 0.074 * X1$	均小于0.05
消费力	$Y3 = -7112.91 + 0.033 * X1$	
传播力	$Y3 = -3441.408 + 1.67 * X1$	
创新力—企业研发投入	$Y3 = -3156.392 + 0.93 * X1$	
创新力—企业发明专利申请	$Y3 = -1387.65 + 0.015 * X1$	

（本书整理）

通过以上计算结果可以发现，中国制造业规模每增加1亿元，入选世界品牌500强的中国品牌价值将增加0.074亿美元；中国社会消费品零售总额和出口总额之和每增加1亿元，入选世界品牌500强的中国品牌价值将增加0.033亿美元；企业营销传播投入每增加1亿元，入选世界品牌500强的中国品牌价值将增加1.67亿美元；企业研发投入每增加1亿元，入选世界品牌500强的中国品牌价值将增加0.93亿美元；企业发明专利申请每增加1项，入选世界品牌500强的中国品牌价值将增加0.015亿美元。由此可以发现，传播和研发对中国品牌价值在世界层面增加的拉动作用更为显著。

<<< 第四章 中国品牌成长的动力机制：历史分析与实证检验

综上，本书以商标申请数量以及品牌价值总额作为品牌成长的代理指标，以制造业规模作为生产力的代理指标，以国内社会消费品零售总额与出口总额之和作为消费力的代理指标，以中国广告市场与公关市场的规模之和作为传播力的代理指标，以企业研发投入和发明创造专利申请情况作为创新力的代理指标，经过初步的统计分析之后发现了品牌成长与四种动力间的密切关系。四种动力的增加既有助于中国品牌总体价值的提高，也有利于中国品牌走向世界。需要说明的是，本部分只是在非常初步的层面上实证了品牌成长和四种动力要素存在显著的正相关关系。在未来的研究中，下一步的指标体系建构，包括具体维度和指标的进一步细化，各细化维度指标间权重的设置，以及多元回归方程的建立则是另一个"工程"了。

第五章

有形之手与无形之手博弈过程中的中国品牌形塑

表面上看,中国语境下品牌成长四种动力的不同特点造就了中国品牌成长的特色和奇迹。然而如果仔细更进一步地考察这个"中国语境",会发现政府在品牌发展中无处不在的影响力。中国品牌成长的四种动力之所以与一般西方国家品牌成长的四种动力存在很大差异,其深层次原因在于中国政府潜在的或者显在的影响和引导。政府的政策行为以及市场中品牌发展的情况正是这种博弈关系的表现和结果。本章要回答的问题:其一,政府为什么会在中国品牌成长中扮演着重要的角色?其二,政府是通过何种方式影响中国品牌成长的?其三,政府的有形之手和市场的无形之手是如何在博弈中形塑中国品牌的?

第一节 为什么会存在博弈的问题:有形之手 VS 无形之手

一、社会主义市场经济体制下政府与市场长期博弈关系的存在

改革开放40余年,中国经济和社会面貌得到了极大的改善,尤其是在经济方面的成就举世瞩目,中国经济的发展道路被称为"中国模式"。"中国模式"的核心即社会主义市场经济(体制),社会主义市场经济既不是排除商品货币关系的计划经济,也不是放弃公有制主体地位的市场经济,而是在社会主义基本制度条件下的市场经济。① 社会主义市场经济体制的形成也有一个探索的过程。我国改革的总体特征是"市场化",其核心问题是如何处理计划/政府与市场的关系(如表5.1)。社会主义市场经济体制一方面具有社会主义的制度特征,另

---

① 杨瑞龙.国有企业改革逻辑与实践的演变及反思[J].中国人民大学学报,2018(05):49.

一方面又具有现代市场经济的一般特征。① 社会主义市场经济可以说是一种市场经济与社会主义制度相结合"混搭式经济模式"。然而，市场意志与政府意志并不总是一致的，有时候也会相互冲突和背离，形成博弈的多种可能性。按照制度经济学的观点，"制度是一个社会的博弈规则"②，我国的社会主义市场经济制度正是一种基于政府和市场关系博弈的制度。这种博弈反映在经济运行的各个领域，涵盖各个产业的发展和品牌的成长。

表5.1 政府和市场关系的演变

年份	会议	意义及表述
1978	十一届三中全会	反思计划经济模式，探索计划与市场相结合的模式
1981	十一届六中全会	实现我国国民经济从无市场到有市场的转变
1982	十二大	提出计划经济为主，市场调节为辅
1984	十二届三中全会	提出有计划的商品经济，承认市场经济的存在
1987	十三大	提出计划与市场的内在统一
1992	十四大	确立我国经济体制改革的目标，强调市场在资源配置中的基础性作用
1997	十五大	继续强调市场机制的作用
2002	十六大	更大程度上发挥市场在资源配置中的基础性作用
2007	十七大	更好地发挥市场作用，同时形成科学的宏观调控体系
2012	十八大	更大程度更广范围发挥市场在资源配置中的基础性作用，完善宏观调控体系
2013	十八届三中全会	提出使市场在资源配置中起决定性作用和更好发挥政府作用
2017	十九大	使市场在资源配置中起决定性作用，更好发挥政府作用
2020	十九届五中全会	充分发挥市场在资源配置中的决定性作用，更好发挥政府作用，推动有效市场和有为政府更好结合

（本书整理）

从我国社会主义经济体制的形成历程中可以发现，不用说与中国模式明显

---

① 中国社会科学院经济体制改革30年研究课题组，陈佳贵，刘树成，吴太昌，常欣．论中国特色经济体制改革道路（上）[J]．经济研究，2008，43（09）：4-15，45．
② 道格拉斯·C.诺斯，制度、制度变迁与经济绩效[M]．杭行，译．上海：上海人民出版社，2014：3．

迥异的以美国为代表的自由市场经济模式，我国的社会主义市场经济制度与其他政府主导/干预经济发展的制度和模式（如日韩为代表的政府主导型市场经济模式，德国和瑞典为代表的社会市场经济模式①）有着根本上的不同：在中国，政府是经济发展的一个具有决定性或主导性作用的角色，这一点从国有经济和产业规划在中国经济中的重要地位就可以看出来，也可以从作为主要生产资源的土地依旧是国有的看出来。②这里并非说政府的有形之手可以发挥甚至代替市场无形的手在资源配置中的决定性作用，而是政府和市场一样，在整体经济发展中都发挥着同样重要的作用，或者可以说政府对经济发展的影响与市场机制一样重大。我们需要探讨的问题是政府和市场的边界如何划分，各自功能如何有效发挥，以及功能发挥得好和坏上。如果说西方国家的政府主导/干预的市场经济模式，均是秉承着自由主义市场经济制度下的政府和市场关系处理的"市场为主政府为辅"原则，认为政府是"守夜人"，推崇"小政府、大市场"，那么我国则是追求"强政府、强市场"的"双强模式"，或者说是经济学家所言的"有效市场 + 有为政府"的概念。至于我国的"社会主义市场经济制度"是否能够冲破西方自由市场经济的话语霸权，真正被国际认可，则还需要时间和实践的进一步检验，但毫无疑问，中国的社会主义市场经济"是一个强大国家组织和市场经济的结合体"③。

综上可知，在中国，市场与政府存在博弈的必然性，并且也是确确实实存在的，这是由中国特殊市场经济制度安排决定的。微观上看，中国政府在与企业之间的博弈中也在寻求"共谋"，正如一些社会学家所观察的那样，"企业利益和政府利益是相互结合的，也就是说，企业、商业和政府、政治在经济利益上是一致的，私人关系也是密切的"④。两者达成共谋的要点之一就是如何发展品牌，建设品牌强国既是中央国策，也是企业所求，这恰好是二者利益的一个重要交汇点。

---

① 关于这两种相对强调发挥政府作用的西方市场经济制度的讨论，参见：杜飞进. 论政府与市场 [J]. 哈尔滨工业大学学报（社会科学版），2014（02）：34-44.
② 黄宗智. 国家—市场—社会——中西国力现代化路径的不同 [J]. 探索与争鸣，2019（11）：51.
③ 黄宗智. 建立前瞻性的实践社会科学研究——从实质主义理论的一个重要缺点谈起 [J]. 开放时代，2020（01）：45.
④ 谢宇. 认识中国的不平等 [J]. 社会，2010（03）：5.

二、博弈关系为什么会对中国品牌的成长产生影响

让我们把视角拉回到中国品牌成长上,透过上文的分析可以发现,在我国经济发展过程中有两股博弈力量:政府的有形之手和市场的无形之手。那么,这种博弈关系为什么会影响到中国品牌的成长呢?这是由品牌的根本属性和上文提及的我国社会主义市场经济体制的特点决定的,当下中国社会中,政治统率的对象包括经济、企业及品牌等各个方面。

首先,无论是品牌还是企业,均是市场经济的产物。历史和现实的品牌发展已经证明,计划经济或者自然经济等非市场经济类型的经济形态无法产生任何现代意义上的品牌和企业。市场经济是品牌产生和发展的基础和前提。其次,改革开放后中国品牌的重新复苏,正是以市场化改革的推进为契机的,市场化改革的核心就是市场经济在我国的重新导入和建立。我国在以市场化为特征的改革中逐渐形成了具有中国特色的社会主义市场经济模式。这种经济模式的核心特点在于市场经济和社会主义基本原则的结合,在于政府和市场在经济运行中均发挥着重要的作用。在我国经济的实际运行中,政府和市场又表现出博弈的状态。最后,从微观上来说,品牌的产生依赖于企业之间的相互竞争,有赖于企业的实际市场努力。宏观经济运行中,政府对于市场发挥的重要影响表现在微观上就是对于一个个被称为"微观经济主体"——企业的影响。政府影响企业发展,自然而然也会影响作为企业发展结果之一的品牌的发展。我国品牌正是在政府和市场的博弈中不断发展,有冲突,有共谋,两者共同造就了中国品牌成长的丰富多彩。

总之,政府在品牌发展中所发挥的影响既不是计划经济模式下的"全面控制",也不是自由市场经济体制下的"放任自流",而是社会主义市场经济模式下的"引导与规划"。那么接下来,要讨论的问题是,政府如何"引导"品牌的发展。

第二节 政府引导品牌成长的四种方式

在本节开始之前,首先要对宏观调控做一个简单的了解。一般而言,政府的宏观调控(政府宏观经济管理或者国家干预经济)指的是国家运用各种手段

对国民经济进行的调节和控制。宏观调控的手段或工具主要有三种，通常包括法律手段、经济手段和行政手段。宏观调控的主要目标有促进经济增长、充分就业、收入公平分配、稳定物价和保持国际收支平衡五项。① 具体到品牌发展层面，我国政府主要通过影响品牌成长的核心机制——市场机制及其作用品牌成长的四种主要动力表现——生产力、消费力、传播力和创新力来实现对品牌发展的引导和促进。其中，战略层面对于品牌的逐步重视、相关产业政策的制定和实行、消费的引导以及品牌传播的规制是政府引导和调控品牌成长的四种核心手段。这四种手段往往是政府宏观调控的三种主要手段的综合运用。需要说明的是，政府的各种政策手段并不能像计划经济时代一般直接主导和规定企业和品牌的发展，面对改革开放后市场已经形成独立自主力量的情况，政府只能在与市场博弈的情况下影响品牌发展。

一、政府在战略层面对于品牌的日益重视

早在新中国成立后不久，国家领导人就表达过对品牌发展问题的关注。1956年，毛泽东在视察南京无线电厂时就讲过，"将来，我们也要有自己的名牌，要让全世界听到我们的声音"②。这句话表达了当时的国家领导人毛泽东想要通过名牌在国际上提升国家形象、扩大政治影响的一种希冀。③ 回顾改革开放以来中国政府的品牌观念可以发现，中国品牌对于品牌的认识经历了一个从无到有、由浅入深、由弱渐强、从潜在走向显在的过程。大致来看，我国政府对于品牌的认识经历了商标—名牌—品牌三个阶段，在品牌阶段又可以分为作为软实力和关系的品牌及作为国家战略的品牌两个阶段。政府对于品牌问题的逐步重视，一方面凝聚了社会各方发展品牌的共识，形成了促进品牌发展的合力；另一方面政府本身往往也会通过各种手段直接推动品牌的发展。

（一）作为"商标"的品牌

80年代，政府对于品牌的认识还停留在商标层面。改革开放初期，鉴于商标管理混乱给企业和消费者选择商品造成的困难等情况，政府于1979年正式恢复了中断近14年之久的全国商标统一注册工作，政府对于品牌发展的问题表现

---

① 温来成. 政府经济学 [M]. 北京：北京大学出版社，2013：298-302.
② 黄祥军，周文彬. 圆了主席的名牌梦 [N]. 人民日报，1993-11-16 (003).
③ 吕艳丹，张亚萍. 国家形象建构中的自主品牌顶层传播战略研究——以国家领导人为载体的品牌传播模型与机制 [J]. 现代传播，2015 (04)：53.

出初步的关注。由于过往的商标管理政策越来越无法适应改革开放后市场蓬勃发展的需要，1982年8月政府颁布《中华人民共和国商标法》。同年10月，又颁布了《商标法实施细则》。《中华人民共和国商标法》及实施细则的颁布是我国真正意义上从国家层面推动品牌发展的标志性事件，标志着我国开始了以注册商标为标志的品牌发展历程。[1] 商标法的核心目的，就是以法律的形式确保商标的合法性，亦即品牌的独特性。[2] 此外，我国还积极加入国际相关商标和知识产权保护组织或条约以促进品牌的发展，如1980年我国加入了《建立世界知识产权组织公约》，1985年加入了《保护工业产权巴黎公约》，1989年加入了《商标国际注册马德里公约》。

除了制定相关法律法规之外，我国还通过行政评比的手段来促进品牌的发展，这一系列的手段发挥了促进品牌发展的作用。行政评比一是在某种程度上促进了企业和社会各界开始关注商标、关注品牌，二是方便消费者选购商品。1979年7月10日，国家经委颁发了《中华人民共和国优质产品奖励条例》，从当年开始颁发国家质量奖。国家质量奖包括金质奖、银质奖等。当时的企业常常以此为卖点，广告中经常出现"金奖""银奖""省优""部优"等字样。1980年11月，政府对1979年获得国家质量奖的129个商标颁发了《国家著名商标证书》，同时各地工商行政管理局也先后对2000多个商标颁发了《地方著名商标证书》。一时间，"著名商标"这一荣誉引起企业广泛追捧。1987年国家经委颁布了1979年《中华人民共和国优质产品奖励条例》升级版的《国家优质产品评选条例》，设立"国家优质产品奖"，对达到国际先进水平的优质产品颁发国家优质产品证书和标有"优"字标志的奖牌。

（二）作为"名牌"的品牌

进入90年代之后，总体上政府对于品牌的认识从"商标"飞跃到了"名牌"，实现了从法律保护层面到实际市场操作层面的认知升级。政府在这一时期看到了品牌作为一种资产的溢价功能，并以此作为促进本土企业发展及提升与外资企业竞争能力、促进国家经济发展的一个抓手。

其一，党和国家领导人较为关注品牌发展问题，将品牌在经济发展中的重要性提升到了一个新的高度。1992年，邓小平在参观珠海生物化学制药厂时指

---

[1] 汪同三. 中国品牌战略发展报告（2016）[M]. 北京：社会科学文献出版社，2016：169.
[2] 舒咏平. 品牌传播教程[M]. 北京：北京师范大学出版社，2013：5.

出,"我们应该有自己的拳头产品,创出中国自己的品牌,否则就要受人欺负。"强调"企业要创品牌,要创出我们中国自己的牌子"①。1994年,江泽民在视察福建时说,"精心组织培育一批在全国乃至世界同行业中具有较强竞争力和明显发展前途的名牌产品"②。1998年江泽民在视察苏南企业时强调,"在国际市场打响中华民族的优秀名牌","要立民族志气、创世界名牌"③。朱镕基则数次在报告上批示,"牌子就是企业的信用,是企业赖以生存的基础,是社会主义市场经济中企业竞争能力的综合表现"④。

其二,提出名牌战略,全国推行。在邓小平讲话、企业自身发展需求、政府发展经济的推动下,1993年,一些地方政府提出了名牌工程,制定了名牌扶持与奖励办法。1994年,一些省份推出该省的第一批名牌产品。1996年,全国大部分地区开始实施名牌战略。1996年政府更是颁布了一份具有里程碑意义的文件,即《质量振兴纲要(1996—2010年)》,首次在政府文件中提出"名牌战略"一词。文件中写道,"实施名牌发展战略,振兴民族工业"。随后,1997年1月10日,国家经贸委、国家技监局发布《关于推动企业创名牌产品的若干意见》。在政府的推动下,中国的企业界也兴起了一股名牌热,还有与名牌热密切相关的策划热、点子热、广告热、CI热、公关热这几种与"成为名牌的手段"相关的热潮。

其三,修订商标法律法规,推动商标评比,打造驰名商标。1991年,国家市场监督管理总局与消费者联合评选出了首批中国驰名商标,茅台、凤凰、青岛啤酒等11家企业商标上榜。该评比也是政府背书的品牌相关评比存在时间最久的。驰名商标不仅在企业的产品包装、广告中经常出现,也深深地印在了一代人的记忆之中。为了适应市场变化和企业需求,1993年2月第一次对商标法进行修订,将服务商标纳入商标法的保护范围,简化商标注册申请手续,增加撤销欺骗性注册商标等规定。为了保护名牌,政府还在1993年7月修改《商标法实施细则》,增加了有关保护"公众熟知的商标"的条款。并于1996年8月

---

① 倪德刚. 未被整理到"南方谈话"要点中的"要点"[J]. 党的建设, 2014 (11): 61-62.
② 本刊编辑部. 好风借力 直上苍穹——改革开放以来, 中国品牌建设国家政策回顾[J]. 国际品牌观察, 2021 (13): 6-13.
③ 本刊编辑部. 好风借力 直上苍穹——改革开放以来, 中国品牌建设国家政策回顾[J]. 国际品牌观察, 2021 (13): 6-13.
④ 本刊编辑部. 好风借力 直上苍穹——改革开放以来, 中国品牌建设国家政策回顾[J]. 国际品牌观察, 2021 (13): 6-13.

颁布了第一部明确保护"驰名商标"的法律文件《驰名商标认定和管理暂行规定》。

其四，推动产品质量相关法律法规的完善，促进企业在产品和质量上下功夫。八九十年代，中国企业的生产规模迅速扩张，但是假冒伪劣产品也开始逐步增多，一个突出的问题是产品质量始终不理想。为此，政府在1993年制定并颁布了首部《中华人民共和国产品质量法》，力图从品牌的根基——产品质量的改善上促进品牌的发展。

（三）作为"关系建构和软实力"的品牌

新世纪伊始，我国加入世界贸易组织，更加深度地融入全球经济、接入更为广阔的全球市场的同时，也面临着更加剧烈的全球竞争。这一时期，政府在总结上一阶段的名牌战略得失和企业发展教训的基础上，继续推动品牌的发展。其中的一个重要突破是，对于品牌的理解更加深入，将强调知名度的"名牌"抛弃，开始使用更加注重品质的，内涵更加全面的"品牌"一词。另一个突破是将品牌的认识提升到国家软实力和关系建构的层面。具体来看，这一时期我国政府的品牌观念主要有以下几个特点。

其一，强调具有国际竞争力的自主品牌的培育。2002年党的十六大报告明确提出关于"形成一批有实力的跨国企业和著名品牌"的总体要求，这是中央对"企业兴国、品牌强国"最为重要的论述。2003年十六届三中全会指出，"增强开拓市场、技术创新和培育自主品牌的能力"。2005年"十一五"规划则指出，"形成一批拥有自主知识产权和知名品牌、国际竞争力较强的优势企业"，这份文件首次将自主知识产权和品牌联系在了一起，表明了政府意识到了自主知识产权或自主创新在品牌发展中的关键性。2007年十七大报告指出，"加快培育我国的跨国公司和国际知名品牌"。2010年，"十二五"规划进一步明确指出，"推动自主品牌建设，提升品牌价值和效应，加快发展拥有国际知名品牌和国际竞争力的大型企业"。国家对于品牌的相关意图还可以从政府工作报告中看出（如表5.2），这一时期的品牌已经成为中国参与国际竞争，铸造国家软实力和建构国际关系的一个重要支点。同样，国家领导人对于品牌问题也表现出更加重视的态度。2001年11月，江泽民在中央经济工作会议上强调，"加快形成拥有国际知名品牌、具备国际竞争力、面向国际国内两个市场的大规模制造能力"①。2005年，胡锦涛强调，"要提高我们民族的自主创新能力，要拥有我们自己的核心技术，要拥有我们民族的世界品牌"。② 2003年，温家宝批示，"自己的名牌产品和知识产权是企业增强市场竞争力的关键"。

表5.2 政府工作报告中关于品牌的相关表述

年份	相关表述
2003年政府工作报告	"加快形成主业突出、拥有自主知识产权和知名品牌、国际竞争力强的大公司大企业集团""培育和支持国内优势品牌，提高国际竞争力"
2004年政府工作报告	"形成一批核心竞争力强、拥有自主知识产权和知名品牌的大公司大企业集团"
2005年政府工作报告	"积极发展具有自主知识产权、知名品牌和国际竞争力的大公司大企业集团"
2006年政府工作报告	"大力实施品牌战略，鼓励开发具有自主知识产权的知名品牌"
2007年政府工作报告	"支持具有自主品牌和高附加值产品出口"
2008年政府工作报告	"鼓励自主知识产权和自主品牌产品出口"
2009年政府工作报告	"支持自主品牌和自主知识产权产品出口""适度扩大外贸发展基金规模……培育出口品牌"
2010年政府工作报告	"引导企业以品牌、标准、服务和效益为重点"
2011年政府工作报告	"重点增强新产品开发能力和品牌创建能力"
2012年政府工作报告	"支持企业培育自主品牌"
2013年政府工作报告	"促进形成以技术、品牌、质量、服务为核心的出口竞争新优势"

（本书整理）

---

① 朱卫江，杨守卫，金晶瑜. 推进"品牌大省"建设的战略意义——浙江推进"品牌大省"建设课题研究报告之二 [J]. 政策瞭望，2006 (04)：32-33.
② 甘世勇，舒咏平. 习近平讲话中有关品牌观点的学习与解读 [J]. 现代传播，2017 (07)：113-117.

其二，深化品牌战略，推动重点突破。2006年，政府工作报告中首次出现了"名牌战略"的表述，指出要"大力实施名牌战略"。随后国务院相关部门跟进，分别针对老字号品牌、工业品品牌等进行重点突破。2006年，国家市场监督管理总局发布了《关于进一步加快实施名牌战略的意见》，提出了加快实施名牌战略的指导思想、主要目标、基本原则及"十一五"期间中国名牌产品重点培育的发展方向和主要措施。商务部2006年发布了《关于实施"振兴老字号工程"的通知》《商务部开展"品牌万里行"活动工作方案》以及商务部关于品牌促进体系建设的若干意见》。2008年和2011年，商务部分别又发布了《关于保护和促进老字号发展的若干意见》和《关于进一步做好中华老字号保护与促进工作的通知》。2011年，工信部、发改委等七部委联合发布了《关于加快我国工业企业品牌建设的指导意见》。2012年6月，国务院在《质量振兴纲要（1996—2010年）》的基础上发布了《质量发展纲要（2011—2020年）》，指出要"大力实施名牌发展战略，发挥品牌引领作用，制定并实施培育品牌发展的制度措施，开展知名品牌创建工作"，并明确提出了"到2020年，形成一批拥有国际知名品牌和核心竞争力的优势企业，形成一批品牌形象突出、服务平台完备、质量水平一流的现代企业和产业集群"。为了有效推动《质量发展纲要（2011—2020年）》的落实，国务院自2012年每年都印发"贯彻实施质量发展纲要的行动计划"。这些措施的颁布，一定程度上推动了品牌的进一步发展。

其三，反思过往品牌评比策略，推动品牌走向科学评估。此前，我国形成了"驰名商标""国家免检""中国名牌"等一系列名目繁多的认定和评比项目。由于一系列消费者侵权事件的发生，让政府认识到此类评比产生的负面影响和不科学性。品牌评比用得不好，既损害消费者利益，又伤害政府公信力，最终还会损害品牌发展。因此，政府开始反思并加以改变。分别于2008年、2010年停止使用"国家免检"和"中国名牌"的评比或认定活动，并不允许在品牌宣传中出现。2013年商标法再次修改，并指出"驰名商标"不准用于广告等品牌传播活动。同时，政府也开始着手制定更加科学的品牌评价体系。2011年12月30日政府颁布了《商业企业品牌评价与企业文化建设指南》，力求在品牌发展的科学评估方面实现一些新的突破。

（四）作为"国家顶层战略"的品牌

2014年，中国经济发展进入"新常态"的转型升级阶段，品牌的发展也进入了新时期。近两年来，品牌更是成为大国博弈的焦点，面对百年变局，品牌发展也呈现出新的特点。总的来看，这一时期政府对于品牌的认识更加深刻，并将其重要性提升到国家顶层战略层面,并强调与其他相关国家战略的联系与配合。这种重视不仅在国内前所未有,即便放眼世界也很少有。

其一,最高领导人提出了"中国产品向中国品牌转变"等"三个转变"的重要论断。2014年5月10日,习近平同志提出要"推动中国制造向中国创造转变、中国速度向中国质量转变、中国产品向中国品牌转变"。① "三个转变"指明了中国企业的发展方向,切中了中国经济发展的要害所在。这里的"三个转变"中,落实到具体目标上的"中国创造""中国质量""中国品牌",其核心无疑是以"中国品牌"为载体的,因为中国品牌承载着中国创造、中国质量,并由消费者在市场上进行品牌认知、品牌选择。② 可以说,"三个转变"的提出意味着我国政府在品牌观念上走向成熟。2014年5月24日,习近平同志在考察上海联影医疗科技有限公司时指出要"让民族品牌大放光彩"③,再次关注中国品牌的发展问题。

其二,强调"发挥品牌引领作用",同时设立"中国品牌日"。2014年的政府工作报告指出要"支持企业打造自主品牌",2015年政府工作报告进一步指出要"加强质量、标准和品牌建设",2016年政府工作报告明确指出要"培育精益求精的工匠精神,增品种、提品质、创品牌"和"打造中国制造金字品牌"。2016年6月10日,《国务院办公厅关于发挥品牌引领作用推动供需结构升级的意见》,该文件是我国在中央政府层面第一个以品牌为关键词的正式文件,宣告着中国国家品牌战略从以评促建的导向性引导开始向推动品牌做实做强的推动型战略转型,在中国国家品牌战略的发展过程中具有里程碑的意义。④ 该文件还提出设立"中国品牌日",这是首次以官方身份而且是国务院级别提出设立与品牌发展直接相关的节日。中国品牌日的设立对于凝聚品牌发展共识、发展品牌经济、建设品牌强国具有重要意义。2016年,"十三五"规划中"品牌"一词出现了10次,并用专门的一节篇幅来强调"加强质量品牌建设"的重要性,这是此前历次五年规划中从未有过的。2017年政府工作报告指出要"打造更多享誉世界的'中国品牌'",2017年10月12日,外贸发展局正式启动"中国之造"品牌工作计划,剑指国际化品牌建设。2021年发布的"十四五"规划

---

① 徐锟. 中国品牌日,习近平"三个转变"重要指示指明方向[EB/OL]. 中国日报网,2020-05-10.
② 甘世勇,舒咏平. 习近平讲话中有关品牌观点的学习与解读[J]. 现代传播,2017(07):113.
③ 闻扬. 习近平总书记考察上海侧记[EB/OL]. 中国共产党新闻网,2014-05-26.
④ 汪同三. 中国品牌战略发展报告(2016)[M]. 北京:社会科学文献出版社,2016.

与2035年远景目标纲要再次提及品牌,指出要推动制造业产品"增品种、提品质、创品牌";开展中国品牌创建行动,保护发展中华老字号,提升自主品牌的影响力和竞争力,率先在化妆品、服装、家纺、电子产品等消费品领域培育一批高端品牌;推动中国产品、服务、技术、品牌、标准走出去;实施文化品牌战略,打造一批有影响力、有代表性的文化品牌;加强区域旅游品牌和服务整合等。可见,在国家未来中长期发展规划中,品牌建设占据着重要位置。

其三,强调国家品牌战略与其他国家战略或国际级规划中的联动。在"一带一路"倡议、中国制造2025、供给侧改革、五年规划等重大方略中,品牌在其中占据了十分显眼的位置。品牌和品牌化是一带一路能够落地的关键步骤和重要保证。中国制造2025的相关文件中明确提出"加强质量品牌建设,鼓励企业追求卓越品质,形成具有自主知识产权的名牌产品,不断提升品牌价值和中国制造整体形象"。品牌是供给侧改革的核心取向。[1] 这也是我国顶层设计系统统筹的一种表现。

二、一整套的产业政策方略:行业与品牌

(一)产业政策的导入与中国实践

产业政策直接作用于产业发展,产业是孕育企业和品牌的基本土壤。如果将各个企业比作一棵棵生长于产业土壤上的大树,那么品牌就是这一棵棵大树上结出的饱满可口的果实。改革开放以来,在中国经济学界有两个热点问题"长盛不衰",一是关于国企改革的问题,二是关于产业政策的问题。产业政策的理念最早可以追溯到18世纪,1791年美国经济学家和政治家亚历山大·汉密尔顿的《制造业主题报告》(*Report on the Subject of Manufactures*)以及德国经济学家乔治·弗里德里希·李斯特(Georg Friedrich List)的研究都包含了选择并扶持某一产业发展的观点。[2] 真正成体系的产业政策产生于20世纪50年代的日本经济实践。日本战后经济的飞速发展,引发欧美等国对于产业政策的关注。20世纪70年代经济合作与发展组织(OECD)开始研究成员国的产业政策问题,从此产业政策这一概念开始被世界范围内接受。[3]

---

[1] 甘世勇,舒咏平. 习近平讲话中有关品牌观点的学习与解读 [J]. 现代传播,2017 (07):113.
[2] 参见:维基百科"Industrial policy"词条。
[3] 黄群慧. 中国产业政策的根本特征与未来走向 [J]. 探索与争鸣,2017 (01):38.

产业政策有时候也被称为产业战略（industrial strategy），是一种典型的国家干预经济发展的措施。① 广义的产业政策主要是指政府实施的所有关于产业的政策，其代表学者有下河边淳、阿格拉、菅家茂等。狭义的产业政策主要是指具体部门针对特定产业实施的政策，代表学者有小宫隆太郎等。产业政策作为国家对产业形成和发展进行干预的各种政策的总和，世界各国均或多或少都使用过，其中中国运用的较为广泛和深入。② 美国作为奉行自由市场经济的代表同样也存在着大量的产业政策，③ 可见产业政策并不仅仅为中国所独有。产业政策本质上是政府调节经济的工具。本书认为，产业政策是国家经济政策的重要组成部分，是基于产业结构优化和高级化目标、提升产业自我发展能力和竞争力以及纠正市场失灵、弥补市场缺陷所制定的一系列经济政策的总称，是针对产业发展的经济政策。为了促进某个特定产业的发展，产业政策的内涵可以十分广泛，它可以包括财政、税收、货币、土地等经济政策，产业政策实际上是一个政策体系。④ 产业政策一般不以法律的形式出现，主要表现为各类带有"规划""目录""纲要"等字眼的文件（如表5.3）。

一国实行产业政策的理论依据有两个，一是市场缺陷（失灵）理论，二是后发国家赶超理论。可以说，在世界经济规模靠前的国家中，中国是世界上唯一一个如此广泛且深入地运用产业政策发展经济的大型经济体，有学者甚至直言，"我国经济发展政策的核心内涵其实就是产业政策"。⑤ 关于产业政策对于产业和经济的发展是否有效或效果有多少，争议也很多⑥，至今仍未有定论。就中国而言，产业政策无疑深刻地改变了原有经济的发展状态和发展结果。

---

① 参见：维基百科"Industrial policy"词条。
② 余明桂，范蕊，钟慧洁. 中国产业政策与企业技术创新［J］. 中国工业经济，2016（12）：18.
③ 沈梓鑫，江飞涛. 美国产业政策的真相——历史透视、理论探讨与现实追踪［J］. 经济社会体制比较，2019（06）：92 – 103.
④ 马晓河，等. 中国产业结构变动与产业政策演变［M］. 北京：中国计划出版社，2009：86 – 87.
⑤ 黄群慧. 改革开放40年中国的产业发展与工业化进程［J］. 中国工业经济，2018（09）：5 – 23. 前文分析宏观调控包括经济手段等三种手段，经济手段之一就是产业政策。在这一节，产业政策的概念要更大一些，准确地说应该叫产业政策及其关联政策，因为任何产业政策的实行一般都会有相应的财政、税收、货币等政策相配合。脱离产业政策体系或者整个宏观调控体系谈论产业政策的实践及效果既不现实也不合理。
⑥ 如2016年林毅夫和张维迎两位经济学家关于产业政策的辩论。

<<< 第五章　有形之手与无形之手博弈过程中的中国品牌形塑

表 5.3　中国产业政策的三个层次与政策工具①

产业政策的层次	1. 第一层次是由国务院颁布的产业政策； 2. 第二层次是国务院各部委颁布的产业政策； 3. 第三层次是各级地方政府及其部门所颁布的产业政策。
产业政策的工具	目录指导、投资核准（审批）与市场准入、淘汰落后产能、土地供给、财政补贴与政府出资的投资基金、税收优惠、政策型贷款、人力资本开发与基础设施与公共服务平台建设等。

（本书整理）

改革开放初期，以日韩经济为代表的"东亚奇迹"引发了我国的极大关注，政府主导市场经济发展的东亚模式也得到了当时国内各方的认同，作为东亚模式的典型手段——产业政策由此进入中国政府决策层的视野。1986年，"'七五'计划首次在国家层面提到了'产业政策'一词，1989年3月发布《国务院关于当前产业政策要点的决定》，这是中国第一部以产业政策命名的政策文件。该文件及相应落实政策的制定实施，是中国制定实施产业政策的初步尝试"。②从此，中国开始了产业政策的广泛实践，在产业政策的发源地——日本逐步走向暗淡之时，中国将其"发扬光大"。改革开放以来，我国的产业政策的演进沿着两条逻辑线索展开，第一条是政府与市场关系调整下影响产业政策的取向和工具选择；第二条是由于不同阶段产业面临的实际问题的变化，因此产业政策的重点也会变化。③ 结合马晓河④、刘社建⑤、魏际刚⑥、江飞涛⑦等人关于我国产业政策历史演进的研究，本书勾勒出改革开放后中国产业政策变化的大致

---

① 江飞涛. 中国产业政策的发展与演进 [EB/OL]. 中国社会科学院工业经济研究所网站，2018-12-18.
② 江飞涛，李晓萍. 改革开放四十年中国产业政策演进与发展——兼论中国产业政策体系的转型 [J]. 管理世界，2018，34（10）：83.
③ 江飞涛，李晓萍. 改革开放四十年中国产业政策演进与发展——兼论中国产业政策体系的转型 [J]. 管理世界，2018，34（10）：83.
④ 马晓河，赵淑芳. 中国改革开放30年来产业结构转换、政策演进及其评价 [J]. 改革，2008（06）：5-22.
⑤ 刘社建. 中国产业政策的演进、问题及对策 [J]. 学术月刊，2014，46（02）：79-85.
⑥ 魏际刚. 中国产业政策风雨兼程40年 [J]. 经济，2018（17）：16-19.
⑦ 江飞涛，李晓萍. 改革开放四十年中国产业政策演进与发展——兼论中国产业政策体系的转型 [J]. 管理世界，2018，34（10）：73-85.

轮廓（如表 5.4），并在此基础上分析不同时期品牌发展受产业政策影响的表现。

1978—1991 年是中国导入产业政策理念、初步探索产业政策实践的阶段。在这一阶段，中国尚未明确社会主义市场经济的发展目标，对于市场机制依然持保留态度。加之改革开放之前长期实行计划经济体制的模式惯性，产业政策还表现出很强的计划经济的特点，产业政策多以直接干预手段为主，间接干预手段为辅。在 1989 年《国务院关于当前产业政策要点的决定》这一首次以产业政策命名的文件颁布之前，中国虽然没有明确的产业政策，但是一直着力调整当时农、轻、重产业结构比例严重失衡的问题。这也成为未来中国产业政策的雏形。

1992—2001 年是中国开始明确探索制定和运用产业政策的时期，中国产业政策的基本模式在这一时期确立。这一时期明确了社会主义市场经济的发展目标，市场经济体制初步确立。1994 年 4 月，国务院发布《90 年代国家产业政策纲要》，这是中国颁布的第一部基于市场机制的产业政策。随后中国还发布了《中国汽车工业产业政策》等一系列重磅产业政策。这一阶段，我国基本形成了由产业结构政策、产业技术政策、产业组织政策及行业专项政策构成，以选择性产业政策为主体产业政策体系。这些产业政策的政策理念、思路与政策模式，对于此后的产业政策均产生了深远的影响。这一阶段的产业政策一方面继续调整产业结构，另一方面强调产业升级，高度重视基础产业、支柱产业和高新技术产业的发展。在实行方式上，直接干预的方式逐步减少，间接干预的方式增加。企业在接受产业政策引导的同时，主要依靠市场信号进行决策。不适应的产业政策也能被突破和调整。

2002—2012 年，产业政策成为宏观调控的重要手段，进一步在国民经济发展中发挥作用。这一时期的产业政策在加入世贸组织、金融危机发生、产能过剩等背景下有了新的特点。首先，产业政策强化并细化了对于行业发展的指导，抑制部分行业的盲目投资和产能扩张。产业政策直接干预市场的程度增多，选择性产业政策[1]得到强化。其次，调整重点产业结构，推出相关的振兴规划，如金融危机后 2009 年推出的对汽车、钢铁等产业的振兴规划和结构调整措施。最

---

[1] 从市场与政府关系的角度来划分，产业政策可以分成两种不同的类型，即选择性产业政策和功能型产业政策。参见：江飞涛，李晓萍．当前中国产业政策转型的基本逻辑[J]．南京大学学报（哲学·人文科学·社会科学），2015，52（03）：17-24+157．

后，培育和发展战略性新兴产业。如2010年国家颁布了《国务院关于加快培育和发展战略性新兴产业的决定》，2012年颁布了《"十二五"国家战略性新兴产业发展规划》。

2013年至今，产业政策更多地关注创新驱动发展和互联网新技术（"互联网+"、云计算、大数据、人工智能等）的应用。国家围绕着这一重点，出台了《中国制造2025》《国务院关于积极推进"互联网+"行动的指导意见》《关于大力推进大众创业万众创新若干政策措施的意见》《国家创新驱动发展战略纲要》《国务院关于印发新一代人工智能发展规划的通知》等政策。其中2015年出台的《中国制造2025》集中体现了这一时期产业政策的核心意图，并引发了西方国际舆论的广泛关注，甚至引起了某些国家的深度焦虑继而开展遏制中国发展的活动。这一时期的产业政策有两个重要趋势，一是政策体系中越来越多地引进了功能性产业政策，二是创新性相关政策占据日趋重要的地位。但是总体上来看，产业政策依然显示出强烈的政府直接干预微观经济的倾向。

表5.4　改革开放以来中国主要产业政策一览

类型	产业政策的发布时间及名称
产业技术政策	·1978年《1978—1985年全国科学技术发展规划纲要》 ·1985年《中国技术政策》 ·1999年发布，2001、2004、2007、2011年分别修订的《当前优先发展的高技术产业化重点领域指南》 ·2002年《国家产业技术政策》 ·2006年《国家中长期科学和技术发展规划纲要（2006—2020年）》 ·2011年《国家"十二五"科学和技术发展规划》 ·2015年《国务院关于积极推进"互联网+"行动的指导意见》 ·2016年《国家创新驱动发展战略纲要》 ·2017年《国务院关于印发新一代人工智能发展规划的通知》 ·2017年《国务院关于深化"互联网+先进制造业"发展工业互联网的指导意见》 ·2018年《工业互联网发展行动计划（2018—2020年）》和《工业互联网专项工作组2018年工作计划》 ·2018年《国务院关于全面加强基础科学研究的若干意见》

续表

类型	产业政策的发布时间及名称
产业组织政策	·1986年《关于进一步推动横向经济联合若干问题的规定》 ·2006年《关于推进国有资本调整和国有企业重组的指导意见》 ·2010年《关于企业兼并重组的意见》 ·2011年"十二五"规划 ·2014年《国务院关于进一步优化企业兼并重组市场环境的意见》 ·2017年《关于全面深化价格机制改革的意见》
产业结构政策	·1989年《关于当前产业政策要点的决定》 ·1991年《中华人民共和国国民经济和社会发展十年规划和第八个五年计划纲要》 ·1994年《90年代国家产业政策纲要》 ·1995年发布，1997、2002、2004、2007、2011、2015、2017年分别修订的《外商投资产业指导目录》 ·1996年《中华人民共和国国民经济和社会发展"九五"计划和2010年远景目标纲要》 ·1997年发布，2000、2005年分别修订的《当前国家重点鼓励发展的产业、产品和技术目录（试行）》 ·2001年"十五"计划 ·2003年《关于制止钢铁行业盲目投资的若干意见》 ·2005年《促进产业结构调整的暂行规定》 ·2006年《国务院关于加快推进产能过剩行业结构调整的通知》 ·2006年"十一五"规划 ·2009年《十大重点产业调整与振兴规划》 ·2011年《产业结构调整指导目录（2011年本）》 ·2011年"十二五"规划 ·2012年《"十二五"国家战略性新兴产业发展规划》 ·2015年《中国制造2025》 ·2016年"十三五"规划 ·2017年《国务院关于调整工业产品生产许可证管理目录和试行简化审批程序的决定》 ·2018《推进运输结构调整三年行动计划（2018—2020年）》 ·2021年"十四五"规划

（本书整理）

（二）产业政策对于品牌成长的影响

从历史回顾中可以发现，产业政策是政府影响经济发展的重要手段甚至是主要手段，通过以产业政策命名的一系列宏观的、微观的、具体的和概括性的多样化行政、经济、税收、补贴等政策手段，我国政府成功地将其有形之手渗透到了经济发展的方方面面。在市场作为配置资源的主要手段的基础上，产业政策影响和引导了我国大到经济、产业，小到企业、品牌的发展过程和发展方向。也正是这一点引起了西方国家的诟病与不满。

政府通过制定各类产业政策影响了产业甚至是具体企业的发展，进而影响了企业品牌的成长历程和发展方向。产业的发展是孕育品牌的土壤，同样也是品牌成长的动因。品牌成长的结果，表现在市场的扩大或者国际竞争力的增强等方面，又准确地反映了产业政策的成败。如家电产业，在80年代轻重工业结构调整的产业政策中，国家给予家电产业各项政策优惠和资源倾斜，鼓励家电产业引进先进技术和装备，因此家电产业作为轻工业的代表性行业率先发展了起来。在发展势头过猛后，国家又采取定点生产甚至是行政命令的方式控制家电产业产能扩张，抑制了其盲目发展的势头。进入90年代以后，国家继续调整家电产业的投资，同时限制进口和外商直接投资。在市场机制逐步发挥主导作用的情况下，家电产业迅速成熟壮大。家电产业从早期的"三大件"组装车间发展成了兼具白电、黑电、小家电等世界第一规模的家电产业群，在这个过程中，涌现出了以海尔、格力、美的为代表的世界级家电品牌。

家电的产业政策从总体效果上来看是成功的，然而汽车产业政策的效果充满了批评和争议。由于汽车工业的极端重要性，我国一直都非常重视汽车工业的发展。改革开放之后，中国的汽车工业规模小，技术落后，与西方国家汽车工业的差距非常明显。为了促进汽车工业的发展，1986年的"七五"计划明确将汽车工业列为支柱产业，确立了"高起点、大批量、专业化"的发展方针。1988年，国务院发布《关于严格控制轿车生产点的通知》，这份文件制定了汽车行业的"三大三小"[①]战略。1989年发布的《产业政策要点》把已经批准的轿车项目列为国家重点支持项目。1990年颁布的《90年代国家产业政策》和1994年颁布的《汽车工业产业政策》（第一个专门的针对某一行业的产业政策

[①] 即国家只支持一汽、二汽和上汽3个轿车生产基地（三大）和北京、天津、广州3个轿车生产点（三小），而不再批准任何其他的生产点，军工企业奥拓和云雀除外。

文件）沿着相同思路，同样严格限制定点企业之外的企业进入该领域。此外，还有一系列限制进口、合资比例、市场换技术等相关政策予以扶持。

然而由于汽车产业政策浓厚的计划经济色彩，片面重视国有企业而忽视民营企业，片面重视规模发展而忽视质量的提升，片面重视技术引进却不重视自主技术的开发，以及其他原因，最终导致的结果是，我国虽然是世界第一大汽车市场，然而本土汽车品牌总体上是孱弱的、不匹配。产业政策总体效果不甚理想。与国际汽车品牌相比，我国汽车企业大而不强，严重缺乏核心竞争力。一方面我国汽车品牌长期徘徊于本国中低端市场，无法在高端市场形成有效突破，另一方面又严重缺乏自主技术，关键零部件依赖国外企业，同时国际化经营能力堪忧。近几年的汽车产业政策，鼓励和引导汽车产业朝着新能源汽车的方向发展，寄希望于"换道超车"，这项产业政策确实取得了一定的成绩，在中国汽车市场中，蔚来、理想等品牌车型占有高端电动车市场一席之地。但也再次引发了车企骗补、泡沫化发展等问题。政府虽然希望将中国汽车品牌做大做强，但实际上除了规模上有所进步之外，大部分政府主导的国有企业汽车品牌并未实现自主品牌真正有效的发展。相较之下，反而是一开始处在边缘的私营企业汽车品牌实现了长足的进步。

产业政策还影响了我国某些行业的品牌格局，如在能源、金融、电信、航空等行业的限制性规定和企业所在这些行业的直接行政性的命令，在某种程度上超越市场规律直接造就了品牌的超常规发展和以本国国企为主导的品牌格局。如石油行业，中石油、中石化和中海油三巨头的品牌格局；电信行业中国移动、中国联通和中国电信的三巨头品牌格局；电力行业的南方电网和国家电网两强格局；银行业以国有四大银行中国银行、中国建设银行、中国农业银行和中国工商银行为主导的品牌格局；航空业以中国国际航空、东方航空、南方航空等国企航空公司为主导的品牌格局。这些行业的外资品牌和民营品牌总体市场量占有量较少。中国国有企业品牌在 2000 年后迅速摆脱 20 世纪 90 年代严重亏损的局面并获得规模的迅速扩张和品牌价值的迅速提升，也离不开产业政策的大力扶持和引导。但是这一品牌发展的直接规定也在一定程度上造成了低效、垄断、封闭等问题。

房地产行业是另一个典型的例子。房地产行业在拉动我国 GDP 的增长中发挥着重要作用，是我国经济的支柱性产业。国家房地产相关产业的制度、政策变迁极大地影响了品牌的发展速度和方向。1987 年房地产行业迎来第一宗公开拍卖的土地，被认为是一个历史性的开端。1984 年，中央确定"推行住宅商品化"的思路,同年稍早的时候,万科(成立时称深圳现代科教仪器展销中心)、保利等房地产公司成立。1988年,国务院颁布《关于全国城镇分期分批推行住房制度改革的实施方案》,提出"住房商品化",掀起第一轮房改热潮,同年万达公司成立。1992年,碧桂园、绿地成立。1994年国务院颁布《关于深化城镇住房制度改革的决定》,房地产商业化的进程加速,同年龙湖地产、富力地产成立。1996年恒大集团成立。1998年颁布《国务院关于进一步深化城镇住房制度改革加快住房建设的通知》,决定停止住房分配,逐步实行住房分配货币化,开启了中国房地产商业大潮,同年华夏幸福地产成立。房地产在经过长达20年的松绑之后,真正登上了市场经济的大舞台,行业发展进入高速时代。2002年中海地产成立。2003年8月,国务院发文明确指出将房地产行业作为国民经济的支柱产业,同年,融创地产成立。房地产行业日渐繁荣,碧桂园、万科、万达、融创等一批商业地产开始实现腾飞式的发展,碧桂园更是成长为世界规模第一的房地产品牌。房地产的属性变化、定位调整、以及数次调控,对各大房企品牌的业务方向、扩张速度等均产生了显著的影响。但我国房地产行业实际上是一个"虚假市场化"的行业,行业上游土地资源实行的是非市场化的国有供给,下游的需求端(价格)却是高度市场化的。这种错配引发了政府土地财政依赖、居民杠杆率大幅提高等问题,已经到了需要调整的时候。2016年,中央提出"房住不炒"的定位,房地产的发展进入了一个新的阶段。

产业政策内包国家意志和政府企图,或鼓励,或限制,或禁止,或引导……通过当下体系严密、手段丰富的产业政策,政府按照自身的意图描摹着未来中国的经济走向和产业发展方向,同时也昭示着未来的品牌发展领域以及"理想"的品牌发展样貌。产业政策对我国品牌成长的影响是一个复杂的问题,从过往的历史经验中可以发现,产业政策既有相对成功的案例,也有失败案例。唯一可以确定的是,政府只有在尽可能地顺应市场发展需要,遵从市场发展规律的前提下制定相关产业政策才能够有效发挥其作用。在某种程度上,任何产业政策都是一把双刃剑。尽管产业政策在弥补市场失灵、降低企业间的交易成本和协调费用方面有所效果,[①] 但由于政策制定中存在的系统性失效风险以及政策执行中的政府失灵,产业政策的必要性并不意味着产业政策的有效性,产业政策文本的科学性也不意味着产业政策能够执行成功。本书借用产业政策对产

---

① 宋文月,任保平.改革开放40年我国产业政策的历史回顾与优化调整[J].改革,2018(12):42-53.

业升级的影响机制图（如图 5.1）①，制作了产业政策对于品牌成长的影响机制图，以帮助理解产业政策影响品牌成长的内在机理。

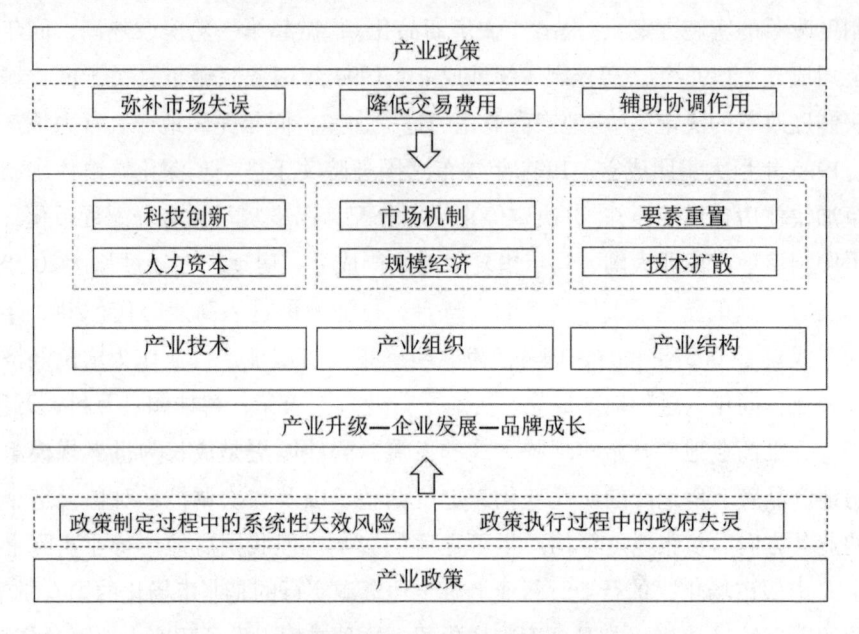

```
┌─────────────────────────────────────────────────┐
│                    产业政策                      │
└─────────────────────────────────────────────────┘
┌─────────────────────────────────────────────────┐
│   弥补市场失误  │  降低交易费用  │  辅助协调作用  │
└─────────────────────────────────────────────────┘
                        ⇓
┌─────────────────────────────────────────────────┐
│   科技创新   │   市场机制   │   要素重置        │
│   人力资本   │   规模经济   │   技术扩散        │
│                                                 │
│   产业技术   │   产业组织   │   产业结构        │
└─────────────────────────────────────────────────┘
┌─────────────────────────────────────────────────┐
│        产业升级—企业发展—品牌成长               │
└─────────────────────────────────────────────────┘
                        ⇑
┌─────────────────────────────────────────────────┐
│  政策制定过程中的系统性失效风险 │ 政策执行过程中的政府失灵 │
└─────────────────────────────────────────────────┘
┌─────────────────────────────────────────────────┐
│                    产业政策                      │
└─────────────────────────────────────────────────┘
```

图 5.1　产业政策对于产业升级和品牌成长的影响机制

三、政府对于消费的引导与直接作用

"没有生产就没有消费，没有消费就没有生产"，② 消费与生产是经济的一体两面，生产带动消费，消费促进生产。品牌正是经济这"生产—消费"一体两面循环的产物。如果说产业政策及其相关政策主要作用于品牌成长的生产力和创新力基础，那么改革开放以来政府对于消费的引导则作用于品牌的消费力基础。国家对于消费的引导主要通过消费政策来实现。消费政策是国家根据一定的经济发展要求和运行状况制定的意在促使消费机制正常运行和社会消费顺利实现的各项方针、制度规定及具体措施的总和。我国的消费政策体系主要包括宏观消费政策（如财政、货币、价格、收入分配等宏观层面的消费政策）、微观消费政策（如消费引导、教育、信用等政策）以及与消费相关的政策（如与

---

① 宋文月，任保平．改革开放 40 年我国产业政策的历史回顾与优化调整［J］．改革，2018（12）：42－53．

② 中央编译局．马克思恩格斯全集（第四十六卷上册）［M］．北京：人民出版社，1979：30．

消费相关的产业、科教、人口等政策)。①

前文所描述的消费政策主要针对的是国内市场。关于国外消费市场的政策，主要表现在对于出口的调节上，即出口相关的政策。出口政策与中国的对外开放政策及外贸体制改革联系紧密，本书将从对外开放政策和外贸体制改革相关的角度来梳理我国的出口政策及其影响。除了通过消费政策对于国内外的消费进行引导之外，政府还直接参与购买，从引导者的身份直接化身为消费者，这也会对中国品牌的发展产生影响。这部分还会讨论政府消费（也称政府采购或政府购买）对于品牌发展的影响。

（一）改革开放以来政府的国内消费政策及其影响

正如前文所言，改革开放之前我国为了支持重工业的发展，实行"重积累、重生产、轻消费、轻生活"的政策，国家对于消费既不鼓励也不支持，消费处在一个较低的水平上。居民消费凭票供应，消费品短缺。改革开放之后，国家逐渐理顺消费和生产的关系，消费对于经济发展的重要性逐步被决策层意识到，政府开始对消费进行"松绑"，中国的消费迎来了蓬勃发展的新阶段。相关学者对中国消费政策进行了分析（如表5.5），也有学者专门针对中国消费者的隐私政策进行了历史回顾②。

表5.5　学者对于我国消费政策的回顾

学者	分析视角	观点
郑红娥，姜继红③	历次五年计划中的消费范式演变	"一五计划"：合理安排消费生活的政策范式 "二五计划"到"五五计划"：高积累、低消费的政策范式 "六五计划"到"七五计划"：注重和提高居民消费水平的政策范式 "八五计划"到"十五计划"：引导消费向刺激消费转变的政策范式

---

① 韩英. 改革开放30年我国消费政策的演变与未来政策构建［J］. 市场论坛, 2008 (11)：20-22.

② Gao Z, O'Sullivan - Gavin S. The development of consumer privacy protection policy in China: a historical review［J］. Journal of Historical Research in Marketing, 2015, 7 (2)：232-255.

③ 郑红娥，姜继红. 建国以来消费政策范式的演变：对十个"五年计划"的分析［J］. 扬州大学学报（人文社会科学版），2008 (03)：52-57.

续表

学者	分析视角	观点
韩英[①]	基于消费特点的消费政策演变	1978—1988年：生活和耐用消费品普及阶段——补偿消费政策阶段 1989—1997年：生存型消费为主、发展型消费逐步增加阶段——适度消费政策阶段 1988—2003年：消费者理性消费阶段——刺激消费政策阶段 2004年至今：消费者追求生活质量、展现个性阶段——鼓励消费与可持续消费并重政策阶段
李新慧，谢佳伟[②]	基于经济体制变化的消费政策演变	社会主义之制度确立—改革开放之前：计划经济体制下的抑制消费政策 改革开放后—20世纪90年代前期：双轨制条件下的调节消费政策 20世纪90年代中期至今：市场经济体制不断完善条件下的刺激消费政策

（本书整理）

综合前人的分析，并结合历年政府历次五年规划、政府工作报告、党的代表大会报告、相关法律文件等重要消费文件可以看到我国政府消费政策的大致轮廓。随着国家对消费在经济发展中作用认识的日益深刻，为了促进我国消费市场的繁荣发展，政府主要从宏观经济平衡、提高居民消费水平、解决消费者后顾之忧、引导消费方向等层面制定相关政策，这是我国消费政策的基本逻辑。笔者在结合消费统计数据的基础上（如图5.2），分析整理出1978—2020年中国的消费政策大致经历了以下几个演变阶段，不同阶段的消费政策对于品牌发展的影响和意义也不一样。

[①] 韩英. 改革开放30年我国消费政策的演变与未来政策构建［J］. 市场论坛, 2008 (11)：20-22.

[②] 李新慧, 谢佳伟. 建国以来我国消费政策的变迁与启示［J］. 理论界, 2005 (08)：35-36.

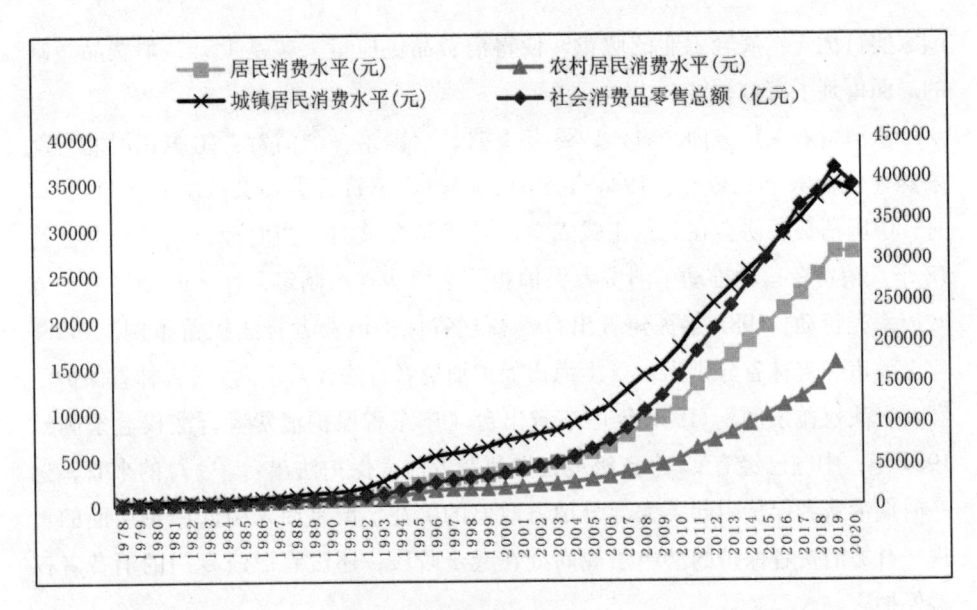

图 5.2　1978—2020 年居民消费水平和社会消费品零售总额

（右轴为社会消费品零售总额，左轴为余下三项。数据来源：国家统计局）

1. 理顺消费与积累关系，提高消费水平的补偿性消费阶段

1978—1988 年是理顺消费与积累关系，提高消费水平的补偿性消费阶段。改革开放之后，为了解决长期以来存在的温饱问题和消费品奇缺的问题，国家依循"调整、改革、整顿、提高"的方针，主要通过以下消费政策来促进消费的发展。第一，调整消费和积累的关系，提高消费率。这项调整的效果是明显的，居民消费率从 1978 年的 61.4% 上升到 1983 年的 66.8%，积累率则从 38.9% 下降到 32.4%。其后虽然有所上升，但这种上升是处在国民经济健康发展，居民消费水平不断提升背景下的上升，与计划经济时期的意义是完全不一样的。第二，提高居民收入水平。农村方面，由于乡镇企业、个体经济的快速发展以及农业"大包干"带来粮食增产增收，再加上国家对于农业统购统销政策的改变，农村居民的收入水平不断提高从而带动了消费水平的提高，消费水平从 1978 年的 138 元增加到 1988 年的 506 元。城镇居民在国企改革和私营企业的发展背景下，工资水平有了很大提高，消费水平也从 1978 年的 405 元增加到 1988 年的 1200 元。农村和城镇居民的消费水平 10 年间分别增加了 3.68 倍和 2.96 倍。第三，调整产业结构，促进供给，有效满足消费者的需要。由于过往工业的畸形发展，导致轻工业发展缓慢，消费品供给严重缺乏。改革开放以后，

231

国家实行优先发展轻工业的政策，使得消费品供应量大幅度上升，消费品短缺的局面得到了有效缓解。

从消费者保护方面来看，1983年5月，全国第一个消费者组织在河北省新乐县（现新乐市）成立；1984年8月，广州市消费者委员会成立；1984年12月，中国消费者协会在北京正式成立。至1986年2月，当时地方消费协会已达78个。消费者运动推动了消费者保护相关法律法规的制定，这一时期许多地方政府率先行动，1987年福建省出台《福建省保护消费者合法权益条例》，1988年上海市和吉林省分别出台《上海市保护消费者合法权益条例》《吉林省保护消费者合法权益条例》，1989年广东省出台《广东省保护消费者合法权益条例》。1989年，中国已经有27个省级地方性消费者前言保护法出台。[①] 总的来看，这一时期消费者保护引起了大部分地方政府的关注，但是尚未引起中央层面的重视，有关消费者保护的法律法规尚处在起步阶段，还没有形成专门的消费者权益保护法。

1978—1988年的居民消费具有补偿性的特点，改革开放之前居民消费长期得不到满足，消费欲望长期被压抑，改革开放以后，收入端和供给端的消费政策双管齐下，让中国的消费市场出现了前所未有的高速发展和繁荣阶段，甚至出现了数次消费过热导致价格增长过快等问题。从1978年到1988年，食品、纺织、家电这三大轻工业部门迅速发展了起来，有效地满足了居民的基本消费。这一时期对于品牌发展的意义重大：其一，剧烈增加甚至引发经济过热的消费热潮有效地促进了企业生产的发展，加速了品牌的诞生；其二，所谓"消费社会"在这一时期的中国市场上开始形成，逐步改变了人们的观念，为后续的品牌发展提供了准备；其三，在消费的有效引导下，生产端在短短10年内形成了初步的轻工业产业集群，促进了改革开放后第一次中国品牌集群的初步形成。这一时期末消费者保护虽然滞后于市场发展，但也被提上了议程，一定程度上也促进了消费的发展。生产与消费相互促进、相互引导，进而推动品牌快速发展这一规律在这一阶段的中国市场上得到了准确的验证。但是由于这一时期的消费存在过热倾向，出现了抢购风潮，政府也出手抑制在稳定经济发展的同时为企业和品牌的可持续发展创造条件。

---

① 陈兵. 改革开放40年消费者法嵌于市场经济发展的嬗变与展望［J］. 学术论坛，2018（05）：1-9.

2. 政府引导居民合理、适度消费的调控消费阶段

1989—1997年是政府引导居民合理、适度消费的调控消费阶段。由于改革开放前10年居民消费水平的快速增加，被压抑的消费被快速释放，引发了1988年间前所未有的抢购风潮。此后，国民经济进入了为期3年的整顿阶段，本阶段消费的整顿是一个重点。期间，政府开始采取财政政策和货币政策同时收紧的政策，同时压缩集团消费、加强对于工资和奖金制度的管理，增加城乡居民的储蓄率。国家还开始推行住宅的商品化，分流购买力。在多管齐下的措施下，社会总需求得到了有效抑制，价格趋于稳定。[①] 1992年确立社会主义市场经济的改革目标后，市场经济迅速发展，居民消费水平逐年提高，1993年存在中国长达40年的票证退出市场。随着市场经济的繁荣，市场上多种多样的产品供给和商家如火如荼的广告宣传，再度点燃了居民的消费热情，经济再次出现了过热的势头，控制和引导消费成为国家消费政策的主线。"九五计划"明确提出要"治理总需求膨胀，建立合理的消费结构"。从1993年开始，国家实行紧缩性的调控政策，同年发布了《关于当前经济情况和加强宏观调控的意见》。消费过热的势头得到遏制，通货膨胀率从1993年的14.7%和1994年的24.1%下降到1997年的2.8%，国民经济转向稳定增长，1997年经济实现了"软着陆"。[②]这一时期消费政策的重点主要是调节过热的消费势头，引导居民消费结构走向合理。消费畸形既不利于经济快速发展，也不利于品牌的可持续发展。

社会主义市场经济体制改革目标的确立以及市场上频发的消费者权益侵害事件推动了我国在消费者立法层面的进步。1993年全国人大第四次会议通过了《消费者权益保护法》，并于1994年开始实施。自此，消费者法作为我国市场经济的基本法被正式确立，也标志着我国市场经济改革与改革开放进入了一个新的时期[③]。这部消费者法也标志着我国消费者保护政策的形成。[④] 这一时期，国家还颁布了《中华人民共和国产品质量法》（1993）、《中华人民共和国反不正当竞争法》（1993年）、《中华人民共和国广告法》（1994年）、《中华人民共和

[①] 韩英. 改革开放30年我国消费政策的演变与未来政策构建［J］. 市场论坛，2008（11）：20-22.

[②] 韩英. 改革开放30年我国消费政策的演变与未来政策构建［J］. 市场论坛，2008（11）：20-22.

[③] 陈兵. 改革开放40年消费者法嵌于市场经济发展的嬗变与展望［J］. 学术论坛，2018（05）：1-9.

[④] 梁慧星. 中国的消费者政策和消费者立法［J］. 法学，2000（05）：20.

国食品安全法》（1995年）、《中华人民共和国价格法》（1997年）等一系列旨在规范市场经济基本活动的同时也能够保护消费者合法权益的法律。这一时期顺应社会主义市场经济体制建立的要求，消费者保护不仅得到了国家层面的关注，而且得到了基本法层面的确立。

这一时期的消费再次展现了中国市场庞大的消费潜力。1992年之前消费过热主要是因为消费反弹的结果，而在1992年之后则更多的是居民收入增加，这是市场繁荣下的自然结果。1992年之后，消费成为风潮，品牌也在消费的剧烈扩张以及激烈的市场竞争中走向繁荣和第二次蜕变。如果说80年代是中国品牌的萌芽和第一次蜕变，那么90年代则是中国品牌竞争力形成和特点日渐鲜明的第二次蜕变。这一切，都是以蓬勃的消费发展作为基本支撑的。在这一过程中我们可以看到，政府为了实现消费市场的稳定发展所实行的一系列的引导、鼓励或抑制的政策。也会发现，市场和政府的意志并不总是一致的，也会产生背离。

3. 有效刺激内需、大力培育消费新热点、引导消费升级的扩大消费阶段

1998—2012年是有效刺激内需、大力培育消费新热点、引导消费升级的扩大消费阶段。1997年亚洲金融风暴发生导致外需出现疲软；国企改革大规模缩减职工人数导致了下岗潮，计划经济时期建立的保障体系在改革开放后被打破，然而新的社会保障体系又尚未建立，居民收入降低的同时，居民消费信心不足；市场在经过改革开放20年的发展后，供需结构转换，供大于求成为新特点，产品开始出现过剩。在一系列因素的影响下，国内消费疲软，需求不足，宏观经济出现了通货紧缩的不良趋势。为了提振消费，拉动内需。1998年开始，政府一改过往以偏向控制的引导消费策略，开始强调刺激消费。与此同时，政府也深刻认识到了消费在国家经济发展中的重要作用，将消费者政策纳入了经济政策的整体，这是一种战略认知的转变。此后几年时间，政府相继出台了一系列包括降息、提高社保、推行信贷消费、改革休假制度、扩大文化等消费在内的政策，有效刺激了当时疲软的国内消费。[1] 值得一提的是，1998年7月，我国停止了实行40多年的实物分配福利住房的做法，推行住房分配货币化。几乎同时，央行颁布了《个人住房贷款管理办法》，允许商业银行开展住房按揭贷款的

---

[1] 韩英. 改革开放30年我国消费政策的演变与未来政策构建 [J]. 市场论坛, 2008(11): 20 - 22.

服务。两大措施直接刺激了房地产行业的复苏,① 开启了中国房地产消费的大潮,成为接下来数十年内需的重要构成措施。一系列的消费政策组合拳下来,消费紧缩的趋势得到遏制,需求不足的局面得到一定的扭转,消费市场再次走向繁荣。消费市场的再次繁荣为中国品牌进入新世纪之后超常规式的发展创造了良好的外部环境。

新世纪初,中国加入世贸组织,经济再次提速。随着经济的快速发展,中国开始进入"再次重型化"的过程,投资率不断上升,消费率逐渐下降。此外,由于居民消费还存在不合理、不科学、不绿色等问题。为此,十六大报告明确指出要"调整投资和消费关系,逐步提高消费在国内生产总值中的比重"以及"要随着经济发展不断增加城乡居民收入,拓宽消费领域,优化消费结构,满足人们多样化的物质文化需求"。十七大报告则指出"坚持扩大国内需求特别是消费需求的方针"。2000年出台的"十五计划"则指出要"推行绿色消费方式",2006年出台的"十一五规划"指出要"进一步扩大国内需求"。为此政府出台了一系列旨在扩大消费需求以及引导居民可持续的消费政策。如完善收入分配制度,增加中低收入者收入水平的同时扩大分配比例,如免除农业税,实行九年义务教育等措施;完善社会保障制度,尤其是补上了农村的短板,如2008年建立了新农合;完善基础设施,如村村通工程的建设;培育新的消费热点,如除了住房和汽车这两个消费大头以外,医疗保健、金融、信息、文化、健身、休闲等也成为政府鼓励和引导的对象。2008年国际金融危机爆发,内需之于国民经济的重要性进一步加强。随后政府出台家电下乡等政策刺激消费。2011年出台的"十二五规划"明确指出要"建立扩大消费需求的长效机制,把扩大消费需求作为扩大内需的战略重点"。为了鼓励可持续消费,引导居民绿色消费。我国出台了"限塑令""抑大扬小"的汽车排量消费政策等来引导消费,品牌的发展也随着消费市场的变动呈现出新的特点,文旅等品牌发展加速,如携程、如家等与文旅相关的品牌正是在这一时期起飞。在消费者权益保护方面,我国顺应加入世贸组织的环境变化,进一步加强了对于消费者的保护,相关条例法规或修订或重新规定。

1998—2012年政府明确了内需在国家经济发展中的重要作用,转向了明确扩大内需和刺激居民需求的政策思路。为了引导居民消费走向可持续发展道路,还出台了一些促进绿色消费、可持续消费等的相关政策,这是此前政府很少关

---

① 吴晓波. 历代经济变革得失 [M]. 杭州:浙江大学出版社,2013:218.

注的。为了扩大内需，政府在收入提升和免除后顾之忧两方面同时发力，一方面促进居民增收，免除各种税收，提高二次分配比例，让居民有能力花。另一方面则完善覆盖全民的社会保障体系，让居民敢于花。此外，为了促进消费结构升级，政府还适时刺激新消费热点的形成，继而带动了相关产业的发展，相关产业的中国品牌也因此实现了快速发展。加入世贸组织之后，消费者法继续按照世贸组织的规则进行完善，在促进居民放心、放手消费方面发挥了应有的作用。这一时期我国消费市场实现了快速的扩大，为品牌的发展创造了良好的基础。

4. 政府围绕消费升级、发挥消费引领作用的形成消费新动力阶段

2013年至今是政府围绕消费升级、发挥消费引领作用的形成消费新动力阶段。2012年以后，中国经济面临着巨大的下行压力，GDP增长率跌破8%。过去的粗放式发展导致产能过剩、贫富差距拉大、生态不可持续等问题。2014年我国进入新常态的发展阶段，在出口、投资趋弱趋缓、国际环境不确定性增加的背景下，消费日渐成为我国经济发展的"压舱石"和"稳定器"。同时消费方面也发生了新的变化，模仿型排浪式消费阶段基本结束，个性化、多样化消费渐成主流。这一时期的消费政策以促进消费升级、发挥消费引领作用为主线。早在2012年的十八大报告就指出"要牢牢把握扩大内需这一战略基点，加快建立扩大消费需求长效机制，释放居民消费潜力"；2015年11月，在国务院颁布的《关于积极发挥新消费引领作用加快培育形成新供给新动力的指导意见》中指出我国已进入"消费需求持续增长、消费结构加快升级、消费拉动经济作用明显增强的重要阶段"，2016年十三五规划指出"适应消费加快升级，以消费环境改善释放消费潜力，以供给改善和创新更好满足、创造消费需求，不断增强消费拉动经济的基础作用"。2017年10月十九大报告指出"完善促进消费的体制机制，增强消费对经济发展的基础性作用"。2017年以来，国内消费呈现出走弱的趋势，2018年7月，中央深改委第三次会议审议通过了《关于完善促进消费体制机制进一步激发居民消费潜力的若干意见》和《完善促进消费体制机制实施方案（2018—2020年）》，以促进消费的扩张。党和政府的高度重视以及一系列增收政策的实施促进了我国居民收入和消费水平的提升，维持了消费市场和经济发展的稳定，为品牌的发展奠定了基础。

2010年以来随着智能手机的普及和3G、4G基础设施的完善，互联网发展陡然加速，中国成为世界上第一大网购市场。互联网消费成为热潮，也为消费者权益的保护提出了新挑战和新问题。为了适应时代发展的需要，2013年10月

十二届人大五次会议通过了修订的《中华人民共和国消费者权益保护法》,其中着重强调了互联网时代的消费者权益保护问题。该法首次将网络购物等网络经济下的消费方式纳入其调控范畴,填补了现行的法律空白。[1] 但是总的来看,我国的消费者法仍需要完善,还存在很多不足的地方。

2013年以来,国际环境云谲波诡,变幻莫测,国内需求以其庞大性和稳定性在我国经济的发展中发挥着基础性的作用。消费呈现出个性化、多元化、注重体验和消费升级的特点。房地产、互联网、金融、旅游等服务业领域消费高涨,原有的基础性行业如日化、食品、家电、汽车等则呈现出明显的消费升级的特点。一方面新兴消费不断出现,另一方面,原有消费需求不断升级,消费继续成为中国品牌成长的重要基础。而消费者法顺应互联网大趋势,加以修订,强化对于消费者的保护无疑对进一步释放我国居民的消费潜力具有促进作用。

(二) 改革开放以来政府的外贸政策及其影响

改革开放以来中国出口总额迅速增加(如图5.3),纵观中国外贸的发展历程,有以下几个重要的时间节点。第一,1978年,这一年党中央将对内改革和对外开放作为基本国策,这一决策也让我国的外贸事业进入了全新的发展阶段。第二,1992年,这一年是确立建立社会主义市场经济体制改革目标的关键之年,自此中国迎来了市场经济的大发展,外贸也迎来了繁荣发展。第三,2001年,这一年中国加入世贸组织,全面融入全球经济脉络,中国外贸大国的地位得到确认并在此后得到进一步巩固。第四,2008年,这一年发生了全球罕见的金融危机,我国外贸发展进入了动荡期,但依然是世界第一的贸易大国。根据以上四个时间节点,可以大致将我国外贸分为1978—1991年,1992—2000年,2001—2008年,2009年至今这四个发展阶段。本书将依循这四个发展阶段分别对我国的外贸政策加以分析。主要从外贸体制改革、外贸相关法律法规的制定和完善两个方面入手。

改革开放前,我国实行的是计划经济体制,国家中央计划并控制一切企业活动。外贸企业同样不例外,当时的中国外贸实行国家垄断。改革开放以后,国家重新认识到了外贸在经济发展中的重要作用。为了促进外贸发展,外贸体制开始改革,相关的法律法规也开始修订和完善。本书将外贸政策做出如下梳理,并分析其对于我国品牌发展的影响。

---

[1] 陈兵.信息化背景下我国消费者保护法律模式的升级——新《消费者权益保护法》的视角[J].江西社会科学,2015(03):187.

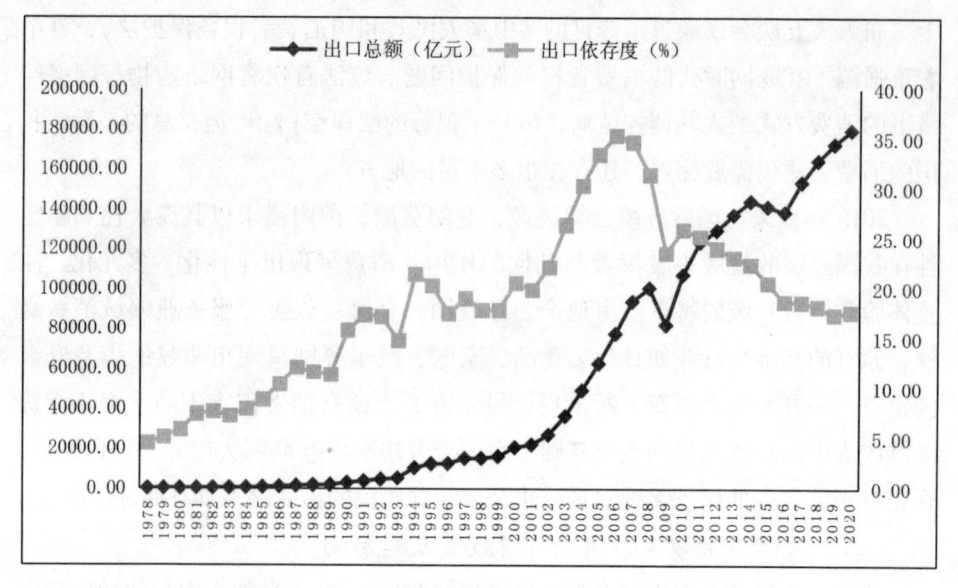

图5.3　1978—2020年出口总额和出口依存度①

（左轴为出口总额，右轴为出口依存度，数据来源：国家统计局）

1. 外贸政策的破冰期

1978—1991年是我国外贸政策的破冰期。这一时期我国的外贸重点主要包括以下几点，即抓住国际产业转移机遇，大力发展加工贸易；建立经济特区，用示范带动对外贸易的发展；推出了市场多元化战略和以质取胜战略，开始强调出口质量问题。在外贸体制改革方面，以经营权的下放为核心，外贸企业的积极性得到了有效激发。外贸体制改革可以分为三个阶段。1978—1987年是打破高度集中的外贸计划体制。这一时期我国尚未确立市场经济的发展目标，在"社会主义有计划的商品经济"这一理念的指导下，外贸体制开始突破计划经济的桎梏。1983年对部分国有大中型企业开始赋予自营进出口权的试点工作；1985年将从事外贸经营许可的审批权限从中央下放到地方；1988年进一步下放到省级外经贸主管部门及经济特区、经济开发区所在城市的外经贸主管部门。1978—1987年，通过下放对外贸易经营权、增设对外贸易口岸等改革措施，对外贸易的活力得到激发。经过一系列的改革，我国的外贸管理逐渐从直接管理

---

① 根据国家统计局数据整理。出口依存度是指一国在一定时期内出口贸易额在该国的国民生产总值中所占的比重。一国出口依存度的大小说明该国经济对出口贸易依赖程度的大小。

向间接管理转变。1988—1990年则围绕承包经营责任制进行外贸体制改革。1988年，国务院印发了《关于加快和深化对外贸易体制改革若干问题的规定》和《全民所有制工业企业承包经营责任制暂行条例》，开始在全国外贸行业全面推行经营承包责任制。具体的改革措施主要包括：推行外贸承包经营责任制；进行自负盈亏试点；改革出口和进口经营体制；改革和完善外贸行政管理；改革贸易外汇留成制度。承包经营责任制的改革对促进对外贸易特别是出口贸易的发展起到了重要作用。1991年建立自负盈亏的外贸经营新体制。1990年12月，政府出台《国务院关于进一步改革和完善对外贸易体制若干问题的决定》，决定从1991年开始建立自负盈亏的外贸经营新体制。这已经与市场经济条件下的外贸体制非常接近了，体制机制的变革极大地激发了外贸企业的积极性，有力地促进了企业的出口贸易。

从法律法规层面来看，这一时期我国的外贸法律法规开始呈现出初步系统化的特点。1980年政府出台《关于改革海关管理体制的决定》，并于1982年在宪法中明确了我国发展对外贸易的主权原则和其他指导原则，规定了国务院负责管理外贸的权力，于1982年和1983年修改了进出口关税税则，并在其后制定和修订了一系列与进出口相关的法律法规。[①] 一系列与进出口相关的法律法规的制定为我国企业进行内外贸易扫清了法律上的障碍。

1978—1991年间的外贸政策的主线是"松绑"，包括两个方面：一是为原有的国有外贸企业松绑，加速了出口贸易的发展；二是对于外资的松绑，即吸引外资进入中国市场从事加工贸易。外资进入中国带来了中国急缺的技术和资本，让一批中国企业通过代加工的方式实现了原始积累，为日后自主品牌的发展打下了技术、管理、市场等方面的基础。一部分外资企业进入中国也产生了"鲶鱼效应"和技术知识的"外溢效应"，促进了国内的竞争和国内企业的学习，加快了中国品牌的"破壳速度"，当时中国部分企业开始模仿外资的广告宣传手法就是一个例证。外贸法律体系的初步建立则为外贸企业的发展提供了法律保障及稳定的预期，越来越多的外向型企业成立，其中有一部分成为日后中国品牌的代表。

2. 市场经济体制外贸政策体系的建立期

1992—2000年是我国市场经济外贸政策的建立期。这一时期我国依据新的

[①] 邓敏，王清. 改革开放30年——我国外贸法律法规的回顾与展望 [J]. 国际贸易问题，2009（02）：12-13.

外部环境和改革要求，着手构建扩大对外开放的新格局，实施"科教兴贸"战略（以 1999 年由外经贸部会同科技部联合发布《科技兴贸行动计划》为标志），并全面深化对外贸易体制的改革。其一，以经济手段调控对外贸易的运行。包括改革汇率制度、调整关税、完善出口退税制度、采取鼓励出口的政策措施、完善进口管理等。其中，1994 年取消汇率双轨制，实现汇率并轨，消除了人民币高估现象，为中国扩大出口贸易创造了极其有利的条件。① 其二，外贸企业建立了现代企业制度。1994 年以后，外贸企业开始积极推行股份制试点，1999 年，国家决定将国务院各部委所属企业与原主管部门脱钩，外贸专业总公司和工贸公司也按照国家统一部署与主管部门脱钩，加快了外贸企业建立现代企业制度的进程。其三，加快下放外贸经营权，扩大自动登记试点，通过下放外贸经营权，我国外贸领域形成了外贸企业、生产企业、商业物资企业、科研院所外贸企业和外资企业等共同参与外经贸经营的新格局。此外，我国还强化商会职能，完善外贸经营的协调和服务机制，并成功采取一系列措施应对了亚洲金融风暴，稳定了我国当时的出口贸易。

这一阶段社会主义市场经济体制框架下的外贸法律法规得以初步建立。1994 年 7 月 1 日，《对外贸易法》正式颁布实施，标志着中国对外贸易管理与经营走上了法制化轨道，也标志着我国确立了以对外贸易法为基本法的法律制度。1997 年 3 月 25 日，政府颁布了《反倾销和反补贴条例》，标志着中国正式建立起与国际通行规则接轨的反倾销和反补贴机制。1999 年，政府批准了希望集团等 20 家私营企业的自营进出口权，大大刺激了外贸的积极性。同时还颁布实施了《合同法》，修订了《海关法》等法律法规，② 建立了比较完善的外贸法律体系。

1992—2000 年外贸政策的主线是建立符合市场经济体制要求的外贸制度，同时继续鼓励企业出口，这一点从退税政策的力度可以看得出来。政府进一步放权以及市场化外贸制度的建立、相关法律法规体系的建立和升级，极大地促进了我国的出口。亚洲金融危机后，亚洲四小龙经济元气大伤，相对而言，未受到重创的中国经济则出现了"水落石出"的效应，价廉物美的中国商品开始

---

① 李计广，张汉林，桑百川. 改革开放三十年中国对外贸易发展战略回顾与展望 [J]. 世界经济研究，2008（06）：10
② 邓敏，王清. 改革开放 30 年——我国外贸法律法规的回顾与展望 [J]. 国际贸易问题，2009（02）：10.

远征全球，从而催生了"中国制造"的繁荣景象。① 同时，这一时期部分出口型企业代工模式走向成熟，代工企业也开始谋求进一步的发展。比如，安踏、格兰仕等一批企业已经开始谋求自主品牌的发展。

3. 外贸政策与国际接轨、符合可持续发展要求的完善期

2001—2008 年是我国外贸政策与国际接轨、符合可持续发展要求的完善期。加入世贸组织后，我国也相应地对外贸政策进行完善以符合世贸组织规则。在加入世贸组织后 3 年的过渡期内，中国逐步放开了贸易权的范围和可获性，取消了贸易权的审批制。同时，在非歧视原则、自由贸易原则和公平竞争原则下，调整、修改不符合世贸组织规定的政策法规，贸易自由化、便利化水平不断提高。② 这一时期，我国的外贸发展促进外贸体系走向完善。其一，实施走出去战略，带动了外贸发展。"十五"规划将实施走出去战略明确写入计划内。其二，大力实施外贸方面的品牌战略，鼓励自主品牌走出国门。其三，进一步深化科技兴贸战略，逐渐形成了科技兴贸战略的组织、政策、出口和服务体系。

也正是在这一时期，我国开始了出口政策的转向，从过去的由单纯依靠扩大出口到提高出口质量、引导出口平衡的方向转变。一是转型升级。2004 年政府工作报告中首次提出"加工贸易转型升级"，2005 年以后具体表现为转变外贸增长方式、支持自主品牌和高附加值产品出口、控制"两高一资"（高耗能、高污染、资源性）产品出口、促进加工贸易的转型升级。二是贸易平衡。2004 年提出"对外贸易适度增长"，2005 年提出"国际收支基本平衡"目标，致力于改善进出口不平衡状况，2007 年提出"缓解外贸顺差过大"。在此政策导向下，2004 年分批调低和取消了部分"两高一资"产品出口退税率，降低了部分传统出口行业的出口退税率。③ 2007 年，我国调整了部分商品的出口退税政策，包括进一步取消了大量"两高一资"产品的出口退税，降低了服装、鞋帽、玩具等容易引起摩擦的商品的出口退税等。通过这种方式，引导国内企业的转型升级。在外贸相关法律法规方面，也主要围绕着符合国际规则和可持续发展的要求进行完善。如 2007 年后，我国废止了大量与世贸组织规则不相符合的外贸法律法规，清理、修订了其他一些法律规章制度。

---

① 吴晓波. 历代经济变革得失 [M]. 杭州：浙江大学出版社，2013：218
② 李计广，王红梅，张娟. 改革开放四十年对外贸易在我国经济中的角色变迁和展望 [J]. 国际贸易，2018（07）：6.
③ 王红梅. 对外贸易在我国经济增长中作用变迁的影响因素研究 [D]. 北京：对外经济贸易大学，2019.

2001—2008年外贸政策鼓励外向型企业转型升级，或者提高技术，或者建立品牌。从某种程度上促进了中国品牌朝着高级化的方向发展。2000年后初期出现的一波自主品牌创建高潮就是这种政策的一种引导结果。关于OEM如何升级到ODM和OBM的讨论也多了起来。这一时期，中国也成为世界工厂，中国产品走向世界为中国品牌走向世界打下了基础。

4. 外贸政策适应外贸新环境的调整期

2009年至今是我国外贸政策的调整期。2008年发生金融危机导致我国外贸出现大幅下滑，同时由于贸易保护主义抬头，导致贸易摩擦加剧等问题，这一时期的外贸政策进入调整期。

其一，提出要加快转变外贸发展方式，促进外贸发展由主要依靠增加物质资源消耗向主要依靠科技进步、劳动者素质提高、管理创新转变。2012年，商务部等十部委联合发布《关于加快转变外贸发展方式的指导意见》，对外贸发展提出了总体要求和任务目标。为了支持外贸发展，我国还出台了一系列促进外贸稳增长调结构的政策措施，通过提高贸易便利化水平、清理和规范进出口环节收费、加强融资保险支持等政策降低贸易成本，鼓励发展跨境电子商务等新型商业模式，为外贸发展营造了更加有利的政策环境。[①]

其二，提出培育外贸竞争的新优势。2015年2月19日，政府出台《关于加快培育外贸竞争新优势的若干意见》，明确提出要"加快培育以技术、标准、品牌、质量、服务为核心的竞争新优势"。

其三，提出要促进加工贸易创新发展。2016年年初，国务院发布《关于促进加工贸易创新发展的若干意见》，提出"以创新驱动和扩大开放为动力，以国际产业分工深度调整和实施'中国制造2025'为契机，立足我国国情，创新发展加工贸易"。

其四，服务贸易政策支持体系愈加完善，促进中国服务贸易发展系统、全面、开放和科学的规划体系逐步形成。2010年以来，国家相继出台了《服务贸易"十二五"发展规划》《中国国际服务外包产业发展规划纲要（2011—2015）》《关于加快发展服务贸易的若干意见》《国际服务贸易统计监测制度》和《服务贸易"十三五"发展规划》等文件，相关政策的落实和推进进一步完善了中国服务贸易管理体制。"一带一路"倡议也为我国外贸发展拓展了新空

---

① 商务部综合司，商务部研究院. 中国对外贸易形势 2016 年春季报告 [J]. 国际贸易，2016（05）：11.

间、指明了新方向。

2008年由于金融危机的爆发,导致外需出现的不确定性增加。再加上贸易保护主义抬头、贸易摩擦日渐加剧、国内结构性问题突出及转型升级迫在眉睫等新问题、新情况。外贸以量取胜而忽视内涵的路径已经走到了尽头。为此,我国的外贸政策主线开始更加强调出口的科技问题和品牌问题。政策的引导和相关扶持政策推动了中国品牌的转型升级。

回顾外贸政策线索,可以归纳为三条。第一条是促进中国出口的不断增长,表现为外贸和出口规模的迅速扩大;第二条是促进外贸出口内涵的不断升级,表现为对于出口产品的类型从初级走向高级、品牌从无到有、科技含量从低到高等的要求;第三条是外贸出口政策始终受制于外部环境和国内宏观经济发展的要求而不断调整。这三条线索引导着外贸体制的改革和相关法律法规的制定,引导着我国出口规模的不断增加。而出口所引发的经济增长效应、企业学习效应、产业触发效应、资本积累效应等对于中国品牌的成长起到了至关重要的促进作用。

(三)引导之外的直接拉动:作为消费者的政府——政府采购刍议

前文第四章消费力相关部分已经在变化趋势方面做了一些基本的分析。从规模上看,政府消费常年占最终消费的四分之一左右。从变化趋势上看,政府消费的变化总趋势是在波动中实现小幅攀升,2020年达到1978年以来的最高点30.5%,较1978年的21.2%上升了9.3个百分点(如图5.4)。政府对于居民消费的影响是引导性的,但是对于自身可以掌控的购买力则是相对直接控制的。虽然体量相较于居民消费并不大,但也相当可观,对于中国品牌的发展也会产生直接的影响。此前就有人大声呼吁政府采购向自主品牌倾斜,指出"于扶持民族自主品牌,政府部门还是大有可为的。目前,完全可以通过政府采购来支持自主品牌"。[1]

政府采购倾向于本土品牌是国际通行做法,中国也不例外。2003年中国《政府采购法》实施,其中明确规定政府采购应当采购"本国货物、工程和服务";2007年财政部颁布的《自主创新产品政府首购和订购管理办法》规定优先采购本国产品;2009年政府在《关于2009—2010年度中央国家机关汽车协议供货有关问题的通知》中明确指出,各单位新配备、更新汽车"自主品牌汽车比例应达到50%"。虽然此前政府有意推动采购国产化,但是由于本土品牌质量问题、国际规

---

[1] 邹焕庆,张晓晶. 孙丕恕代表建议政府采购向民族自主创新品牌倾斜[EB/OL]. 中央政府门户网站,2007-03-06.

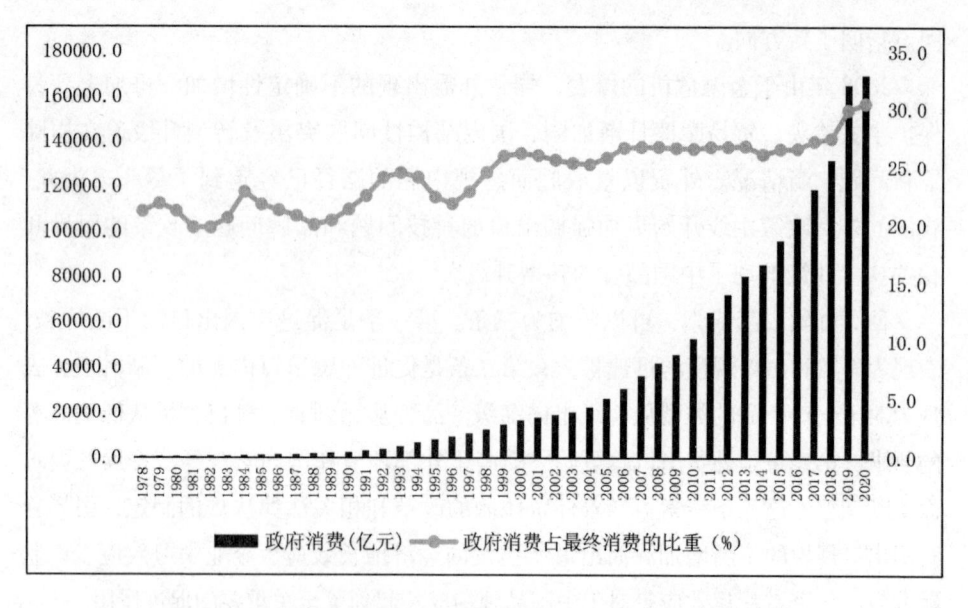

图 5.4 1978—2020 年政府消费与政府消费占最终消费的比重
（数据来源：国家统计局）

则的压力以及实际规定的模糊性，政府采购的国产化之路走得并不顺利。

随着中国本土品牌实力的进一步增强以及国家在扶持本土品牌发展和国家安全等方面的考虑，情况正在改变，这为本土品牌创造了市场机会。如在 2012 年工信部公布的《2012 年度党政机关公务用车选用车型目录》，入选的 412 款公务用车几乎全是自主品牌，这是政府采购向支持我国自主品牌汽车发展迈出的重要一步。2017 年 12 月，国务院发布的《党政机关公务用车管理办法》要求党政机关应当配备使用国产汽车，并带头使用新能源汽车。此后，政府采购在支持自主品牌方面，起到了较好的引领示范作用。① 政府采购既用实际行动带动了新能源汽车的普及，也帮助了部分自主品牌走过了艰难的发展初期。

中美博弈暴露了中国产业链存在受制于人的问题，十四五规划着重强调了产业链的安全问题，指出要"坚持自主可控、安全高效，推进产业基础高级化、产业链现代化"。对品牌而言则意味着此前依据市场的效率逻辑需要适当调整为"高效率＋安全可控"，对于一些涉及国家安全方面的品牌尤其如此，需牢牢把握国家战略机遇。2014 年 5 月，政府规定所有中央国家机关计算机类产品不准

---

① 中汽协：政采要给自主品牌更多信心［EB/OL］. 中国政府采购新闻网，2021－07－15.

安装 Windows8 系统。同年 8 月，政府采购杀毒软件，5 大国产品牌在列，只有 1 个国外品牌，而赛门铁克、卡巴斯基等国际品牌不见踪影。2015 年 1 月中央国家机关在计算机的采购上基本都是国内企业，如联想、宏碁、清华同方等。[①] 2019 年 12 月，政府要求所有政府部门和公共机构要在 3 年内撤下外国电脑设备和软件，这种做法从某种程度上对中国品牌而言是一种利好。

四、政府对于品牌传播的规制

传播是品牌得以形成的关键步骤，品牌要想从企业的此岸到达消费者的彼岸，传播是必经之路。在这一步骤中，政府对于品牌传播的规制成为政府影响品牌成长的主要手段。规制（regulation）是一个从西方引入的概念，之所以翻译成"规制"而不是"管制"，是因为中文的管制具有贬义的倾向，表达的是一种命令和控制，而规制一词则更加中性，规制凸显的是以社会普遍认同的法律和规章制度或规则来约束与规范行为。在讨论市场经济体制时多用规制，而讨论计划经济体制时则多用管制。可以将规制理解为一系列政策法规的集合，这些政策法规是政府在市场活动中对企业行为进行干预的具体行为的表现。[②]

那么政府是如何对品牌传播进行规制的呢？从政府规制的对象来看，主要包括品牌的所有者企业、品牌传播的媒体平台以及广告公司等品牌传播服务机构。从规制的内容构成来看，主要包括品牌传播的合法性（是否能够开展广告等品牌传播活动）和传播的内容（传播什么、传播的导向和价值观问题等）。从规制的手段和工具来看，主要包括政府制定的法律、规章、政策和制度等。总的来看，我国通过一系列的品牌传播相关的法律法规规定了企业品牌在传播层面是否可以调动媒体资源、可以调用何种媒体资源、可以调动多少媒体资源以及在所调动的媒体资源平台上传播什么样的内容等关键问题，通过对品牌成长具有极端重要意义的资源——媒体传播的把控，以此实现了对品牌成长的影响和引导。

就品牌传播的常用手段——广告而言，我国政府在 40 余年的规制中经历了一个不断完善和强化的过程。笔者以"题名"＝"广告"，以"1978—2020"为时间段在万方法律法规数据库中检索发现 2437 条相关法律法规，现行有效的

[①] 崔玉贤. 政府采购国产化 几家欢喜几家愁 [EB/OL]. 艾瑞网，2015-02-27.
[②] 李杉. 中国传媒产业规制及其演进研究 [M]. 北京：中国传媒大学出版社，2017：14-15.

达1768条（如图5.5）。① 历年颁布的广告相关的法律法规数量的分布情况如下图所示。改革开放以来我国的广告法制建设大致经历了四个阶段，即政府强势介入广告行业管理（1978—1994年），政府广告管理步入法制化的轨道（1995—2004年），进一步规范政府对广告行业的管理（2005—2014年），政府转换与调整广告职能（2015年至今）。② 从不同阶段的演变中，我们可以发现，政府对于广告的规制逐渐走向法制化，广告管理手段更加全面和规范。我国的广告管理也经历了一个从"政府主导"到"政府引导"的转变过程，这与我国政府对于经济管理的整体转型具有内在一致性。虽然除中国之外的其他国家也有对于广告的管理规定，但是无论是其管理的广度、力度还是深度都无法与中国广告管理相比。

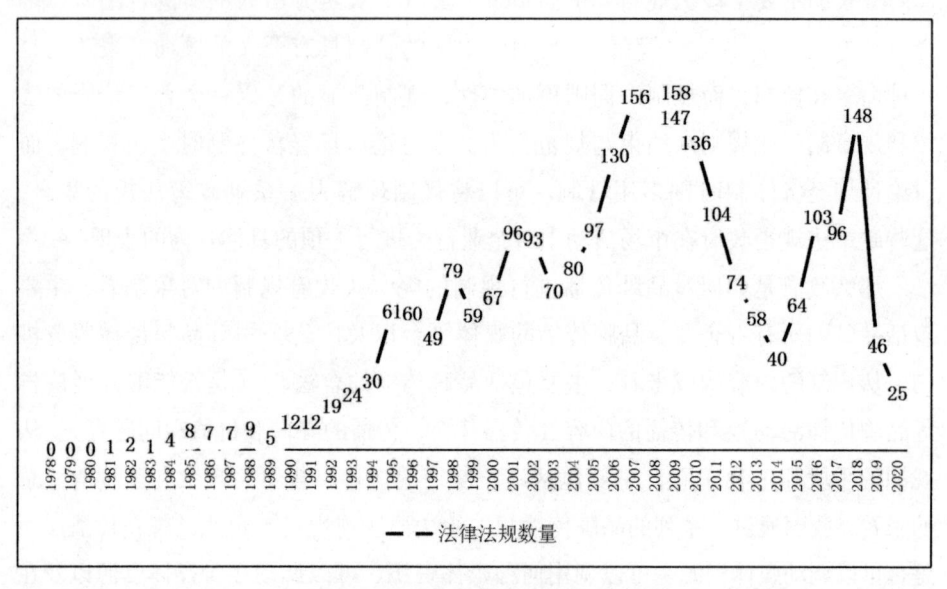

图 5.5　1978—2020 年政府颁布的广告法律法规数量年度分布

（数据来源：万方数据库）

具体来看，从我国的广告法律法规和相关的政府文件或领导人讲话中可以看出政府对于品牌传播的规制（如表5.6），主要表现在以下三个方面。

其一，对于某些行业广告投放合法性和资源量的严格限制。如广告法或者专

---

① 检索时间：2021年7月27日。
② 徐卫华. 我国广告法制建设四十年——分期、特点及成果［J］. 浙江传媒学院学报，2018，25（06）：74-79.

门的广告规定对于医疗、医疗器械、药品、保健品、酒类、烟草、房地产、食品等重点商品或所在服务行业的限制性规定。2015年出台的新广告法被称为"史上最严广告法",其中对于保健品、药品、烟草等行业广告投放的规定尤为严格。此外,政府还专门出台过针对某一行业的广告管理规定,如《医疗广告管理办法》《医疗器械广告审查发布标准》《药品广告审查发布标准》《食品广告发布暂行规定》《房地产广告发布规定》等行业广告规定。为了遏制某些行业企业广告投放的行为,政府甚至直接规定广告投放的额度。如2001年,政府曾出台政策规定"白酒企业广告费不得超过销售额的2%",但该规定引发不少专家的反对。[1]

其二,对于媒体平台投放广告的规范。媒体平台作为广告发布者,其广告发布也受到规制,主要来自两方面,一是作为媒体的上级管理单位如中宣部、国家广电总局等的管理。如2003年国家广电总局颁布,2004年实行的《广播电视广告管理暂行办法》(总局令第17号)首次以总局令的形式对广播电视广告的内容、播放总量、广告插播、播放监管等做出全面规范。[2] 再如,2011年11月28日,广电总局下发《〈广播电视广告播出管理办法〉的补充规定》,决定自2012年1月1日起,全国各电视台播出电视剧时,每集电视剧中间不得再以任何形式插播广告。二是广告主管部门国家市场监督管理总局的管理。主要体现在广告法律法规中对于媒体发布平台的相关规定。如广告法中对于广告发布者(主要指媒体)发布的内容、行为规范的明确规定。

表5.6 广告相关的主要法律法规及文件通知

时间	名称
1979年	《关于报刊、广播、电视台刊登和播放外国商品广告的通知》
1982年	《广告管理暂行条例》《广告管理暂行条例实施细则》
1987年	《广告管理条例》
1988年	《广告管理条例施行细则》(于1998年、2000年、2004年、2011年进行了四次修订)
1993年	《关于设立广告审查机构的意见》《关于进行广告代理制试点工作的若干规定》(试行)

---

[1] 黄升民. 对于2%,我坚决反对![J]. 现代广告, 2001 (05): 16-18.
[2] 张国才. 改革开放以来我国广播电视广告规制的发展与问题[J]. 中国广播电视学刊, 2009 (01): 44.

续表

时间	名称
1994 年	《中华人民共和国广告法》
1997 年	《关于做好公益广告宣传的通知》
2004 年	《外商投资广告企业管理规定》《广播电视广告播放管理暂行办法》
2005 年	《关于印发〈虚假违法广告专项整治工作方案〉的通知》
2010 年	《广播电视广告播出管理办法》
2011 年	《关于进一步加强广播电视广告播出管理的通知》《〈广播电视广告播出管理办法〉的补充规定》
2012 年	《广告产业发展"十二五"规划》
2015 年	《中华人民共和国广告法》（修订版）《房地产广告发布规定》
2016 年	《互联网广告管理暂行办法》《广告产业发展"十三五"规划》

（本书整理）

其三，对于广告导向问题重视程度日益提高。广告的功能不仅仅局限于经济功能，还包含着社会文化功能，广告也是塑造人们思想的重要手段。政府对于广告的导向问题是一以贯之并且不断强化的。1982 年颁布的新中国成立以来第一个全国性、综合性的广告管理法规《广告管理暂行条例》中的第一条就指出广告要"更好地为建设社会主义的物质文明和精神文明服务"；1994 年颁布的第一部广告法明确指出"广告应当真实、合法，符合社会主义精神文明建设的要求"；2015 年的新广告法也明确说明，"广告应当真实、合法，以健康的表现形式表达广告内容，符合社会主义精神文明建设和弘扬中华民族优秀传统文化的要求"；2016 年 2 月，习近平同志在新闻舆论工作座谈会上指出："广告宣传也要讲导向"，这是党和国家最高领导人首次明确提出广告宣传也要讲导向这一命题。[①] 自此，可以看出，党和政府对于广告导向问题的重视是前所未有的。"广告宣传也要讲导向"为我国品牌传播提供了指引。我国的品牌传播不仅要遵从经济规律，还要符合社会主义核心价值观和社会主义精神文明建设的指引，要坚持政治导向，坚持经济效益和社会效益相统一。实际上，正是因为不讲导向，才会出现诸多虚假广告和不当广告。

以广告为切口进行分析，可以发现，从具体的品牌传播的多寡、形式、内

---

① 丁俊杰，刘祥. 广告宣传也要讲导向 [J]. 中国广播, 2017 (04)：30 - 32.

容到相对抽象的价值观和导向问题，从品牌传播的主体企业到媒体平台和代理机构，政府通过一系列的法律法规、领导讲话等方式进行规制，并以此实现了对于中国品牌成长的影响和引导。从覆盖的广度到渗透的深度，这种规制从全球范围来看也是较为少见的。

第三节 市场与政府力量博弈过程中的品牌形塑

一、市场与政府力量博弈的一个分析框架

（一）如何衡量政府和市场的力量

在谈及政府力量之前，首先引入一个颇有争议的相关概念——"国家能力"，国家能力是国家将自己意志、目标转换为现实的能力。主要指中央政府的能力。包括汲取（主要指国家财政能力）、调控、合法化和强制四种能力。[①] 国家能力在某种程度上可以理解为政府力量，但本书讨论的政府力量是包括地方、中央在内的整体上的政府力量。本书参考国家能力的四种能力试图分析政府力量，尤其是经济方面的、便于观察的两种典型表现，主要包括财政和宏观调控、国有企业两个方面。在我国的社会主义市场经济体制中，政府干预（管理）经济及企业的手段主要包括宏观调控（如产业政策、货币政策、财政政策等）以及对国有企业的利用。其一，宏观调控作为一种政策体系在我国经历了一个不断演变的过程，在这个过程中，国家干预的力量会随着宏观调控体系的不断丰富和完善而强化。宏观调控需要经济资源作为支撑，政府的财政支出可以作为一个粗略的衡量指标。其二，政府的力量又与其直接控制的企业——国有企业有关。实际上，在中国政府主导、投资驱动的增长模式中，国家经济的方针、政策和目标均需要国企来贯彻实施，国有企业是贯彻国家经济政策的基本载体。[②] 因此本书认为，国有企业的强弱也是影响政府力量强弱的一个指标。实际上，所谓中国"举国体制"和"集中力量办大事"的一个重要实现手段就是国有企业，这一点也常常遭受西方国家的批评。

[①] 王绍光，胡鞍钢．中国国家能力报告 [M]．沈阳：辽宁人民出版社，1993：13.
[②] 李军林，万燕鸣，张英杰．双重激励下的组织行为——一个关于国有企业（SOEs）的理论 [J]．经济学动态，2011（01）：87.

市场力量方面，我国的改革开放是以市场化为总体特征的，市场机制在经济发展中发挥的作用越来越大。这一点从中国市场化指数的逐年提升①中可以得知。市场力量的本质是市场在资源配置中发挥着基础性和决定性的作用，这是因为市场在资源配置上天然存在效率优势，虽然也存在其不足之处。40余年来，中国经济发展的总体效率显然是在不断提升的，这就是市场力量的结果。在中国，私营部门的总体效率往往高于国营部门。我国市场力量不断增强的一个鲜明的表现就是私营经济/非国有经济，尤其是本土民营企业的快速发展。因此，私营经济的发展可以作为衡量市场力量的另一个指标，反映的是市场效率的提升和市场经济的繁荣情况。从构成上来说，私营经济主要包括本土民营企业、个体经济和外资企业。

综上，本书尝试提出一个粗略的衡量政府力量与市场力量的测量体系（如表5.7）。

表5.7　政府力量与市场力量的测量体系

	一级维度	二级维度
政府力量	宏观调控	宏观调控的能力；政府财政支出总额
	国有企业	国企营收、就业、注册资金等相关指标
市场力量	本土民企	民企营收、就业、注册资金等相关指标
	外资企业	1. 外企经营、就业、注册资金等相关指标 2. 外商直接投资总额（FDI）指标
	个体经济	个体工商户的户数、注册资金等指标

（本书整理）

（二）政府力量的变化

政府力量的变化可以从政府宏观调控能力的变化、财政支出总额的变化以及国有企业发展的变化中加以估算。

首先是政府宏观调控能力的变化。从时间线上来说，宏观调控是改革开放后形成的一个概念，起源于中国政府在计划经济体制市场化转型的过程中如何

---

① 参见：曾学文，施发启，赵少钦，等. 中国市场化指数的测度与评价：1978—2008 [J]. 中国延安干部学院学报，2010（04）：47-60；董晓宇，郝灵艳. 中国市场化进程的定量研究——改革开放30年市场化指数的测度 [J]. 当代经济管理，2010，32（06）：8-13. 此外，还有樊纲等人进行的相关研究。

治理经济的问题。计划经济时期,我国政府对于经济的干预和管理是直接而具体的,覆盖到方方面面,是直接调控。改革开放后,政府为了适应市场发展的变化,干预经济发展的方式也从直接调控走向间接调控①,从行政手段调控走向以主要运用经济手段调控,从显在走向潜在,经历了一个转型的过程,形成了现如今的"宏观调控"。可以说,当下政府对于经济发展的影响丝毫不亚于计划经济时期政府对于经济发展的影响,只不过发生这种影响的手段走向隐性且更加高效。改革开放后,我国政府对于经济的管理从僵硬死板低效的计划模式逐渐走向更加弹性灵活高效的宏观调控的模式。随着改革开放进程的深入,宏观调控概念的内涵也不断丰富,逐步形成了一个涵盖顶层设计与实践功能的理论成果———国家治理体系强调的重大制度安排(在社会主义市场经济体制框架中,宏观调控属于社会主义基本制度的范畴)、一元化的调控主体(宏观调控权力集中在中央,地方政府没有宏观调控权)、二元化的调控目标(总量和结构)、多元化的手段体系(经济手段、行政手段、法律手段)四大要素构成的四位一体的系统化概念。② 总而言之,中国有一套自己的宏观调控理论及体系(如图5.6)。③ 有学者认为改革开放以来,我国宏观调控思路的演进大体上经历了计划调控、间接调控、政策调控和稳进调控四个阶段④。总的来看,在长期的试错和调整中,我国政府宏观调控的能力在转型和实践中得到了完善和提高,40年来的经济发展从侧面证明了市场化改革的成功,反映了政府宏观调控能力的提升。

---

① "计划调控"是政府对经济活动直接控制和直接调节,"间接调控"则是政府试图通过调节市场、引导企业来影响经济活动。
② 张勇. 宏观调控:中国社会主义经济学的重要概念 [J]. 甘肃社会科学, 2017 (06): 195 - 196.
③ 刘明国. 论中国特色社会主义宏观调控——兼对当代西方主流宏观经济学的批判 [J]. 马克思主义研究, 2017 (03): 157.
④ 方福前. 我国宏观调控思路的历史性进展 [J]. 理论探索, 2019 (01): 109 - 114.

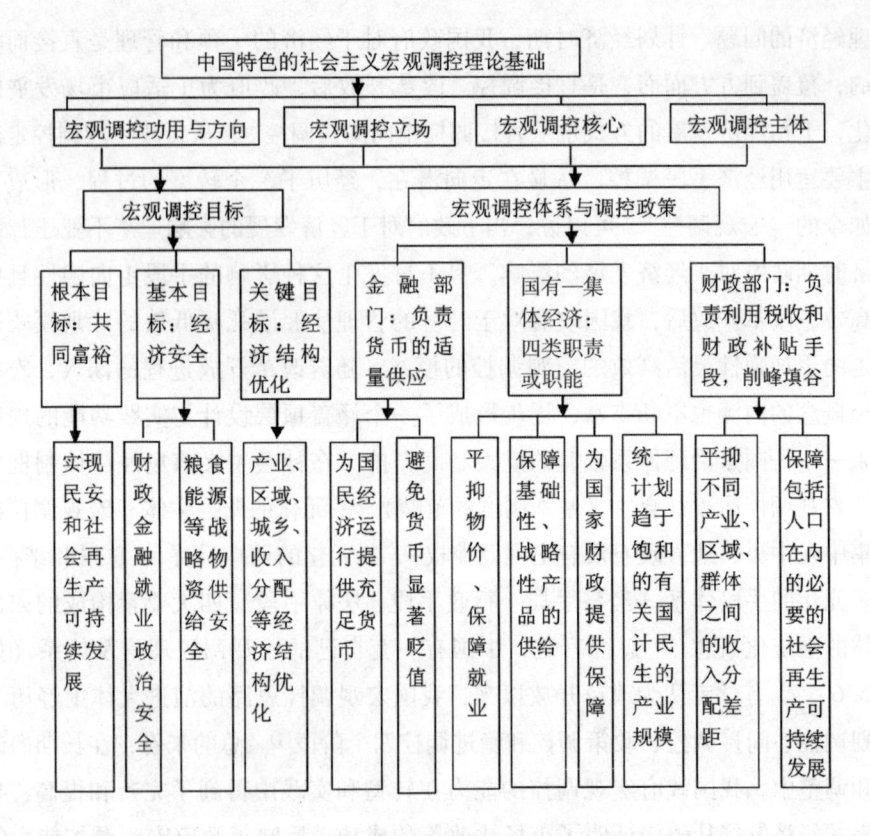

```
                      中国特色的社会主义宏观调控理论基础
           ┌──────────────┬──────────────┬──────────────┐
      宏观调控功用与方向  宏观调控立场   宏观调控核心   宏观调控主体
           │                              │
      宏观调控目标              宏观调控体系与调控政策
     ┌─────┼─────┐         ┌──────┬──────┬──────┐
   根本   基本   关键     金融部门：  国有—集体    财政部门：
   目标： 目标： 目标：   负责货币   经济：四类    负责利用税收
   共同   经济   经济     的适量供应 职责或职能    和财政补贴手
   富裕   安全   结构                              段，削峰填谷
                优化
```

图 5.6　中国特色社会主义宏观调控体系

再来看看与宏观调控能力紧密相关的政府财政支出总额的变化。从总量上看，1978年到2020年我国财政支出是不断增长的（如图5.7）。具体来看，财政支出从1978年的1122.09亿元增加到24.6万亿元。从与GDP增速的对比上看，除了少数几年，大部分时间财政支出的增长速度要高于GDP增速，这一点在1992—2012年间表现得尤为明显。财政支出的不断增加和增速高于GDP的特点反映了政府力量的强势。

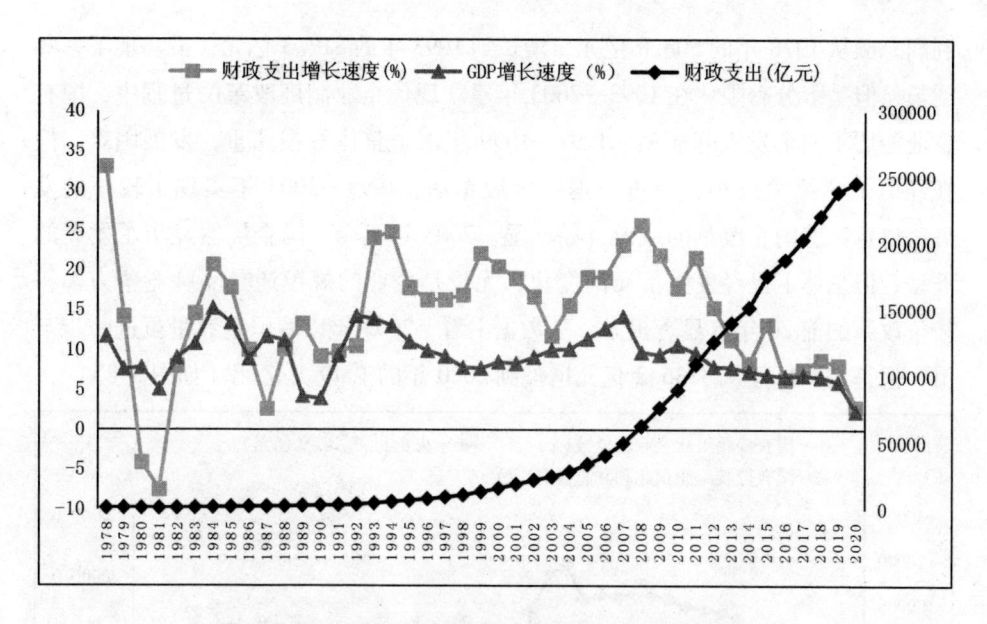

图 5.7　1978—2020 年政府财政支出与 GDP 增速情况

（右轴为财政支出，左轴为财政支出增速与 GDP 增速。数据来源：国家统计局）

最后是国有企业的发展情况。国企的发展情况与国企改革紧密相关，国企改革是我国经济体制改革的中心环节。经过 40 年改革，国企从传统的计划经济附属物，逐步转变为市场经济体制下的现代企业。国企改革也带动了整个经济体制的改革。国企改革的过程大致可以分为四个阶段。第一个阶段是以扩大国有企业自主权为主要改革内容的时期（放权让利，1978—1993 年），第二个阶段是以建立现代企业制度为主要改革内容的时期（制度创新，1993—2003 年），第三个阶段是以建立新的国有资产管理体制为主要改革内容的时期（国资监管，2003—2013 年），第四个阶段是以分类深化国有企业为主要改革内容的新时期（分类改革，2013 年至今）。[①]

从国有控股工业企业的单位数可以看到国企发展的总特征是：企业数量大幅减少的同时盈利水平大幅上升，国企的"体质"得到了显著增强。40 多年的国企改革又可以以 2000 年为界划分成两个时期，在此之前，国企数量多而盈利能力差；在此之后，国企数量大幅减少，盈利能力得到大幅提升。在 1978—1993 年间的放权让利改革让国企的活力得到一定程度的释放，国企的效率提高，

[①] 黄群慧．"新国企"是怎样炼成的——中国国有企业改革 40 年回顾［J］．China Economist，2018（01）：58-83．

利润总额从 1978 年的 508.8 亿元，增长到 1993 年的 817.3 亿元，虽实现了一些增长，但是十分有限。在 1993—2003 年建立现代企业制度改革的过程中，国有企业经历了一个发展阵痛期，1993—1999 年国企整体亏损严重，发展困难。但在经历了"抓大放小，有进有退"等改革后，1999—2003 年实现了较好的发展，也意味着国企改革的成效开始凸显。2003 年至今，国企虽然经历了发展的波动，但总体上已经发生了质的变化，无论是企业的规模还是品牌竞争力都相较于改革的前 20 年有显著提升。从数据上看，2003 年以后国企数量虽进一步下滑，但是利润总额从 3836.2 亿元增加到 2020 年的 1.49 万亿元（如图 5.8）。

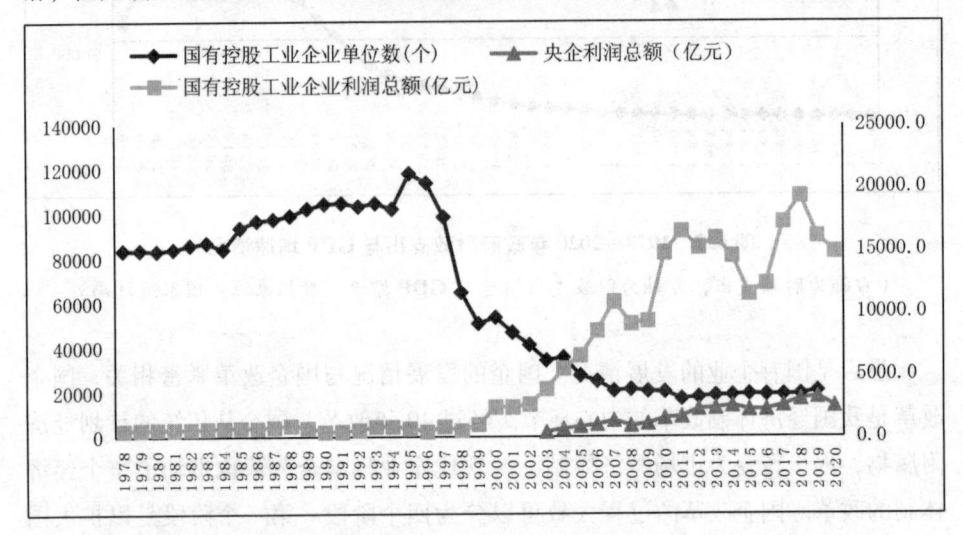

图 5.8 1978—2020 年国有控股工业企业单位数、利润总额及央企利润总额

（右轴为国有控股工业企业利润总额、央企利润总额，左轴为国有控股工业企业单位数，2020 年国有控股工业企业单位数缺失。数据来源：国家统计局）

"国企中的国企"中央企业（央企）成为国企快速发展的典型，在世界财富 500 强榜单以及主要的品牌排行榜单中均能发现其身影。2021 年财富 500 强榜单中，进入榜单前五的（国家电网、中石油、中石化）均是央企，分列是二、四、五名。在短短十几年的时间内，国企，尤其是央企能够取得这样的成绩不啻是一个奇迹性的发展。疫情之后，国企实现恢复，增速远高于 GDP 增速。2021 年上半年 1—6 月，国有企业利润总额 23883.1 亿元，同比增长 1.1 倍，两年平均增长 14.6%。其中中央企业 15865.8 亿元，同比增长 1.0 倍，两年平均增长14.2%，同比增长12.9%。[1]

结合我国经济体制改革在各个时期的主要特点，可以发现，我国政府的力量在40余年里的分布大致有以下阶段性的特点。80年代，政府延续着计划经济的体制惯性，对于经济直接干预的力度依然很强大。国企通过放权让利改革，体制得到了一定的增强，政府的财政支出也在10年间扩充了近3倍。90年代，中国确立社会主义市场经济体制的改革目标，政府的财政支出虽然在增加，但是管理经济的方式已经开始从直接的行政管控过渡到间接引导，注重发挥经济手段和法律手段，产业政策体系和宏观调控的作用并开始大规模的探索和积累经验。国企总体上先抑后扬，在90年代经历了很大的发展困难，直到90年代末期才开始慢慢走出困境。这一时期相较于上一时期，政府的力量相对稳定。2000年以后，产业政策手段趋于成熟，国企的力量显著增强，同时宏观调控的力度也在加大。面对百年之未有大变局，尤其是在国内外环境都发生巨大变化的时候，可以观察到近几年政府有形之手的力量正在逐步增强。

（三）市场力量的变化

从40多年的时间尺度来看，市场的力量是在不断加强的，私营经济的快速发展便是市场力量增强的直接体现。首先，40年里我国私营经济（主要指私营企业和个体工商户）得到了巨大的发展（如表5.8）。40年来，私营经济大致经历了萌芽和起步阶段（1978—1988年）、受挫和恢复阶段（1989—1991年）、调整和引导阶段（1992—2001年）、促进和提升阶段（2002—2007年）、冲击和成长阶段（2008—2012年）及转型和腾飞阶段（2013年至今）。[2] 40年时间里，民营经济从无到有、从小到大。数据显示，民营企业对我国GDP贡献率高达60%，提供了80%的城镇就业岗位，吸纳了70%以上的农村转移劳动力，新增就业岗位90%在民营企业，来自民营企业的税收占比超过50%，2017年，私营企业和个体工商户占全部市场主体的94.8%，从业人员达3.41亿人。[3] 改革开放后私营经济发展的分水岭是1992年，1992年在确定社会主义市场经济的改革目标之前，私营经济大体上处在萌芽发展期间。1992年之后，私营经济开始进

---

[1] 语谦. 2021年1—6月全国国有及国有控股企业经济运行情况 [EB/OL]. 国资委网站，2020 - 08 - 02.

[2] 王海兵，杨蕙馨. 中国民营经济改革与发展40年：回顾与展望 [J]. 经济与管理研究，2018（04）：3 - 14.

[3] 赵文君. 我国实有个体工商户和私营企业占全部市场主体94% [EB/OL]. 新华网，2018 - 01 - 22.

入高速发展阶段,成为市场力量得以增强的主要动力。

表5.8 私营企业和个体经济发展情况

年份	个体工商户			私营企业		
	从业人员（万人）	户数（万户）	注册资金（亿元）	户数（万户）	从业人员（万人）	注册资金（亿元）
1988	2304.9	1452.7	311.9	4.06	72.38	32.86
1991	2258	1416.8	488.2	10.8	183.9	123.2
2001	4760.3	2433	3435.8	202.9	2713.9	28200
2007	5496.2	2741.5	7350.8	551.3	7253.1	92900
2012	8628.31	4059.27	19800	1085.72	13100	311000
2016	12900	5929.95	53400	2309.2	18000	1076600

（数据来源：国家统计局）

其次，从外资企业的发展上也能看出我国市场力量的不断增强。1992年之前，外商投资总额少且平稳。1979年到1982年的外商直接投资总额是11.66亿元，1991年这一数字增加到43.66亿美元。1992年之后，外商投资总额猛增，1992年当年这一数值为110.08亿美元，1993年与1992年两年之和超越1979—1991年之和的100多亿美元。2020年虽然遭受疫情冲击和美国的持续打压，但外商直接投资金额依旧逆势增加到1443.7亿美元。从企业数量上看，外商投资企业从1992年的8.4万户增加到2019年的62.7万户（如图5.9）。无论是投资总额还是外商投资的企业数，均在1992年之后实现了快速增加。2001年我国加入世贸组织之后，又迎来了新一轮的增加高潮。

结合我国经济发展的总体情况，可以做出以下归纳。20世纪80年代，市场力量萌芽，实力相对较弱；20世纪90年代，市场经济高速发展，实力明显增强；21世纪初，市场力量得到进一步的高速扩张；21世纪10年代，宏观经济进入转型升级的发展阶段，GDP增速收窄，市场力量增加的势头也不如以往，有所弱化。

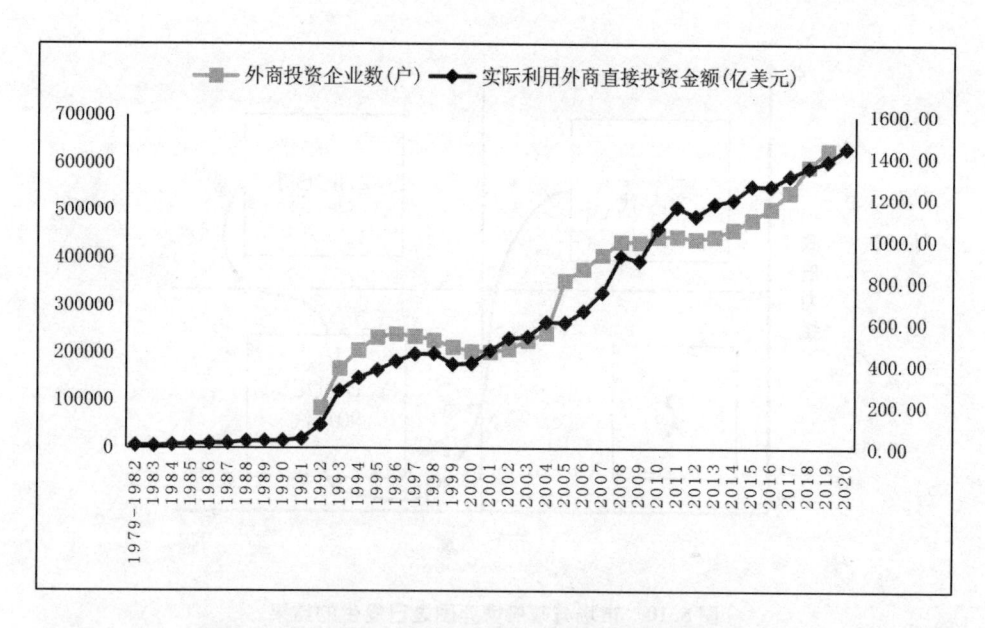

图 5.9　实际利用外商直接投资金额和外商投资企业个数

（左轴为外商投资企业户数，右轴为实际利用外商直接投资金额，部分年份数据缺失。数据来源：国家统计局）

二、市场与政府力量的博弈与汇流：已经发生的结果

市场和政府都期望中国品牌能够持续发展壮大，这是市场和政府达成共识可以合作的基点。但是在品牌发展的具体目标、速度、方向、手段等方面，市场和政府往往又具有不一样的地方。对于品牌发展的共识和实际存在的"想法差异"，构成了政府和市场合作博弈的可能性和必然性。市场的无形之手在我国品牌成长中发挥了基础性的作用，是中国品牌成长的动力引擎。市场机制依靠生产力、消费力、传播力和创新力发挥作用，驱动品牌成长。而政府的有形之手则通过战略层面的重视以及行动上对于四种力量的干预和影响、在与市场的博弈过程中实现了引导和把控品牌发展的目的。在各个时期，市场和政府的力量的强弱不同，在博弈中表现出来的状态和最终结果也不同。如果我们把市场和政府作为博弈的两个坐标向量，这两股力量的此消彼长就决定了博弈的最终结果，[①] 那我们可以得到三种已经发生的情况（如图5.10）。

[①] 本小节借鉴了黄升民和周艳对于中国媒体产业化发展的博弈分析思路，参见：黄升民，周艳.1998：力量游戏与市场整合［J］.国际广告，1999（01）：5-13.

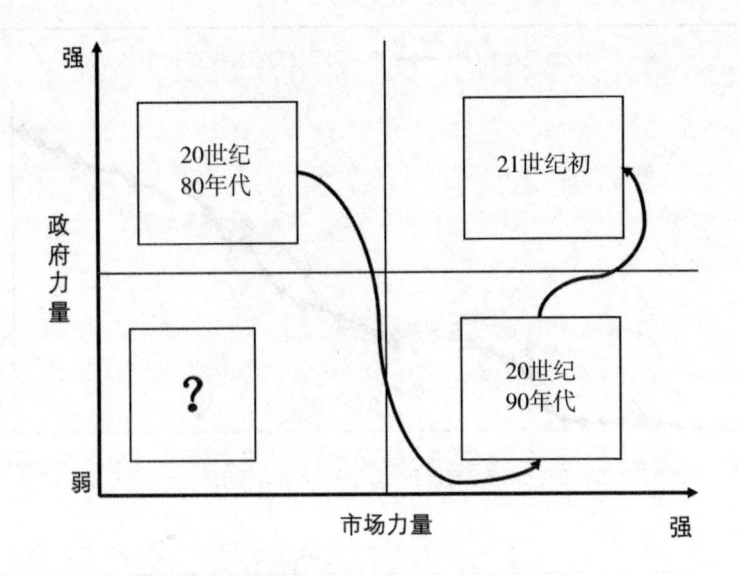

图 5.10 市场与政府博弈图之已发生的结果

（一）强政府，弱市场

强政府、弱市场的状态指的是政府保持对于经济相对强势的管控，市场的力量比较薄弱。强政府、弱市场的极端状态就是计划经济时期的中国市场状态。20 世纪 80 年代改革开放启航，由于巨大的体制惯性，中国在对于企业和品牌的管理上依旧具有很强的计划经济的特点，行政性的直接干预手段较为常见。虽然私营经济开始发展，但是实力尚弱。20 世纪 80 年代，关于计划和市场的关系始终没有得到突破性的认知，人们对于市场经济的认识也依然受到错误的意识形态因素的干扰。这一时期，市场力量虽然在增长，但依旧不是中国经济的主流，国有企业始终占据着经济结构的主要构成，政府依然对于经济施加着强大的直接干预。这一时期的品牌在市场力量得以恢复的情况下实现了重生，主要表现为国企品牌经营的恢复和民营品牌的初步发展。

（二）强市场、弱政府

强市场、弱政府指的是政府进一步放权，市场经济发展迅速之后政府与市场相对力量强弱的变化结果。进入 20 世纪 90 年代，中国确立了社会主义市场经济体制，外资大规模进入中国市场的同时，本土私营经济也开始迅速发展，市场经济发展一片火热。同时，政府开始大力转换经济管理模式，从直接式的行政干预走向依靠产业政策和宏观调控的间接式的引导，这一时期也是中国宏观调控和产业政策的起步期。而国有企业在 20 世纪 90 年代的大部分时间都面临着严重的经营困难。这时中国品牌的民营部分快速成长起来，成为诸多行业领域内中国品牌的领头羊，形成了强市场、弱政府的相对强弱的对比格局和变化趋势。

（三）强市场、强政府

强市场、强政府是指市场经济得到进一步的繁荣发展，同时国家对于经济的管理手段日渐成熟有力，重新回到一个强势的位置上。这时候，两者比较协调，政府的规划往往与市场发展的自我需求保持相当程度的一致，在政府政策得到有效贯彻的同时经济也获得了很大的发展，这是一个双赢的结果。进入2000年以后，中国加入世贸组织，融入全球市场，市场经济得到进一步的发展，民营经济发展迅猛。与此同时，政府的产业政策和宏观调控体系在经过90年代的探索之后更加系统化和科学化，国有企业也在痛苦的改革中迎来了大发展。此时的中国品牌，在政府进一步重视品牌发展的情况下，无论是国企品牌，还是民企品牌，均实现了快速成长，并开始走向国际化。但是促进品牌发展的市场、政府之间博弈也更加明显，如房地产市场的高速发展产生了泡沫化和挤压居民消费等问题，政府数次出手调控抑制房地产企业和房地产的消费，如果仅就房地产企业品牌的发展而言，这种措施是损害了品牌（尤其是品牌背后的资本）的利益的[①]。可见，在政府和市场意志不一致的情况下，品牌的发展实际上会遭受一定的挫折。

三、中国品牌未来发展的走势判断：未来博弈可能出现的结果

进入2010年以后，尤其是2013年以后，中国30多年的粗放式发展造成的结构性问题日益严峻，转型升级与经济发展的"新常态"成为关键词。这一阶段，政府进一步加大产业政策和宏观调控的力度，出台了《中国制造2025》、"一带一路"倡议、供给侧结构性改革等一系列重大政策方略，在GDP增速下滑的同时，财政支出增速始终大于或等于GDP增速。国企在改革中实现新一轮的发展，利润总额再创新高。政府对于品牌发展的重视达到了前所未有的高度。与此同时，私营经济的发展出现了放缓的势头，中美贸易战等不确定因素增强，外资在华投资同样趋缓，品牌发展的市场动力不如以往。总的来看，这一时期政府和市场力量相对强弱的变化趋势是：政府的力量在强化，市场的力量出现

[①] 如近年来中央房住不炒的新定位以及一系列调控政策实施，房地产品牌为了适应政策变化和市场发展趋势，大力开展品牌多元化经营转型，如恒大进军系能源汽车，碧桂园进军新零售、科技农业和机器人领域。如果从资本自我增殖的角度而言，品牌不过是资本如何实现更好地增殖的一种工具或手段。

了弱化的势头。那么，这种情况下的博弈有以下几种可能性（如图5.11）。

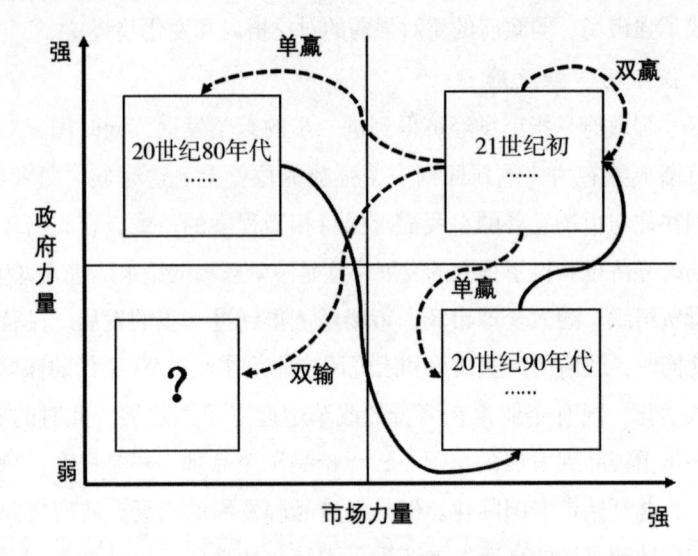

图5.11 市场与政府博弈图之未来的可能性

（注释：实线箭头表示已经发生的博弈及其结果，虚线是未来可能的博弈结果，方框中的省略号表示未来发生博弈结果的时代可能出现的位置）

（一）走向单赢的两种可能性

在当下市场与政府的博弈中，一种是我国政府继续强化自身力量，透过产业政策等一系列国家主导的手段加强对于经济的引导和"控制"，对于经济发展的直接干预倾向越来越强，而经济则在政府强有力的引导下按照政府的意图发展。这一点会有点像20世纪80年代的政府与市场的情况，这时候与政府关系紧密、顺应国家战略需要的领域和品牌或许会获得超常规的快速发展。另一种可能是，政府进一步退出一些领域并开放一些领域，进一步缩小自己的权力范围，并颁布一些利于自由竞争或者符合"竞争中性"的原则来刺激市场经济主体的自我发展，这时候政府的权力会趋小，与20世纪90年代的情况有类似之处。如果是这种博弈方向，那么结果就是国企品牌可能会走向弱化或者走向一种新的符合市场规律的强化，而民企品牌则会获得新一轮的发展。

（二）走向双赢

还有一种情况是政府能够按照市场发展需要颁布符合市场发展规律的政策或规划，与市场力量一拍即合，既能实现政府的发展意图又能实现市场发展的自身需要。政府既能够实现对市场的有效管理，市场经济又能实现快速发展。

这就是一些经济学家所言的"有为政府与有效市场"① 相结合的理想状态。这种情况是博弈的最优结果,在这种情况下,中国品牌或许能够实现最大的发展突破,政府和市场发挥协同效果,民企品牌和国企品牌获得双赢。这一点与 21 世纪初有相似之处,21 世纪初政府力量得到加强的同时市场也实现了前所未有的繁荣发展。例如,中国制造 2025 计划如果能够得到成功实施,那么高科技领域必定会涌现出一批代表性的中国品牌②。

(三) 走向双输

最坏的结果就是政府与市场双输。政府改革失败或者政策制定偏差③,产业政策等也没有发挥应有的效果④,经济发展遭受挫折,本土品牌的发展也会受到严重的打击。这种情况与陷入中等收入陷阱的拉美部分国家具有一定的相似性。与计划经济时期,中国的市场与政府实际上的双输局面也有类似之处。

在两种单赢、一种双赢和一种双输的可能性中,按照我国经济体制的特点和市场经济的发展规律,强政府弱市场、强政府强市场这两种博弈的可能性结果是最有可能成为现实的,其中最优的结果是强政府强市场,最坏的结果是双输的弱政府弱市场。当下博弈中,政府不断强化自身有形之手的力量,而市场无形之手的力量似乎没有同步跟上,中国品牌的发展也呈现出国企品牌强化、民企品牌趋弱的新特点。在接下来的政策制定和制度创新中,决策层在高度重视品牌的情况下如何实现中国品牌在国内和国外的有效发展,如何处理市场与政府的关系,依旧是非常考验政府决策层智慧的。

需要说明的是,本节的分析中市场和政府力量的对比,是对某一个阶段的相对的分析。如果从 40 多年的历史尺度来看,无论是市场还是政府的力量其实都在增强。市场经济繁荣发展,政府对于经济的"控制"能力也并未减弱,反而是随着制度创新、治理手段、政策体系等的升级而呈现出逐渐强化的趋势。但是在某一个时期,政府和市场的力量会有相对的强弱变化趋势,具体就是前文中分析的几个时期的几种强弱变化趋势的组合。

---

① 陈云贤. 中国特色社会主义市场经济:有为政府 + 有效市场 [J]. 经济研究,2019 (01):4 – 19.
② 如华为早在政府颁布规划之前就注重科技实力的培育,政府相关规划发布之后对于华为等重视核心技术创新品牌的发展是一个推动力量。
③ 以广告行业而言,为露出"天际线"对于户外广告的粗暴清理,对于广告产业的 2% 收费等。
④ 如国家对于汽车产业的高度重视以及相关的产业政策并未帮助中国汽车品牌在世界上获得应有的地位。互联网行业也是一个例证,如此前政府背景的"人民搜索"并未获得市场认可。

第六章

结论、不足与展望

第一节 主要研究结论

本书跳脱西方传统的微观定量的基于消费者视角的品牌研究主流传统,依循宏观的历史视角,采用历史分析、统计分析检验等方法对"中国企业品牌成长"这一问题进行研究。研究的主要理论在于基于历史梳理出了中国特殊市场经济环境下品牌的发展特点及其原因,发现了中国品牌在市场和政府博弈情形下的碰撞点,展示了一个中国品牌发展的可能性框架。笔者将其概括为"中国品牌成长体系",具体而言包括以下几点。

首先,品牌作为市场经济因素的产物,在改革开放后市场化为导向的转型背景下呈现出了不同于世界他国的品牌发展特点。其一,中国品牌的发展深受改革开放这一历史与现实大背景的影响。没有改革开放就没有品牌发展,改革开放的广度与深度影响着品牌发展的路径与方向,这一点是由改革开放的"市场化"导向和品牌发展的市场规律所决定的。其二,中国品牌的发展不仅仅由市场因素所主导,政府因素也深刻地发挥着其影响,这是由我国社会主义市场经济的特殊性所决定的。正是由于政府的深度介入,导致中国品牌成长过程中私企—国企两类角色的轮替与缠绕发展,也导致了中国品牌的"多元构造"特性。中国品牌发展的过去不仅仅是由市场的生产、消费等商业因素主导,也深受政府的政治因素影响。未来中国品牌的发展依旧会在"多元构造"中继续前行。其三,改革开放以来的中国品牌发展的时空是高度压缩的,中国品牌在短时间内取得了前所未有的发展成就,与世界他国的品牌发展相比,这一特点表现得尤其明显。虽然中国品牌在短时间内发展到了前所未有的高度,但也造成了很多亟待解决的品牌问题。

其次,中国品牌的成长离不开四种核心力量,即生产力、消费力、传播力和创新力的支撑。从中国品牌发展的历史中可以发现这四种核心力量支撑的表现。四力之中任何一环存在薄弱之处都会在长期或者短期内危及中国品牌的可持续发展。这四种力量不仅仅是中国品牌发展的四大动力,其实在世界他国的品牌发展中也能看到这四种力量的身影。这四种力量其实是市场作为品牌发展的动力引擎的具象化体现,这一点也是世界品牌发展的共同规律。但是由于政府的深度介入,中国品牌成长的四种动力深受政府的影响,并由此形成本书的第三点发现。

再次,中国品牌的成长是市场力量和政府力量博弈的结果。中国特殊的制度安排和国家治理体系意味着中国政府在经济发展和品牌发展中的强大的干预性和影响力。这种影响又必然会影响到品牌发展的方方面面。市场和政府博弈的焦点在于政府对于品牌发展的生产力、消费力、传播力和创新力四大要素的影响。影响和引导的主要手段包括政府在战略上对于品牌问题的逐步重视,一整套的产业政策方略影响着企业的生产力和创新力,具体表现为产业政策和创新政策对于消费的引导和把控,以及对于企业传播的规制。从某种程度上说,中国品牌的动力源除了市场这一引擎之外,还包括政府这一不可忽视的引擎。本书的核心研究发现归纳起来就是中国品牌成长的"市场—政府"双核驱动和博弈模型（如图6.1）。但是我们也可以发现,在不同的行业上,政府对于品牌发展的干预力度是不一样的,如所谓国家命脉的金融、能源等行业,政府的干预是直接而强力的,而在市场化程度较高的消费品行业,政府的干预则较为间接或力度较小。

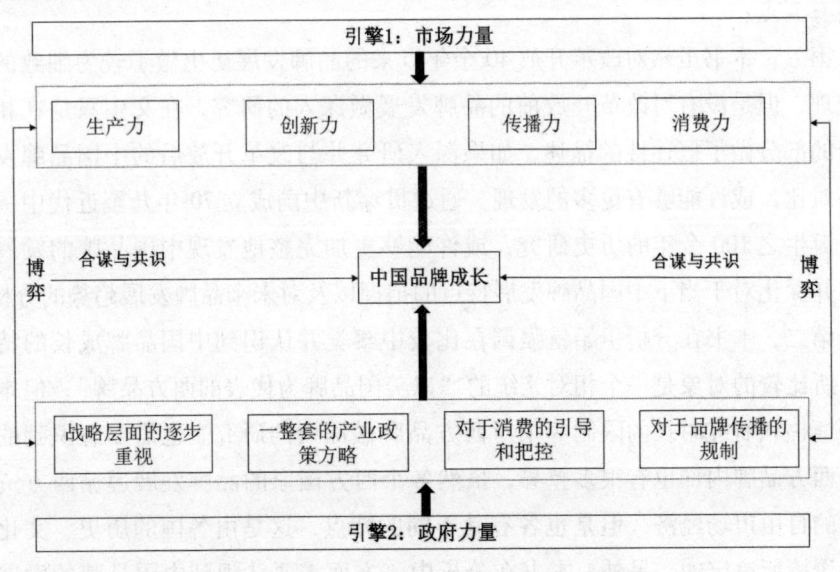

图 6.1　中国品牌成长的"市场—政府"双核驱动和博弈模型

最后，本研究还尝试提供了一个理解未来中国品牌发展的思考框架。也就是政府—市场力量强弱的不同搭配所形塑的中国品牌的发展。当下中国已经走过了上一个强政府和强市场的阶段，正在经历着政府强化、市场力量弱化的转型与调整期。未来如果改革开放能够得到落实和推进，中国品牌就可能会在下一个强政府、强市场的新阶段互相顺应的博弈中走向品牌国际化、高端化和智能化的新时代。到达这一目标的路途必然是曲折波动的，甚至可能停滞或倒退。中国品牌未来发展的最终结果如何，博弈和形塑的机制能够实现有效运转，这些都需要进一步的观察和分析。实际上，在中国品牌成长的四种力量以及政府—市场的博弈中存在着双重动态平衡，一是品牌成长与四种力量之间的动态平衡，二是市场与政府之间的动态平衡。正是在这两种动态平衡中的博弈，促使中国品牌发展至今。

第二节 研究的不足与未来展望

本书采用宏观的历史分析视角，好处是能够在较大的图景上依循历史事实把握中国品牌成长的历史脉络并探究中国品牌成长的内在规律。然而也存在过于宏观，对于细节把握不足，思维不够缜密等问题。总而言之本书的研究不足主要有五点：

第一，本书虽然对改革开放40余年以来的品牌发展历史做了较为细致的历史梳理，但是没有对改革开放前的品牌发展做深入的研究，在文中只是在相应涉及的部分做了概述性的描述，如果深入研究并与改革开放后的中国品牌发展相互对比，或许能够有更多的发现。通过贯穿新中国成立70年乃至近代中国品牌自诞生之100余年的历史研究，或许能够更加完整地发现中国品牌的发展脉络，并深化对于当下中国品牌发展特点的把握以及对未来品牌发展趋势的分析。

第二，本书在分析伊始就强调在比较中察觉并认识到中国品牌成长的特殊性。所比较的对象是一个相对笼统的"以美国品牌为代表的西方品牌"，但本书限于篇幅和研究时长的限制并未对西方品牌做深入的研究。也需要意识到的问题是西方品牌内部也有很多差异，虽然各个西方国家的品牌发展遵循西方资本主义的自由市场经济，但是也各有其不同的特点，这是由各国的历史、文化和社会语境所决定的。另外，本书在分析中一方面需要认识到中国品牌的发展确实存在特殊性，但另一方面也不能过于强调特殊性，要避免滑入狭隘的学术民族中心主义①。在特殊性和普遍性的张力之间，限于作者研究水平，在处理中必然会有不当之处。

第三，在具体的研究方法上，本书使用了实证统计数据检验的方法，但在各个指标的概念化和操作化上相对简单，尤其对各个指标的多级维度以及权重并没有进行深入细致的研究。只是在一个基本的层面上加以设定并检验。如果能够更加深入地构建一个指标体系，确定各个指标的权重，并辅以联系性品牌相关统计数据以及多个实证个案分析，那么研究的系统性和可靠性会进一步增强。

第四，本书在宏观理论上提供了一个可能的分析框架，并对未来做了一些推演。其中一个重要的研究结论和推演未来发展的前提是政府对于品牌发展的深刻影响，并实实在在地通过多种可观察得到的手段来实现。然而政府影响是一个较为宏大的概念，落到具体品牌成长层面的时候，中间其实是存在着一个传导机制，本书虽然做出了一定的分析和归纳，但依旧还有很多未深入分析的细微之处，如政府对于各行业品牌发展的影响是什么样的？有没有可能对某一类品牌发展影响有效，而另一类无效？等等，还需要留待以后进行分析。

第五，由于本研究的宏大性，涉及相当多的经济学、社会学、政治学等超出笔者知识掌握之外的学科知识。笔者在分析中虽然努力加以学习，但仍不免存在理解错误或者疏漏之处。如在政府和市场力量的博弈分析中，关于市场力量和政府力量笔者虽然给予了一个粗略的定义和操作化的比较框架，但具体分析中仍不免存在疏漏。

研究的不足指明了未来研究和努力的方向。第一，本研究更多的是一个偏探索性、概念性和历史性的宏观研究。未来的研究可以接续本研究，在量化实证层面加以细化，并落到微观层面进一步进行探讨。如以一个更加体系化的、量化的指标分析体系来构建中国品牌在企业层面和国家层面的成长测量体系；第二，强化对比研究的力度以求获得更多的发现。如强化国际视野（空间维度）的对比。中国品牌成长在世界上独树一帜，如何在全球视野下更好地考察中国品牌成长的规律和未来发展的走向？一是，更好地站在全球看中国。二是，强化历史视野（时间维度）上的对比，如改革开放之后的品牌发展与改革开放之

---

① 这里涉及学术的本土化和主体性的问题，这一点在传播学、社会学等学科中多有讨论。根据作者观察，品牌研究的本土化或主体性问题同样也值得讨论。

前的品牌发展之间的对比。未来研究要加强对比研究，在对比中发现问题，揭示方向和规律；第三，本书研究的是作为集合的"中国品牌"，但是中国品牌也可以从规模和属性等方面细分为很多种，它们内部的差异性很大。将来可以顺着博弈成长的思路来分析某一类甚至某一个品牌的发展，加入一个或者多个个案研究；第四，过往学者往往很少关注到中国政府对于中国品牌发展的影响，本书直接点出并做了一些分析。但本书关于政府影响品牌发展的问题仅仅是做了一个基本的框架式的分析，未来还需要更深入细致的研究。

行文至此，其实依旧需要进一步的反思。其一，改革开放以来中国品牌的成长实践真是一个迥异于他国品牌发展的特殊现象吗？这是中国品牌成长的特殊性还是普遍性问题。从本书的研究结果来看，中国品牌的成长确实有着自身的特色，这其实是中国特殊市场经济发展的一种表现。但作为市场因素的结果，中国品牌的发展又有其与世界他国品牌发展共同遵循的一般规律。理解中国品牌的发展，除了一般性的市场因素之外，还需要意识到中国品牌发展的特殊性，主要表现为政府的参与以及其与市场因素的博弈。或许如同中国的经济发展一般，中国的品牌发展也可以为其他国家提供实际行得通的经验借鉴①。

其二，源自西方的品牌理论能够在多大程度上解释中国品牌的发展？这是外来理论本土适用性的问题，或者说是品牌理论本土化的问题。西方外来理论与中国语境的对接程度和维度亟待重新思考。改革开放之后中国的社会科学理论体系大多从西方，尤其是从美国引入，广告学、品牌学、传播学等无一不深受美国理论经验的影响。但在经过40多年的学习和吸收之后，也须意识到西方理论与研究范式也存在瓶颈。社会学、经济学、管理学、营销学、传播学等社会科学领域的中国学者正在思考这一问题，并引发了诸多讨论，国外的学者同样也在反思他们的范式和理论②。就品牌理论而言，西方的主流范式多是微观的，实证的和定量的，这种范式的形成有其学科制度建构和知识社会学的内在逻辑，总的来说，与其形成所在的更加宏观的社会、政治、市场经济和文化背景密切相关。对此，中国的品牌研究一方面需要继续借鉴和学习，这是过去40

---

① 如林毅夫所总结和提倡的基于中国经济发展经验的"新结构经济学"，学界对此也存在争议，但不失为一个很好的尝试。

② 如，HEALY K. Fuck nuance [J]. Sociological Theory, 2017, 35 (2)：118 - 127；TOURISH D. The triumph of nonsense in management studies [J]. Academy of Management Learning & Education, 2019 (ja)；LEE C. Involution and vacuum：Comments on mainstream US media studies [J]. International Communication Gazette, 2016, 78 (7)：657 - 662.

余年的主要工作之一；另一方面，就未来而言，则更需要意识到其短板和蕴含其中的难以发现的，甚至是习惯成自然的价值观和理论预设所在，了解其短板，在具备历史脉络和全球视野①的基础上尝试发展基于本土经验的品牌理论，这样或许对本土品牌的发展会更具参考价值。

---

① 李金铨. 传播纵横：历史脉络与全球视野[M]. 北京：社会科学文献出版社，2019.

参考文献

一、中文文献

(一) 专著类

[1] 詹姆斯·柯比·马丁,兰迪·罗伯茨,史蒂文·明茨,等. 美国史 [M]. 范道丰,柏克,曹大鹏,等译. 北京:商务印书馆,2012.

[2] 吕殿平,李晓静,余元冠. 现代企业管理学 [M]. 北京:中国社会科学出版社,2005.

[3] 伊丹敬之,加护野忠男. 经营学入门(第三版)[M]. 黄赛芳,张叶秋晓,黄雪琴,译. 北京:华夏出版社,2019.

[4] 菲利普·科特勒. 市场营销管理 [M]. 郭国庆,等译. 北京:中国人民大学出版社,1997.

[5] 小威廉·D. 佩罗特,尤金尼·E. 麦卡锡. 基础营销学(第15版)[M]. 胡修浩,译. 上海:上海人民出版社,2006.

[6] 威廉·阿伦斯,戴维·谢弗,迈克尔·魏戈尔德. 广告学 [M]. 丁俊杰,钟静,康瑾,译. 北京:中国人民大学出版社,2014.

[7] 凯文·莱恩·凯勒. 战略品牌管理(第4版)[M]. 吴水龙,何云,译. 北京:中国人民大学出版社,2014.

[8] 舒咏平. 品牌传播教程 [M]. 北京:北京师范大学出版社,2013.

[9] 大卫·奥格威. 大卫·奥格威自传 [M]. 麦慧芬,译. 海口:海南出版社,2004.

[10] 菲利普·科特勒,加里·阿姆斯特朗. 市场营销:原理与实践(第16版)[M]. 楼尊,译. 北京:中国人民大学出版社,2016.

[11] 艾·里斯,劳拉·里斯. 品牌22律 [M]. 寿雯,译. 北京:机械工

业出版社，2017.

[12] 让·诺尔·卡菲勒. 战略性品牌管理 [M]. 王建平，曾华，译. 北京：商务印书馆，2000.

[13] 汤姆·邓肯等. 品牌至尊 [M]. 廖宜怡，译. 北京：华夏出版社，2000.

[14] 余明阳，朱纪达，肖俊菘. 品牌传播学 [M]. 上海：上海交通大学出版社，2005.

[15] 大卫·阿克，爱里克·乔基姆塞勒. 品牌领导 [M]. 耿帅，译. 北京：机械工业出版社，2017.

[16] 艾丽丝·M. 泰伯特等. 凯洛格品牌论 [M]. 刘凤瑜，译. 北京：人民邮电出版社，2006.

[17] 唐·舒尔茨，海蒂·舒尔茨. 唐·舒尔茨论品牌 [M]. 高增安，赵红，译. 北京：人民邮电出版社，2005.

[18] 大卫·阿克. 管理品牌资产 [M]. 奚卫华，译. 北京：机械工业出版社，2006.

[19] 约翰·菲利普·琼斯. 广告与品牌策划 [M]. 孙连勇，李树荣，译. 北京：机械工业出版社，1999.

[20] 万后芬，周建设. 品牌管理 [M]. 北京：清华大学出版社，2006.

[21] 何佳讯. 品牌形象策划：透视品牌经营 [M]. 上海：复旦大学出版社，2000.

[22] 罗子明. 品牌传播研究 [M]. 北京：企业管理出版社，2015.

[23] 莱斯利·德·彻纳东尼. 品牌制胜——从品牌展望到品牌评估 [M]. 蔡晓煦，等译. 北京：中信出版社，2002.

[24] 何佳讯. 战略品牌管理：企业与顾客协同战略 [M]. 北京：中国人民大学出版社，2021.

[25] 张锐，张燚. 品牌学——品牌理论基础与学科发展 [M]. 北京：中国经济出版社，2007.

[26] 让·诺尔·卡普费雷尔. 战略品牌管理（第5版）[M]. 何佳讯，等译. 北京：中国人民大学出版社，2020.

[27] C. 赖特·米尔斯. 社会学的想象力 [M]. 李康，译. 北京：北京师范大学出版社，2017.

[28] 卢泰宏. 品牌思想简史 [M]. 北京：机械工业出版社，2020.

[29] 聂晓梅. 品牌帝国——跨学科视角下美国品牌形象理论演进 [M]. 北京：清华大学出版社, 2015.

[30] 道格拉斯·霍尔特, 道格拉斯·卡. 文化战略——以创新的意识形态构建独特的文化品牌 [M]. 汪凯, 译. 北京：商务印书馆, 2013.

[31] 马克·贝特. 品牌的本质 [M]. 李桂华, 译. 北京：经济管理出版社, 2015.

[32] 帕克, 黛博拉·麦金尼斯, 安德列亚斯·艾森格里奇. 品牌崇拜——打造受人爱戴的商业帝国 [M]. 周志民, 张宁, 译. 北京：华夏出版社, 2019.

[33] 黄合水, 雷莉. 品牌与广告的实证研究 [M]. 北京：北京大学出版社, 2006.

[34] 郑锐洪. 中国营销理论与学派 [M]. 北京：首都经济贸易大学出版社, 2010.

[35] 顾雷雷. 中国品牌管理理论研究 [M]. 北京：经济科学出版社, 2018.

[36] 杜国清. 广告即战略——品牌竞合时代的战略广告观 [M]. 北京：中国传媒大学出版社, 2004.

[37] 孔繁任, 熊明华. 中国营销报告：1978—2001 [M]. 北京：光明日报出版社, 2001.

[38] 何佳讯, 卢泰宏. 中国营销25年 (1979—2003) [M]. 北京：华夏出版社, 2004.

[39] 晁钢令. 中国市场营销发展报告 [M]. 上海：上海财经大学出版社, 2005.

[40] 胡百精. 中国公共关系史 [M]. 北京：中国传媒大学出版社, 2014.

[41] 吴晓波. 激荡四十年：中国企业 1978—2018 [M]. 北京：中信出版社, 2017.

[42] 中国企业史编辑委员会. 中国企业史现代卷 [M]. 北京：企业管理出版社, 2002.

[43] 陈素白. 转型期中国城市居民消费变迁 (1978至今) [M]. 厦门：厦门大学出版社, 2016.

[44] 孙骁骥. 购物凶猛——20世纪中国消费史 [M]. 北京：东方出版社, 2019.

[45] 董俊祺. 中国消费四十年 [M]. 北京: 社会科学文献出版社, 2021.

[46] 刘佳佳, 王昕. 中国广告公司四十年 [M]. 北京: 社会科学文献出版社, 2020.

[47] 许正林, 沈国梁等. 新中国品牌七十年简史 [M]. 上海: 上海书画出版社, 2019.

[48] 罗纳德·哈里·科斯, 王宁. 变革中国: 市场经济的中国之路 [M]. 徐尧, 李哲民, 译. 北京: 中信出版社, 2013.

[49] 张厚义, 明立志. 中国私营企业发展报告 (1978—1998) [M]. 北京: 社会科学文献出版社, 1999.

[50] 汪海波. 新中国工业经济史 (第三版) [M]. 北京: 经济管理出版社, 2017.

[51] 王菲, 倪宁, 等. 日本企业在华广告20年 [M]. 北京: 中国轻工业出版社, 2004.

[52] 中国经济体制改革研究所微观经济研究室. 改革中的市场制度和企业制度 [M]. 成都: 四川人民出版社, 1988.

[53] 彭森, 陈立. 中国经济体制改革重大事件 [M]. 北京: 中国人民大学出版社, 2008.

[54] 崔保国. 中国传媒产业发展报告 (2018) [M]. 北京: 社会科学文献出版社, 2018.

[55] 王辉耀, 苗绿. 中国企业全球化报告 (2017) [M]. 北京: 社会科学文献出版社, 2017.

[56] 马晓河. 中国产业结构变动与产业政策演变 [M]. 北京: 中国计划出版社, 2009.

[57] 科尔纳. 短缺经济学 [M]. 张晓光, 李振宁, 黄卫平, 译. 北京: 经济科学出版社, 1986.

[58] 吴仁洪. 中国产业结构动态分析 [M]. 杭州: 浙江人民出版社, 1990.

[59] 经济学家情报社. 跨国公司在中国——赢家和输家 [M]. 北京: 新华出版社, 2000.

[60] 申光龙. 整合营销传播战略管理 [M]. 北京: 中国物资出版社, 2001.

[61] 黄升民. 黄升民自选集——史与时间 [M]. 上海: 复旦大学出版

社，2004.

[62] 尹世杰. 消费力经济学（修订版）[M]. 成都：西南财经大学出版社，2010.

[63] 刘建明. 当代新闻学原理 [M]. 北京：清华大学出版社，2003.

[64] 约瑟夫·熊彼特. 经济发展理论 [M]. 何畏，易家祥，等译. 北京：商务印书馆，2017.

[65] 道格拉斯·C. 诺斯. 制度、制度变迁与经济绩效 [M]. 杭行，译. 上海：格致出版社，上海三联书店，上海人民出版社，2014.

[66] 汪同三. 中国品牌战略发展报告（2016）[M]. 北京：社会科学文献出版社，2016.

[67] 吴晓波. 历代经济变革得失 [M]. 杭州：浙江大学出版社，2013.

[68] 王绍光，胡鞍钢. 中国国家能力报告 [M]. 沈阳：辽宁人民出版社，1993.

[69] 李金铨. 传播纵横：历史脉络与全球视野 [M]. 北京：社会科学文献出版社，2019.

[70] 国家统计局工业统计司. 中国工业经济统计年鉴2012 [M]. 北京：中国统计出版社，2012.

（二）期刊论文类

[1] 黄升民，张驰. 改革开放四十年中国企业品牌的成长动力考察 [J]. 现代传播，2018（09）.

[2] 张驰. 新起点上的中国品牌：历史、机遇与走向 [J]. 现代广告，2021（08）.

[3] 卢泰宏，谢飙，罗淑玲，等. 我国自创品牌的进展与展望 [J]. 中山大学学报（社会科学版），1996（03）.

[4] 卢泰宏. "名牌"一词使用中的缺陷与问题 [J]. 品牌研究，2016（01）.

[5] 金星晔，管汉晖，李稻葵，等. 中国在世界经济中相对地位的演变（公元1000—2017年）——对麦迪逊估算的修正 [J]. 经济研究，2019（07）.

[6] 卢泰宏，吴水龙，朱辉煌，等. 品牌理论里程碑探析 [J]. 外国经济与管理，2009（01）.

[7] 舒咏平. 品牌即信誉主体与信任主体的关系符号 [J]. 品牌研究，2016（01）.

[8] 张树庭. 论品牌作为消费交流的符号 [J]. 现代传播, 2005 (03).

[9] 胡晓云. "品牌"定义新论 [J]. 品牌研究, 2016 (02).

[10] 张锐, 张燚, 周敏. 论品牌的内涵与外延 [J]. 管理学报, 2010 (01).

[11] 余明阳, 舒咏平. 论"品牌传播"[J]. 国际新闻界, 2002 (03).

[12] 吴水龙. 公司品牌对产品评价影响研究的新进展 [J]. 外国经济与管理, 2009 (12).

[13] 吴水龙, 卢泰宏, 蒋廉雄. 公司品牌研究述评 [J]. 外国经济与管理, 2009 (03).

[14] 卢泰宏, 周志民. 基于品牌关系的品牌理论——研究模型及展望 [J]. 商业经济与管理, 2003 (02).

[15] 李东, 邢振超. 四种营销传播理论的比较——从USP论、品牌形象论、定位论到IMC理论 [J]. 学术交流, 2006 (11).

[16] 何佳讯. 品牌与品牌化研究的取向、格局及趋势 [J]. 品牌研究, 2016 (02).

[17] 郑锐洪. 我国营销学界理论研究主题重心的形成——基于学术论文的内容分析 [J]. 中国流通经济, 2010 (10).

[18] 郑锐洪, 郭国庆. 我国营销学主题研究的发展趋势——来自两大基金资助项目的证据 [J]. 企业经济, 2010 (08).

[19] 邵隆图, 唐仁承. 强化品牌印象是商品广告活动的主题——露美化妆品营销决策 [J]. 中国广告, 1986 (04).

[20] 李桂华, 李晨曦, 李楠. 中国大陆品牌管理研究现状及发展趋势——基于国内主要期刊论文的内容分析 [J]. 品牌研究, 2016 (03).

[21] 韩红星, 覃玲. 我国品牌学术研究的布局与态势——基于三大基金立项项目的考察 [J]. 品牌研究, 2016 (06).

[22] 张驰, 黄升民. 中国品牌发展的反思 [J]. 新闻与传播评论, 2019 (01).

[23] 刘世定, 邱泽奇. "内卷化"概念辨析 [J]. 社会学研究, 2004 (05).

[24] 李金铨. 传播研究的典范与认同 [J]. 书城, 2014 (02).

[25] 王海忠. 中国品牌演进阶段的划分及其公共政策启示 [J]. 中山大学学报（社会科学版）, 2015, 55 (04).

[26] 邹晓涓. 1978年以来中国乡镇企业发展的历程回顾与现状解析 [J]. 石家庄经济学院学报, 2011 (02).

[27] 中国社会科学院经济研究所居民行为课题组. 居民的消费选择与国民经济成长 [J]. 经济研究, 1988 (01).

[28] 杨欢. 市场诱入、政府推动与结构形塑——改革开放以来四次官员"下海潮"的内在机理 [J]. 甘肃理论学刊, 2017 (04).

[29] 张卓元. 中国经济四十年市场化改革的回顾 [J]. 经济与管理研究, 2018 (03).

[30] 杨来科, 廖春. 近年来我国总需求萎缩的体制背景分析 [J]. 河南大学学报 (社会科学版), 2001 (06).

[31] 胡百精. 合法性、市场化与20世纪90年代中国公共关系史纲——中国现代公共关系三十年 (中) [J]. 当代传播, 2013 (05).

[32] 厉以宁. 谁是"九二派" [J]. 中国经济周刊, 2012 (27).

[33] 张驰, 黄升民. 国有企业品牌70年——历史演进与未来展望 [J]. 新闻与传播评论, 2020 (01).

[34] 赵寰. 中国企业品牌国际化的传播历程及发展路径探析 [J]. 渤海大学学报 (哲学社会科学版), 2015 (02).

[35] 初广志. 整合营销传播在中国的研究与实践 [J]. 国际新闻界, 2010 (03).

[36] 陈云贤. 中国特色社会主义市场经济: 有为政府+有效市场 [J]. 经济研究, 2019 (01).

[37] 金碚. 中国经济70年发展新观察 [J]. 社会科学战线, 2019 (06).

[38] 李佛关, 郭守亭. 世界品牌的分布与国家经济实力关联研究——基于2000—2009年美日德法英五国的面板数据 [J]. 经济与管理研究, 2012 (06).

[39] 王分棉, 刘勇. 中国品牌成长的区域性差异及其影响因素研究——基于《中国500最具价值品牌》的实证分析 [J]. 中央财经大学学报, 2013 (06).

[40] 王小军, 马春光, 张鸿. 跨国公司、消费者与中国品牌成长——基于省际面板数据的门槛回归分析 [J]. 国际贸易问题, 2014 (06).

[41] 程立茹, 王分棉. 对外开放度、经济增长、市场规模与中国品牌成长——基于省际面板数据的门槛回归分析 [J]. 国际贸易问题, 2013 (12).

[42] 齐永智, 闫瑶. 品牌价值链视角的品牌权益演进与影响 [J]. 经济问

题, 2018 (08).

[43] 杜建刚, 陈昱润, 曹花蕊. 基于 Meta 分析的品牌资产前置要素整合研究 [J]. 南开管理评论, 2019 (06).

[44] 王俊峰, 程天云. 技术创新对品牌价值影响的实证研究 [J]. 软科学, 2012 (09).

[45] 刘建华, 李园园, 段坤, 等. 董事会特征、创新投入与品牌价值——基于内生性视角的实证研究 [J]. 管理评论, 2019 (12).

[46] 蒋廉雄, 冯睿, 朱辉煌, 等. 利用产品塑造品牌: 品牌的产品意义及其理论发展 [J]. 管理世界, 2012 (05).

[47] 李勇坚. 中国服务业改革 40 年——经验与启示 [J]. 经济与管理研究, 2018 (01): 25.

[48] 金碚, 吕铁, 邓洲. 中国工业结构转型升级——进展、问题与趋势 [J]. 中国工业经济, 2011 (02).

[49] 李晓华, 李雯轩. 改革开放 40 年中国制造业竞争优势的转变 [J]. 东南学术, 2018 (05).

[50] 杨丹辉. 对外开放四十年——中国的模式与经验 [J]. China Economist, 2018 (04).

[51] 黄群慧, 贺俊. 中国制造业的核心能力、功能定位与发展战略——兼评《中国制造 2025》[J]. 中国工业经济, 2015 (06).

[52] 凌永辉, 刘志彪. 中国服务业发展的轨迹、逻辑与战略转变——改革开放 40 年来的经验分析 [J]. 经济学家, 2018 (07).

[53] 李计广, 王红梅, 张娟. 改革开放四十年对外贸易在我国经济中的角色变迁和展望 [J]. 国际贸易, 2018 (07).

[54] 赵伟. 中国对外贸易 40 年: 政策回顾与展望 [J]. 世界经济研究, 2019 (02).

[55] 姚曦, 李娜. 中国品牌传播研究的学科知识可视化分析 [J]. 现代传播, 2018 (05).

[56] 丁俊杰, 王昕. 中国广告观念三十年变迁与国际化 [J]. 国际新闻界, 2009 (05).

[57] 姚曦, 翁祺. 中国广告产业四十年的回顾与思考 [J]. 新闻爱好者, 2019 (04).

[58] 王薇. 中国传媒产业 40 年发展历程及动因 [J]. 未来传播, 2019

(01).

［59］刘珊，黄升民．人工智能：营销传播"数算力"时代的到来［J］．现代传播，2019（01）．

［60］赵新利．对"中国魔水"品牌故事的考证与思考［J］．品牌研究，2018（06）．

［61］荆学民，冯涛．探索品牌传播与政治传播良性互动的新境界［J］．新闻大学，2016（01）．

［62］黄升民，畅榕．品牌创出与投标反思——中央电视台广告招标机制解析．现代广告［J］，1999（10）．

［63］黄升民，王春美．回顾与解读：CCTV广告招标十三年［J］．广告研究（理论版），2006（06）．

［64］金碚，黄群慧．"新型国有企业"现象初步研究［J］．中国工业经济，2005（6）．

［65］玄兆辉，吕永波．中国企业研发投入现状与问题研究［J］．中国科技论坛，2013（06）．

［66］王娟．对外开放与技术创新——基于改革开放四十年的经验［J］．经济体制改革，2018（05）．

［67］王春法．中国科技全球化政策40年［J］．科学学研究，2018（12）．

［68］于文浩．改革开放40年中国国家创新体系的路径选择与启示［J］．南京社会科学，2018（09）．

［69］安琪，张驰．改革开放以来中国品牌技术创新历程回顾［J］．国际品牌观察，2019（02）．

［70］于东．生产力先进性的定量分析［J］．生产力研究，2007（06）．

［71］安同良，魏婕，舒欣．中国制造业企业创新测度——基于微观创新调查的跨期比较［J］．中国社会科学，2020（03）．

［72］杜飞进．论政府与市场［J］．哈尔滨工业大学学报（社会科学版），2014（02）．

［73］黄宗智．国家—市场—社会：中西国力现代化路径的不同［J］．探索与争鸣，2019（11）．

［74］黄宗智．建立前瞻性的实践社会科学研究：从实质主义理论的一个重要缺点谈起［J］．开放时代，2020（01）．

［75］谢宇．认识中国的不平等［J］．社会，2010（03）．

[76] 吕艳丹,张亚萍.国家形象建构中的自主品牌顶层传播战略研究——以国家领导人为载体的品牌传播模型与机制[J].现代传播,2015(04).

[77] 甘世勇,舒咏平.习近平讲话中有关品牌观点的学习与解读[J].现代传播,2017(07).

[78] 黄群慧.中国产业政策的根本特征与未来走向[J].探索与争鸣,2017(01).

[79] 江飞涛,李晓萍.改革开放四十年中国产业政策演进与发展——兼论中国产业政策体系的转型[J].管理世界,2018(10).

[80] 徐卫华.我国广告法制建设四十年——分期、特点及成果[J].浙江传媒学院学报,2018,25(06)

[81] 宋文月,任保平.改革开放40年我国产业政策的历史回顾与优化调整[J].改革,2018(12).

[82] 韩英.改革开放30年我国消费政策的演变与未来政策构建[J].市场论坛,2008(11).

[83] 李新慧,谢佳伟.建国以来我国消费政策的变迁与启示[J].理论界,2005(08).

[84] 陈兵.改革开放40年消费者法嵌于市场经济发展的嬗变与展望[J].学术论坛,2018(05).

[85] 李计广,张汉林,桑百川.改革开放三十年中国对外贸易发展战略回顾与展望[J].世界经济研究,2008(06).

[86] 邓敏,王清.改革开放30年:我国外贸法律法规的回顾与展望[J].国际贸易问题,2009(02).

[87] 曾学文,施发启,赵少钦,董晓宇.中国市场化指数的测度与评价:1978—2008[J].中国延安干部学院学报,2010(04).

[88] 张勇.宏观调控:中国社会主义经济学的重要概念[J].甘肃社会科学,2017(06).

[89] 方福前.我国宏观调控思路的历史性进展[J].理论探索,2019(01).

[90] 黄群慧."新国企"是怎样炼成的——中国国有企业改革40年回顾[J].China Economist,2018(01).

[91] 王海兵,杨蕙馨.中国民营经济改革与发展40年——回顾与展望[J].经济与管理研究,2018(04).

[92] 黄升民，周艳．1998：力量游戏与市场整合［J］．国际广告，1999(01)．

(三) 学位论文类

[1] 杨婷．1981—2005，中国广告关键词解析［D］．上海：上海师范大学，2006．

[2] 张锐．基于知识图谱的中国品牌理论演进研究［D］．徐州：中国矿业大学，2013．

[3] 仪丽君．1997—2006 中国品牌理论发展实证研究报告［D］．武汉：华中科技大学，2007．

[4] 万芸．新中国品牌发展的历史回顾及思考［D］．太原：山西大学，2007．

[5] 吕艳丹．中国当代企业品牌经营发展历程研究［D］．北京：中国传媒大学，2017．

[6] 郭丽娜．我国企业多元化经营战略的问题研究［D］．南昌：江西财经大学，2001．

[7] 张善轩．企业营销组织研究［D］．北京：中国社会科学院研究生院，2001．

[8] 唐兵．建国以来中国消费者行为变迁研究［D］．成都：西南财经大学，2010．

[9] 张倩．央视广告招标十八年传播策略分析［D］．太原：山西大学，2013．

[10] 徐晓林．基于属性坐标评估与决策法的企业生产力指标体系的研究［D］．上海：上海海运学院，2002．

[11] 王红梅．对外贸易在我国经济增长中作用变迁的影响因素研究［D］．北京：对外经济贸易大学，2019．

二、英文文献

[1] SCHULTZ D，BARNES B. Strategic Brand Communication Campaigns [M]. Lincolnwood：NTC Business Books，1999.

[2] GOBE M. Citizen brand：10 commandments for transforming brands in a consumer democracy [M]. New York：Simon and Schuster，2006.

[3] Ar A, KARA A. Country of production biases on consumer perceptions of global brands: Evidence from an emerging market [J]. Journal of Global Marketing, 2012 (3).

[4] KHAN S, MUFTI O. The hot history & cold future of brands [J]. Journal of Managerial Sciences, 2007 (1).

[5] STARCEVIC S. The Origin and Historical Development of Branding and Advertising in the Old Civilizations of Africa, Asia and Europe [J]. Marketing, 2015 (3).

[6] STERN B. What does brand mean? Historical - analysis method and construct definition [J]. Journal of the academy of marketing science, 2006 (2).

[7] GARDNER B, Levy S. The Product and the Brand [J]. Harvard Business Review, 1955 (3-4).

[8] CONEJO F, WOOLISCROFT B. Brands defined as semiotic marketing systems [J]. Journal of Macromarketing, 2015 (3).

[9] MAURYA K, MISHRA P. What is a brand? A Perspective on Brand Meaning [J]. European Journal of Business and Management, 2012 (3).

[10] MERZ M, HE Y, VAEGO S. The evolving brand logic: a service - dominant logic perspective [J]. Journal of the Academy of Marketing Science, 2009 (3).

[11] LOW G, FULLERTON R. Brands, brand management, and the brand manager system: A critical - historical evaluation [J]. Journal of marketing research, 1994 (2).

[12] SUJAN M. Consumer knowledge: Effects on evaluation strategies mediating consumer judgments [J]. journal of Consumer Research, 1985 (1).

[13] BERRY N. Revitalizing brands [J]. Journal of consumer marketing, 1988 (3).

[14] BARWISE P. Brand equity: snark or boojum? [J]. International Journal of Research in Marketing, 1993 (1).

[15] FARQUHAR P. Managing brand equity [J]. Marketing research, 1989 (3).

[16] BLACKSTON M. Observations: Building brand equity by managing the brand's relationships [J]. Journal of advertising research, 1992, (3).

[17] KELLER K. Conceptualizing, measuring, and managing customer - based

brand equity [J]. Journal of marketing, 1993 (1).

[18] RUEKERT R, RAO A. Brand alliances as signals of product quality [J]. Sloan management review, 1994 (1).

[19] AAKER J. Dimensions of brand personality [J]. Journal of marketing research, 1997 (3).

[20] FOURNIER S. Customer and their brand: developing relationship theory in customers research [J]. Journal of Consumer Research, 1998 (4).

[21] GOMMANS M, KRISHMAN K, SCHEFFOLD K. From brand loyalty to e – loyalty: A conceptual framework [J]. Journal of Economic & Social Research, 2001 (1).

[22] KELLER K, LEHMANN D. How do brands create value? [J]. Marketing management, 2003 (5 – 6).

[23] HSIEH M. Measuring global brand equity using cross – national survey data [J]. Journal of International Marketing, 2004 (2).

[24] MUNIZ A, O'GUINN T. Brand community [J]. Journal of consumer research, 2001 (4).

[25] ACOSTA P, DEVASAGAYAM R. Brand cult: extending the notion of brand communities [J]. Marketing Management Journal, 2010 (1).

[26] EDELMAN D. Branding in the digital age [J]. Harvard business review, 2010 (12).

[27] VOLLERO A, SCHULTZ D, SIANO A. IMC in digitally – empowering contexts: the emerging role of negotiated brands [J]. International Journal of Advertising, 2019 (3).

[28] KELLER K, LEHMANN D. Brands and branding: Research findings and future priorities [J]. Marketing science, 2006 (6).

[29] BASTOS W, LEVY S. A history of the concept of branding: practice and theory [J]. Journal of Historical Research in Marketing, 2012 (3).

[30] CHANG W, CHUNG Y. A review of brand research (1990—2010): classification, application and development trajectory [J]. International Journal of Services Technology and Management, 2016 (1 – 2).

[31] OH T, KELLER K, NESLIN S, et al. The past, present, and future of brand research [J]. Marketing Letters, 2020 (31).

［32］ KELLER K. Consumer research insights on brands and branding: a JCR curation［J］. Journal of Consumer Research, 2020（5）.

［33］ HARLEY B, FLEMING P. Not Even Trying to Change the World: Why Do Elite Management Journals Ignore the Major Problems Facing Humanity?［J］. The Journal of Applied Behavioral Science, 2021（2）.

［34］ EDISON H, BIN A, TORKAR R. Towards innovation measurement in the software industry［J］. Journal of Systems and Software, 2013（5）.

后　记

　　本书在博士论文的基础上修改完成，总体结构和内容上没有太大变化，主要增加了"延伸阅读"板块，所设内容与本书内容密切相关，目的在于通过一些具体的案例帮助读者更好地理解书中的观点，其中部分内容已经公开发表。此外，距离毕业已经一年有余，原来论文中的部分重要数据也做了更新。本书可以算作博士期间学习的一个总结，标志着我博士四年的学习时光以及历时20余年的在校学生的身份就此告一段落。写作这篇后记时我已经进入工作岗位，正式成为一名高校教员。高校教员的工作并不如想象的那般轻松，还有很多需要学习和提升的地方。

　　博士论文的写作还算顺利。2017年3月，北京春寒料峭，我还穿着羽绒服。中国广告40年研究项目在中国广告博物馆二楼文献资料室宣布启动，我作为一名博士二年级的学生也参加了课题启动会。这个项目由我的博士生导师黄升民教授带领广告学院的部分师生一同完成，按照品牌、广告公司、广告媒介以及消费者四个研究主题分为四个研究小组。四个小组每周三前后在中国广告博物馆一层会议室通过汇报的方式相互参照和借鉴。因为每周都在午饭时间，每次都订盒饭吃，所以这个碰头会又叫"盒饭会"。黄老师后来谈及研究如何完成，经常说，我们吃了多少多少次盒饭才把事做完，惹得大家哈哈大笑。赵新利教授带着我以及其他广告学院的硕博学生作为"中国品牌四十年"研究的主力，研究的过程是艰苦的，经过两年多的协同奋战，我们研究小组率先完成了《中国品牌四十年：1979—2019》，该书已经在2019年5月由社会科学文献出版社出版，该书获北京市第十六届哲学社会科学优秀成果奖二等奖、中国新闻史学会第六届新闻传播学学会奖"方汉奇奖"二等奖以及中国广告长城奖学术类金奖。研究过程中与导师合作完成的3篇论文均被《新华文摘》的纸质版或者数字版全文转载，也有部分其他论文被人大复印资料转载。

但在写作《中国品牌四十年》一书的时候，一个问题越来越困扰我，我的博士论文到底写什么更好？留给我的时间已经不多，既不能写与小组研究成果一样的内容，也不可能再挑选毫不相干的选题重新开始，无论是时间还是精力都不允许。在与黄老师讨论之后，决定基于现有研究再往前推进一步，在清理品牌发展基本事实的基础上探究中国品牌的发展的动力论和实现机制问题，也就是站在历史事实的角度回答"中国品牌为什么行"的问题，这种偏向宏观和历史的问题恰好也是当下主流的微观实证品牌研究极少涉及的。我也希望基于本土品牌经验梳理出一些有价值的发现。

确定了下一步研究的方向之后，剩下的工作就是着手认真搜集资料、思考和写作，到2018年的下半年艰难地完成了博士论文大约三分之一的篇幅。2018年12月在国家公派留学基金的支持下，到美国伊利诺伊大学厄巴纳香槟分校访学一年。在美期间，除了上课、参加研讨会和文化交流活动，以及和妻子一起走走看看之外，更多的时间都是在伊大工学院的格兰杰图书馆度过，该图书馆离我在美租住的地方不过10分钟路程，非常方便。在图书馆里我完成了剩下的三分之二的论文写作，现在回想起来，真是一段让人怀念的静谧时光。很快到2019年12月，短暂的访学时光结束，返回中国。回国之后没多久，新冠疫情暴发，所有的事情改为线上，期间将博士论文的初稿发给黄老师看，来回又改了几轮。2020年4月女儿出生，我也迎来了博士论文的盲审、预答辩和正式答辩，好在各个环节有惊无险，顺利过关，也收到了很多专家宝贵的修改意见。参加完线上的毕业典礼，宣告"云毕业"，也算是为疫情做了一个注脚。

后来找工作的时候，我意识到我真的要跟待了7年的广告学院说再见了。7年的时间不算长也不算短，却是我人生20多岁年纪里最值得回忆，也是收获最多的几年，充满酸甜苦辣。广院求学期间，感谢所有指导和帮助过我的课题组老师、同窗以及师兄姐弟，感谢在这里遇到的朋友。黄老师和师妈于我如同再造父母，千言万语也说不尽我心中的感激和尊敬。赵新利教授作风正派，为人正直，做事认真，于我亦师亦友，让我学习到很多做人和做学问的道理。上了20多年的学，父母为我创造了衣食无忧的环境，让我一直能够安心地读书学习。直到现在，时不时还在贴补我的小家庭。由于在外上学常年不在父母身边，妹妹为我分担很多本该我尽的责任。妻子从我来北京求学一直陪伴我毕业至今，如今又带着年幼的女儿随我漂泊到上海，一个人全职带孩子吃了不少苦头。女儿的出生让我感受到了从未有过的喜悦，也感受到了一份沉甸甸的担子。本书的出版离不开华东师范大学传播学院教师出版基金和吕新雨教授的大力支持。由于本人学识粗浅，书中还存在许多薄弱和力有不逮之处，欢迎各位方家指正赐教，谢谢！

2021 年 9 月